北京文化通志

三山五园卷

赵丽 著

北京出版集团
北京出版社

图书在版编目（CIP）数据

北京文化通志．三山五园卷／赵丽著．— 北京：北京出版社，2025.4 — ISBN 978-7-200-19236-0

Ⅰ．K291

中国国家版本馆CIP数据核字第20257D0C12号

北京文化通志·三山五园卷
BEIJING WENHUA TONGZHI·SANSHAN WUYUAN JUAN

赵丽 著

*

北 京 出 版 集 团 出版
北 京 出 版 社

（北京北三环中路6号）

邮政编码：100120

网　　址：www.bph.com.cn

北 京 出 版 集 团 总 发 行
新 华 书 店 经 销
北 京 华 联 印 刷 有 限 公 司 印 刷

*

880毫米×1230毫米　32开本　9.375印张　208千字
2025年4月第1版　2025年4月第1次印刷
ISBN 978-7-200-19236-0
定价：79.00元
如有印装质量问题，由本社负责调换
质量监督电话：010-58572393
编辑部电话：010-58572414；发行部电话：010-58572371

目 录

前　言 / 001

第一章　三山五园的生态格局 / 010
　　一、地理区位的演变 / 010
　　二、山地形貌的特色 / 018
　　三、西山水系的结构 / 026

第二章　三山五园的历史变迁 / 038
　　一、盛世辉煌 / 039
　　二、衰世中的磨难 / 066
　　三、在新中国的新生 / 090

第三章　三山五园与清代宫廷 / 104
　　一、居园理政 / 105
　　二、御园生活 / 132

第四章　三山五园的园林文化 / 162
　　一、传统苑囿的典范 / 163

二、北国的江南风采 / **181**

　　三、中西结合的经典 / **198**

第五章　三山五园的传统文化意蕴 / 217

　　一、儒家文化的体现 / **218**

　　二、道家文化的寄寓 / **246**

　　三、寺庙文化的汇聚 / **258**

结语　三山五园与中华文明特性的传承 / 280

主要参考资料 / 287

前　言

越是民族的，越是世界的；越是传统的，越是现代的。三山五园如今的声名鹊起，又一次验证了这句话。在很长一段时间里，三山五园在大众心目中的通常印象，也就是以颐和园为代表的，带有传统色彩的特色旅游景点而已。然而，在北京的城市发展大步迈向世界性都市、现代化都市的目标时，弘扬古都风貌、保护历史文脉成了越来越突出的建设内容。正是在此过程中，三山五园的名气一路飙升，很快就几乎与故宫并驾齐驱了，也被海内外普遍认为是体现北京城市风貌的一张重要名片。三山五园究竟所指为何？它又有怎样重要的价值——除了是备受关注的热门景区外，还成为许多历史和文化研究者反复探究的对象呢？

如今，以三山五园为主题的各类著述之多，可谓汗牛充栋。可是，当人们开始认真研究三山五园的历史和文化时，才蓦然发现，三山五园的名称来源，居然是个众说不一的问题。虽然三山五园所指称的清代皇家园林在乾隆年间就全面建成了，但这一名称出现的时间其实较晚。就目前所见，这一名称最早出现在历仕咸丰、同治和光绪三朝的晚清官员鲍源深所著的《补竹轩文集》中。该书在述及英法联军火焚圆明园等事时，称："九月初，夷人焚五园三山，圆明园内外胜景，悉成煨烬矣。"不过，该书流传不广，也并不属于大众说法。直到光绪年间成书的通俗小说《永庆升平全传》里，才出现了"到京西游游三山五园"的字眼。由此可见，"三山五园"一词，很可能是从晚清时期才开始成为对京西皇家园林的一种代称。

大概由于"三山五园"这一名称简洁明快、朗朗上口，近代以来迅速为民间所接受。同时，鉴于清代宫廷确实对京西园林做过等级划分，人们也就在此基础上对三山五园所包含的内容一一进行了对应。从《大清会典》显示的宫廷管理体制可以看出，西山区域内的香山、玉泉山和万寿山皆设有专管官员，故而有"三山"条目；畅春园、圆明园、清漪园、静明园和静宜园在皇家园林序列中地位突出，所以被列为"五园"。其中，香山静宜园和玉泉山静明园为山地园，包含着万寿山的清漪园为山水园，而畅春园和圆明园则为西山前的平地园。尽管三山五园区域在清代还出现过许多小型皇家行宫和私人园林，与五园在地界上多有穿插，形成一个极其庞大的京西园林建筑带，但无论是从规格等级还是从艺术水平来衡量，其他园林都无法与五园并驾齐驱。因此，三山五园区域历史文化的研究重心，始终是三山（香山、玉泉山和万寿山）和五园（畅春园、圆明园、清漪园、静明园和静宜园）。

有说法称，一部三山五园史，几乎就是大半部清史。此言确实不虚。三山五园肇始于康熙朝，全盛于乾隆朝，绝不是一个偶然现象。在清朝历史上，以18世纪为主体的这一时期，正是从政权初步稳固到国力鼎盛的关键阶段。在这100多年中，清朝不仅统一了内地十八省，而且确立了对台湾、新疆、西藏和外蒙古等广大地区的有效统治，实现了中国历史上又一次国家大一统的局面。同时，实现国家统一后的清朝，也恢复了中国在世界贸易体系中的优势地位，继续吸引世界市场中的大部分白银流入中国，中国成为当时世界经济和贸易网络的一大中心。尤其是在与欧洲主要国家的贸易中，中国长期处于出超地位。正是在此背景下，后世才有了"康乾盛世"的说法。要打造三山五园这样庞大的皇家园林建筑群，如果没有稳固的政权、繁荣的经济和发达的文化作为后盾，那肯定是不可能的。

清代是中华民族共同体发展的一个重要时期，三山五园也反映了这段历史。中国在数千年历史发展进程中，始终有一条主线，那就是北方游牧民族与中原农耕民族之间的冲突与融合、战争与和平。清朝的创建者是起源于东北的游牧民族，入关后又接受汉族文化，很好地化解了游牧文明与农耕文明的矛盾，实现了统一的多民族国家的空前巩固。三山五园的建设，正是多民族国家巩固统一的一个重要标志。为了适应统一的多民族国家的统治要求，清朝发展出了独特的二元理政体制，即以紫禁城为中心的宫廷理政和以三山五园为主要场所的居园理政并行不悖。其中，宫廷理政主要延续了中原王朝的政治传统，而居园理政则是为了有效治理内地与边疆而创制的。毫无疑问，以少数民族身份掌握全国政权的清朝，能够立国268年之久，与其大力促进中华民族的交往交流交融是分不开的。

晚清中国遭受的深重屈辱，也在三山五园留下了难以磨灭的印记。进入19世纪后，国势日益衰颓的清朝，遭遇了致力于全球扩张的西欧资本主义国家的强力冲击。当英、法等国侵略者发现，第一次鸦片战争没能改变清朝的对外态度，也未能真正打开中国的大门后，便借机发动了第二次鸦片战争。在第二次鸦片战争中，北京首次被外国侵略军占领。英法联军悍然闯入以圆明园为首的三山五园，在大肆抢劫后，又将圆明园付之一炬。40年之后，八国联军侵华战争爆发，慈禧带光绪帝逃离北京，国都再次沦亡，三山五园也又一次被外敌洗劫。整个晚清时期，清政府在与西方各国的对抗中始终处于败退之势。三山五园所经历的空前劫难，正是清朝这种败势具体而微的体现。

当然，三山五园并不仅仅属于清史。从空间视角出发，便可发现三山五园还有另一种历史维度，那就是以地域为基准的北京城市史。北京能够出现三山五园这样的超大规模皇家园林群，显然离不开作为几代古都的历史积淀。三山五园固然建成于清代，可是三山五园所在的西山地区，早在清代以前就已是北京城的功能拓展区了。辽金时期，北京先后成为辽国的陪都南京和金朝的都城中都。以香山寺和西山八院的建设为代表，西山地区的开发成为都城发展的重要组成部分。元明时期，北京更是成为全国的首都。大型城市的发展，进一步推动了城区与西山地区的结合。西山及山前平原上的海淀，逐渐演变为京城人士的重要游览区和别墅区，各种类型的园林纷纷涌现。尽管朝代有更替，人世有变换，但是西山一带的园林建设传统，并未随着明清易代而中断。清朝定都北京后，正是在西山早先的开发基础上，历康熙、雍正和乾隆三朝，才终于建成了气势恢宏的三山五园。就此而言，三山五园当然是北京古都发展史的重要产物。

从更长的时间尺度来看，三山五园的出现也是北京城市生态史的一个重要演化结果。一般来说，大城市和大型河流之间是一种共生关系。世界许多著名城市都有一条较大的河流穿城而过，构成一道亮丽的风景线，如巴黎与塞纳河，维也纳与多瑙河，伦敦与泰晤士河，纽约与哈德孙河，等等。虽然有永定河是北京母亲河的说法，可是永定河因历史上善淤、善决、善徙的特性，与北京城区渐行渐远。北京城区，从战国时期燕国的蓟城所在，一直北迁，直到元大都时期才算稳定了下来。而与北京城区不断北迁的态势相适应，水势平缓、水源丰富的西山水系与北京主城区的关联日益密切。源自西山地区的两大水系，即玉泉山水系和万泉河水系，在金元时期便得到了开发与整治，成为北京主城区最重要的水源供给地。迨至清代，朝廷更是对西山水系进行了大规模的改造，形成了严密有序的城市供水系统，因此畅春园、圆明园才能成为北方地区少见的大型水景园林。乾隆年间建成的清漪园、静明园和静宜园，在某种意义上，可以看作整修西山水利工程的副产品。

正是三山五园承载的厚重历史，高度升华了其文化意义。三山五园里的每一处景观、每一座建筑，都是中国历史的一段无声表达，都是中华文明的一种具体展现。这是经历史洗礼而形成的深厚文化积淀，断非一般风景园林可比。尽管中国也有许多极负盛名的风景园林，但它们终究无法比拟三山五园显现出来的文化气度。因此，三山五园固然首先属于园林艺术，可是如果仅从园林艺术的角度出发来描述三山五园，那就只能停留在"见山只是山，见水只是水"的感性层次了。

中国古典园林艺术是中国文化历经漫长历史发展的产物，三山五园则是中国古典园林艺术的集大成者。从先秦时期起，中国就出现了苑囿，在随后数千年的历史发展中，又逐渐形成了皇家园林、私家园林、寺观园林等多种多样的类型，极大丰富了中国古典园林艺术的内容。更令人瞩目的是，这一发展进程从无间断，成为全世界范围内独一无二的存在。明清时期，皇家园林、文人园林和寺观园林三大类型都已达到成熟阶段，造园理论和造园技术也都得到了系统的提炼与总结，标志着中国古典园林艺术发展到了一个新高峰。同时，康熙帝、雍正帝和乾隆帝以其精深的文化素养，深刻领会了中国古典园林艺术的精髓，使三山五园在融会贯通三大园林传统的基础上，又结合了中国南北园林建筑的特色。无论是整体规划和布局、山形水系的治理，还是建筑形态的运用和园林意境的烘托等，三山五园都彰显了中国古典园林艺术的最高成就。

三山五园充分展现了中国古典园林艺术与传统文化的有机结合。在三山五园中，中国传统文化的诸多要素，甚至有些看起来天差地远的文化要素，通过精妙的构思，竟然都有机地汇聚在了一起。在这里，既有处于最高权力层次的政治文化，又有处于最低社会层次的世俗文化；既有积极入世的儒家文化，又有崇尚自然的道家文化；既有宝相庄严的宗教文化，又有充满凡间气息的基层信仰；既有植根深厚农耕文化的田园风光，又有反映新兴工商文化的市井风情。要知道，在关外时期的都城赫图阿拉、辽阳和盛京之中，清朝宫廷里几乎没有园林式建筑，而入关后仅过了40余年，就建成了一座富含传统文化元素的大型御园——畅春园。正是在高度认同中国传统文化的基础上，清代帝王们才迅速理解了中国古典园林艺术的文化内涵及其奥妙，并加以弘扬和推广，从而创造了三山五园这样的园林杰作。尽管三山五园在清代是普通人难以一窥究竟的皇家禁地，实质仍属于中国传统文化数千年发展的荟萃和精华。

三山五园的文化意义，不仅仅局限于中国的范围。早在建成之时，三山五园就是中外文明交流互鉴的一个标志和焦点了。明末清初是中西文化交流的一段繁荣时期，就连明清易代这样的政治巨变也未曾打断这一进程。以利玛窦为始，来华欧洲传教士在力图传播基督教的同时，也带来了当时西方的许多科学技术知识。包括宫廷在内的中国社会，都对欧洲传教士和西学表现出了很大的包容度。圆明园西洋楼景观的建设，正是乾隆帝任用郎世宁等一大批传教士主持设计的结果，堪称当时世界上中西方园林艺术形式相结合的最佳范例。与此同时，在三山五园中长期驻足的来华传教士，反过来也向欧洲社会介绍了中国园林的艺术特质，并引发了广泛关注，为欧洲社会突破自身传统的园林样式带来了灵感。在18世纪风靡欧洲的"中国热"中，中式园林备受热捧。被称为"万园之园"的圆明园，在欧洲声名远播。以圆明园四十景为主题的铜版画，热销整个欧洲。显然，18世纪中西方园林艺术的交流融合，堪称中西方文明互鉴的一个典范。

虽然三山五园在咸丰末年遭受空前劫难，却在英法联军燃起的大火中产生了更为深远的世界意义。三山五园的毁灭，不仅是中国的一场悲剧，同时也是世界的一场悲剧。说它是中国的悲剧，是因为这场劫难的发生，在于清朝没有能够跟上世界发展潮流，以致在中西方愈来愈猛烈的碰撞中被抛入落伍的深渊。说它是世界的悲剧，是因为这场劫难的发生，空前暴露了起源于欧洲的那种现代文明的黑暗面。19世纪是西欧工业资本主义大发展的时代，西欧各国率先进入了现代化阶段。然而，这种发展并未带来人类社会的共同进步，而是助长了欧洲文明对其他文明的蔑视、压制与破坏。火烧圆明园之举，充分体现了优越感十足的欧洲文明所具有的惊人破坏力。法国文豪雨果辛辣地指出："从前他们对巴特农神庙怎么干，现在对圆明园也怎么干……我们欧洲人是文明人，中国人在我们眼中是野蛮人。这就是文明对野蛮所干的事情。"正是在这种意义上，如今残存的三山五园当之无愧地属于世界文化遗产。它一方面时刻警醒中国人民，对中国造成重创的殖民主义和帝国主义并未消失；另一方面也时刻警醒全世界人民，只有不断丰富和发展人类文明新形态，才能真正推动构建人类命运共同体。

第一章　三山五园的生态格局

三山五园成为北京地区特有的历史文化景观，其特定的生态条件自然是最重要的基础。在"地理时间"的作用下，三山五园所在的北京西北郊地区，经历了复杂的自然演变，形成了别具一格的环境系统。此地既有独特的地形地貌，又有引人入胜的青山秀水，为兴建富含自然气息的大规模园林提供了非常优越的条件。而在元明两代得到很大发展的北京，入清之后继续作为首都，城市空间的拓展也成为客观上的必然。因此，三山五园得以成为名胜景观，正是依托于生态格局中最重要的三个因素，即区位、山形与水系。

一、地理区位的演变

要认识三山五园的地理区位特点，首先需要了解北京的区位特征。北京位于华北平原与黄土高原的过渡带，处于华北平原旱地农业经济文化区、内蒙古高原牧业经济文化区、东北松辽平原狩猎采集经济文化区这三大经济文化区的交汇处。古代的华北平原多湖泊湿地，太行山东麓山前地带则地势较高，便于通行，从而形成一条南来北往的古道。这条古道的北端，便是北京城前身之一的燕国都城蓟城。蓟城往西北经南口至张家口可至内蒙古高原，往北经古北口至内蒙古高原或经承德至东北平原，往东经喜峰口及山海关至东北平原。正是这种得天独厚的地理区位，让北京成为一座在中华文明乃至世界文明史上都少有的、拥有数千年人类连续活动史的城市。

三山五园景区的主体位于北京市海淀区（另有小部分区域位于石景山区）。海淀区人类聚落的历史可以追溯到战国时期。其时，蓟城通往居庸关的古道便已纵贯海淀区全境，是连接中原农耕区和北方游牧区的要道，如今的苏州街便是当年那条古道的组成部分。作为地理区域的海淀最早以地名出现，应是元初王恽在《中堂事记》中提到的"海店"。从水文地理环境的历史状况考察，"海店"应当是从水体"海淀"派生出来的结果。直到明代早期，海淀区域还有相当大的水面。后来，随着聚落逐渐拓展、土地不断开辟、人烟日益繁茂，海淀的河湖水面日益缩小，遂使"海淀"成为这片地域的通用名称。1952年9月，海淀区正式设立，辖区面积430余平方公里。

海淀区大体位于北京市区西北部，三山五园景区则主要位于海淀区西北部。景区范围东起京密引水渠、地铁13号线，南到北四环、闵庄路，西北到海淀区区界和西山山脊线，总面积约为68.5平方公里。这个区域内的历史文化遗迹，除三山五园外，还有熙春园、青龙桥古镇、香山健锐营等。此外，清华大学、北京大学、中央党校（国家行政学院）、国防大学等著名学府也在这一区域。三山五园景区集历史文化资源和现代科学资源于一体，不仅成为海淀区的地标区域，也是整个北京重要的城市功能区、教学科技融合区、特色生态文明区，是北京作为历史文化名城的核心内容，在现代北京的城市发展中具有十分重要的地位。

在崇尚风水的传统时代，三山五园地区被认为是上风上水之地。该处坐落于北京城的西北郊，地势大致呈西北高、东南低，因其西、北、南三面环山，又坐落在永定河冲积扇上，拥有良好的天然屏障和小气候环境。这种地质结构在北京地区是独一无二的，既有利于涵养水源，又有山林与湿地相得益彰。正是这样的天然条件，使得三山五园这一地区相对于北京其他区域来说，受自然灾害影响较小。永定河，曾被称为"无定河"，在历史上屡次给北京城造成水灾，但因地势关系，水灾多发生在北京的东南区域，西北地区虽偶有山洪，但很少造成严重的后果。而在旱情较重时，西北一带又因临近泉湖水源，较其他区域受到的威胁较小。因此，北京西北地区很早就有"上地"

之称。

虽然三山五园是清代的建设成果——正是在这一时期，三山五园地区与北京城真正实现了彻底融合，但是该区域与北京地区早期城市之间的有机联系，远在清代之前就已经发生了。早在三国时期就有文献记载，当时魏国涿郡境内曾有人利用古永定河和古清河的河道开凿了车箱渠，向东部引水。不过，人们对当时的城市发展形貌尚不清楚。实际上，三山五园所在地区与北京城市之间建立直接联系的可靠历史，是在金代。金代以北京为中都后，主要依靠开凿高梁河从瓮山泊（又称西湖，后改称昆明湖）向中都及漕运提供必要的水源，西北地区对北京城的重要作用开始凸显。元代兴建大都时，虽然废弃了金中都城区及莲花池水系，却深化了西北地区与北京城的密切关联。这是因为，在元代所构建的昌平白浮泉—瓮山西湖—元大都—通惠河一线的供水体系中，瓮山泊成为大都城外最重要的水利枢纽。

也正是从元代起，西北地区的自然风光吸引了居住在大都城的居民，至西湖等地观光游览、营建寺庙之风渐盛，该地区从原本单纯的水利工程区逐渐演变为郊游胜地。明代永乐帝营建北京城后，尽管将城市主要水源改为西郊泉水而非白浮泉，但并没有影响到西北地区在北京城市发展中的重要地位。皇家和民间在此处兴建寺庙和各类园林的风气，更甚于元代。京城内的居民到西北地区观光游览之举，业已成为城市生活的重要内容。另外，该地区的经济结构也有了新发展。在朝廷和官府的组织下，从南方迁至此处的农民兴修水田和种殖水稻，为"京西稻"的出产打下了良好的基础。

经过金、元、明三代的建设，北京城沿高梁河一直到西山脚下的区域，逐渐具备了城市公共园林的要素，从而为清代大规模开展园林营建活动奠定了坚实的基础。清代在政权基本稳固后，即开始了对三山五园地区的经营。也正是有了清代的大力经营，以三山五园为核心的西北郊区与北京城才有机地融为一体。这一营建过程，大体可以总结为开创于康熙朝、扩充于雍正朝、鼎盛于乾隆朝、重创于咸丰朝、局部修缮于光绪朝。经由清代数朝的努力，完善了三山五园的基本格局和总体结构，这一地区的文化景观及其内涵得到极大发展，形成了鼎盛一时的皇家园林区，为北京地区增添了无穷的魅力。

清朝入关后不久便开始着力经营三山五园地区，固然有政治经济文化等多方面因素的考虑，但生态因素无疑起了关键作用。清朝统治者原本长期生活在社会经济发展水平较低的白山黑水之间，即便是统治阶层的生活状态也更加贴近自然。清朝定都北京后，夏季酷热、冬季寒冷、春秋风沙剧烈的气候，令多尔衮等清朝高层人士十分不适。因城内园林面积有限，无法对生活环境进行太大程度的改造，又鉴于北京在政治统治中得天独厚的地理位置，所以清代统治者不得不把注意力放在了改善自身的生存环境方面，而具有优越自然条件的西北地区成为首选。

这种以营建园林为手段来改善生活环境的举措，始于康熙帝。他利用明代的经营基础及一些废园，并以重视农耕为名，开始在西郊一带营建以畅春园为代表的皇家园林群。其后，雍正帝更将自己先前居住的圆明园提升为离宫，将面积扩大了10倍之多。在他们的推动下，三山五园地区俨然成为紫禁城外的又一个政治中心，也彻底改变了先前城市公共园林的性质。到了乾隆时期，清代皇家园林的营建活动达到巅峰，三山五园亦大加扩展。乾隆帝鉴于既有生态条件已不敷新兴建设所需，于是开展了大规模改造，其中尤以西湖及配套设施改造工程为代表。昆明湖成为三山五园地区水利系统的核心，使该处景观风貌更为丰富、优美、宜人。总面积达3300多亩的昆明湖与周边水田、水网相交织，构成了北国区域内极富江南水乡之韵的景致，亦成为涵养北京城必要的生态功能区。

然而，清朝自乾隆帝末期以降国势日颓，其后三山五园的建设亦基本陷入停滞。嘉庆、道光、咸丰三朝，清朝面临空前的内忧外患，国家财政日益困难。为减少支出，清廷仅能对圆明园等个别御园进行小规模改建扩建活动，整体上则逐渐缩减皇家园林的管理及维护费用，另有为数不少的皇家园林逐渐走向闲置乃至荒废。咸丰十年（1860）的"庚申之变"，英法联军攻占北京城。为了震慑清廷和扩大侵略利益，这些强盗对具有重要政治象征意义的三山五园进行了疯狂洗劫。除了众所周知的圆明园大劫难，还有多座皇家园林在此次战争中遭到严重破坏，以致在重建清漪园之前，三山五园一度破败不堪，基本丧失了原先的园居理政功能。同治帝亲政后，曾有修复圆明园以奉养两宫太后的计划，终因经费原因而不了了之。直到光绪帝亲政后，以奉养慈禧太后为名，清廷才对清漪园进行了较具规模的修复和改建，并更名为颐和园，另外也对西边邻近的静明园稍事修缮，皇家园林的胜景因此有所恢复，也在一段时间再度出现了居园理政的局面。但总体来说，园林景观的这种恢复是十分有限的，政治功能也完全无法和盛清时期相提并论。

当清朝随着辛亥革命的爆发而覆亡后，虽然原本作为皇家园林综合功能区的三山五园体系不复存在，但该地区与北京城的关系不仅没有丝毫疏远，反而出现了更加深度的融合。清帝退位后，根据民国政府与清朝皇室达成的《清室优待条件》，三山五园中的不少宫苑由民国政府出资维持，但圆明园、颐和园、静明园等皇家园林仍然属于逊清小朝廷的私产，由其派人进行管理。实际上，无论是民国政府还是逊清小朝廷，都已不能像清朝那样全面掌管三山五园，其功能也由皇家园林向新的城市公共空间转变。首先是一大批位于三山五园区域，原本作为清代贵族私产的私家园林日渐荒废，转而成为城市发展的新空间，特别是清华学堂、燕京大学的校园以这些私家园林为基础进行建设，使该区域得到了新的整合和利用。其次是因管理力量薄弱，包括圆明园在内的皇家园林逐渐被城市社会生活所渗透。特别是1924年逊清小朝廷被冯玉祥驱逐出北京之后，三山五园原来的管理体系彻底瓦解，颐和园、静明园、静宜园等都曾作为国家公园对公众开放，三山五园在建成200多年后，首次具备了城市公共景观的性质。

当然，三山五园在民国时期基本谈不上建设和发展了。当旧有管理体系瓦解之后，政府始终未能建立起较为完善的管护机制，该区域的破败之势有增无已。虽然三山五园被正式划入城市行政区，然而管理却存在着十分严重的问题。一方面，因市政府和区政府没钱，修缮经费不得不依靠出租园林所属土地和建筑来筹集，景观风貌不断受到各种侵蚀和破坏。另一方面，因管理机制的不完善和管理力量的不足，原本有机合理的三山五园体系亦无法维持。特别是政府和居民对水田的无序开垦，导致园区旧有的水利设施遭到严重破坏，旱涝等造成的威胁日甚一日。此外，该地区诸多未能得到有效保护的园林及建筑，或是荒废不堪，或是完全改变属性，成了普通用地。总而言之，民国时期的三山五园的景观已远非从前，清代耗费大量金钱和人力造就的这一园林文化的集大成者，没有得到有效的保护和利用，也给后人发掘三山五园的历史文化价值造成了严重困难。

随着中华人民共和国的成立和海淀区的设立，隶属海淀区的三山五园得到了日趋完善的行政管辖。北平和平解放后，党和政府高度重视文物保护工作，颐和园、圆明园等昔日皇家园林受到专门保护和修复，三山五园的历史风貌得以留存。自20世纪80年代以来，北京不断提速的城市化进程，对三山五园区域造成了巨大影响。这种影响有正负两方面。就负面而言，城市扩张和人口增长使得该区域的许多地方都被重新规划，不少历史遗址完全被新型建筑所覆盖；同时，城市用水急剧增长，致使海淀湿地系统难以为继，颐和园等多座园林日益成为生态孤岛。就正面而言，三山五园区域完全成为北京城的组成部分，成为独具特色的现代化都市生态景观。此外，随着三山五园成为北京历史文化建设的核心内容，提升了北京作为历史文化游览胜地的世界影响力。如今的三山五园，不仅是受保护的文物，更是北京城市环境的有机组成部分。从某种意义上来说，三山五园这种从原野到郊区再到市区的区位演变进程，清晰展示了北京城独特的生态文明进化之路。

二、山地形貌的特色

三山五园能够成为极负盛名的园林胜景，其所处的西山地区提供了必要的生态基础。而西山之所以能够成为这种基础，离不开北京地区特有的地理结构。从地理结构来看，北京坐落在华北平原的最北部，朝向渤海的东南方向接壤平原，西、北、东则三面环山，东西向的燕山山脉与接近南北向的太行山相连接，成为北京的屏障。紧邻北京北面的那段燕山被称为军都山，贴近北京西面的太行山地段则被称为西山。因此，通常所说的北京西山，泛指北京西部山地，严格的自然地理单元则指太行山脉最北段山地。

西山形成于中生代晚期。距今1亿多年前，中国东部发生了一场被命名为"燕山运动"的强烈造山运动，火山喷发与地壳运动造成了山地隆起，其后又经历新生代喜马拉雅运动的地形上升，形成了一批山地和丘陵。按照地质学界的研究，位于华北板块中部的西山地带，在第四纪时期处于间歇性抬升的新构造运动的环境中，在大面积总体差异性升降运动的主导下，中间穿插多次强度较大的断裂运动、倾斜运动和水平运动，形成了十分复杂的地质构造。这种特有的地质构造保存了很多宝贵的地质遗迹，因此，西山地带不仅富有冰川遗迹和地下溶洞，也在很早以前就发现了优质煤炭等矿产资源。

另外值得一提的是，北京西山还是我国培养地质学专业人才和自主开展地质调查研究工作的发源地。1920年，中华民国农商部地质调查所出版的《北京西山地质志》，是我国第一份地质调查成果。在这种意义上，西山也被称为"中国地质学的摇篮"。诸如马兰黄土、军庄灰岩、青白口系、下马岭组、窑坡组含煤地层、龙门组砾岩、髫髻山火山岩、芹峪运动等许多源于北京西山地带的地质名词，在地质学界都具有典型意义。西山地带的很多地质现象和遗迹都已成为闻名于世的研究对象。2006年，经联合国教科文组织正式批准并授牌的"中国房山世界地质公园"，进一步确认了西山地带在地质学上的重要地位。

西山地带是北京西部地区的生态屏障，也是北京城市发展的环境基底。按照现在的地理区划，西山地带北起昌平区南口关沟，南抵房山区拒马河谷与河北省涞水县交界处，西至北京市界，东邻北京小平原，总体呈北东—南西走向，面积约3000平方公里，约占北京全市面积的17%。地势由西北向东南逐级下降，依次有东灵山—黄草梁—笔架山、百花山—髽髻山—妙峰山、九龙山—香峪大梁、大洼尖—猫耳山等4组山脉，最高峰为海拔2303米的东灵山。因永定河横切山体，这里成为泥石流多发区。植被多为次生落叶阔叶林及灌丛，1900米以上出现山地草甸。地貌类型主要包括中山、低山、丘陵和山间谷地。

众所周知，北京城的构建很大程度上是对西山的大力借用，而三山五园正是这种借用的一大突出表现。另外还应指出，三山五园所处的位置，又属于西山地带内一个相对独立的特色区域，即小西山地区。西山向北京小平原前出的部分，即西北六环内的部分，以军庄沟及永定河为界，与西山主体部分相隔离，通常被称为小西山，地理上的正式名称则为香峪大梁。就地理区划而言，小西山地区东起百望山、香山南路，南到模式口，西到军庄—大觉寺一线，北到温泉路，最高峰新望京楼海拔不到800米。根据地质学界的研究，小西山及其周边地区的地层相对较为年轻，主要为新生界、中生界和古生界地层，距今800万~1000万年。

处于西山群脉之中的小西山，总体地势较低，自然地貌独具特色，且有切近北京市中心区的距离优势。小西山北支融汇于西北旺之望儿山，南支则渐没于平坡山、卢师山和翠微山。该区域根据地貌大体可分为两部分：西部是以香山为中心的山地，地势稍高；东部较为平坦，中心区有两座小山，中为玉泉山，东为万寿山（瓮山）。从香山之巅的香炉峰东眺，玉泉山和万寿山形如大西山的两只脚，三山相互呼应，构成一条看山轴线。这一天然生成的山形骨架，造就了三山的特有气势，因此在很早以前，历代皇家和达官贵人便以三山为中心修建各种园林寺庙，绝非偶然。

香山在西山诸峰之中声名最著，甚至有时人们就以"香山"来指代西山。但准确地说，作为景区的香山是指位于西山东麓的翠微香山，也是西山北端转折部的一个小山系。香山主峰为香炉峰，俗名"鬼见愁"，海拔557米。香山南北两侧均有山岭往东延伸，南侧伸展至红山头，北侧延伸至青龙桥头，犹如两臂环抱，烘托出主峰之神秀。明代李梦阳《香山寺》诗中，有"万山突而止，两崖南北抱"之描述，可谓精当。该处地形变化十分繁复，峰峦层叠，形貌奇特，又多为居高临下，涧壑交错，山姿秀美，堪称西山地带之冠。虽然山势总的朝向是坐西朝东，但是阴坡、半阴坡地段很多，由此土地肥沃，树木繁茂。此外，香山富有泉水，文献有记载的泉眼即达50余处，并且水源较为丰沛，泉水颇为甘洌，可谓山中有水、水又环山，成为营建山水景点的佳处。

香山最早见于《辽史》。据该书记载，北辽皇帝耶律淳死后，"葬燕西香山永安陵"。关于香山之名的由来，主要有三种说法。其一是源自佛教经典。相传释迦牟尼出生地迦毗罗卫国都城附近有山，名香山，后来有很多佛教徒在香山修道，因此佛教传入中国后，多将兴建寺庙的山地称为"香山"。其二是来自香山古时杏花的芳香。《帝京景物略》载："山所名也，曰香炉石。或曰：香山，杏花香，香山也，香山士女，时节群游，而杏花香，十里一红白，游人鼻无他馥，经蕊飞白之旬。"相较之下，第三种说法流传更广，即香山之名源于巨石。成书于明代的《宛署杂记》称："金李晏有碑，其略云：西山苍苍……中有古道场曰香山，上有二大石，状如香炉、蛤蟆，有泉水自山腹下注溪谷，一号小清凉。"同样成书于明代的《长安客话》则称："相传山有二大石，状如香炉，原名香炉山，后人省称香山。"另传状如香炉的巨石逢阴雨天时，云气缭绕，犹如香烟袅袅升空，使得香炉之说愈发形象。

香山还有一个"翠微山"的雅称，是清代才有的名称。此名源自香山芙蓉馆遗址附近一块岩石上所刻的"翠微"二字。另外，被称为静宜园二十八景之一的翠微亭，位于璎珞岩东南，始建于清乾隆十年（1745）。据传乾隆帝驻跸静宜园时，巡游至此，见此地位于古树绿荫、沟壑山岩之间，可览四时之胜，赞以"入夏千章绿荫，禽声上下"，赐名"翠微"，建观景亭，并有御制诗曰："几株枯树一危亭，拳石无多多诡形。记得画图曾见处，迂倪每契此中灵。"不过，"翠微山"之名的流传并不广。因北京地区另有一座名为翠微山的山峰，位于石景山区与海淀区交界处，为香峪大梁东南坡的山峰之一，北与香山遥遥相对。这座山大约得名于明洪熙年间，山顶有题字"翠微绝顶"，其翠微之名更胜于香山。

三山之中的第二名山为玉泉山，位于颐和园以西五六里处的静明园内，山丘逶迤南北，是西山东麓的支脉，为"山之阳"。其上耸立着一座高塔，名为玉峰塔。玉泉山是一座从平地突起的小山岗，纵深约1200米，东西最宽处约450米，主峰海拔100米。玉泉山山形秀丽，主峰与侧峰前后呼应，构成略似马鞍形的轮廓。玉泉山地区在远古时期为永定河古道，故而地下水资源充沛，同时岩层多为石灰岩，透水性强，容易形成山泉。在这种地质条件下，玉泉山形成了众多的山泉，可谓"沙痕石隙，随地皆泉"，仅明清时期文献所载，拥有独立名称的泉眼便有30余处。

玉泉山之得名，确与该处泉水密切相关。据《大明一统志》记载，山顶"有金行宫芙蓉殿故址，相传章宗尝避暑于此。山畔有三石洞：一在山西南，其下水深莫测；一在山之阳，南又有石崖，崖上刻'玉泉'二字"。其西南麓石穴中涌出的一组泉水，水柱高达尺许，潴而为池，因泉水自山间石隙喷涌，水卷银花，宛如玉虹，从而形成金元以来"燕京八景"之一的"玉泉垂虹"。其最突出之处"土纹隐起，作苍龙鳞"，又因泉水自高处龙口喷出，"琼浆倒倾，如龙喷汲，水清而碧，澄洁如玉"，故有"玉泉"之名。明初王英有诗曰："山下泉流似玉虹，清泠不与众泉同。"明大学士胡广亦有诗称："玉泉之山下出泉，泉流萦折如虹悬。却带西湖连内苑，直下通津先百川。"乾隆帝认为该泉与济南趵突泉相仿佛，所以题字"玉泉趵突"，立碑于山上，此山即以"玉泉山"而知名。

因玉泉山依山面水，距离都城北京不远，所以自金代于玉泉山兴建芙蓉殿后，元明清各代多有帝王至此地游幸。元世祖忽必烈曾在此建昭化寺。明英宗于正统年间在此兴建的上、下华严寺，后于嘉靖年间为瓦剌军队所毁。清康熙年间开始翻修、扩建行宫和寺庙，康熙帝作《玉泉赋》，称"抚风壤之清淳，对玉泉之幽靓"。乾隆年间再次进行大规模扩建，玉泉山及山麓河湖地段皆被圈入宫墙之内。乾隆帝对此地景致也非常喜爱，常游不厌，盛赞"玉泉山盖灵境也"，并留下了多首游赏玉泉山的御制诗。

三山之中的第三名山是万寿山。该山在颐和园内，海拔108.94米。关于万寿山的形成，民间流传颇广的说法是，乾隆帝为庆祝其母六十大寿，将开挖昆明湖的土方堆积成山，即为万寿山，且此山被堆成蝙蝠状，象征"福山"，昆明湖则被挖成寿桃形，象征"寿海"。实际上，万寿山属燕山余脉，其主体是地质变迁而自然形成的山体。据地质学界考证，万寿山的历史至少能追溯到2.5亿年前的二叠纪。在1亿多年前燕山运动中隆起的西山山脉，又向东南延伸出两条小支脉，伸入北京小平原的最东端。其后在漫长的时间长河中，经过剧烈的地壳演变和强烈的腐蚀作用，这两条向东南延伸的余脉分裂成为几座小孤山，其中便包括今日的玉泉山和万寿山。所谓万寿山由挖湖弃土堆叠而成，乃后世民间流传的说法，并不属实。

万寿山之得名乃是较晚的事情，至少到元代仍处于无名状态。据清初笔记记载，大约至明代，因时人称该山"山麓魁大而凹秀，瓮之属也"，后又有人凿山时得到一个石瓮，瓮上"华虫雕龙，不可细识"，内中物品被人携去，"留瓮置山阳"，还留下了"石瓮徙，贫帝里"的谶语。嘉靖初年，此瓮忽然不知所终，但该山"瓮山"之名已为人所熟知。瓮山原本是一座草木稀少的秃山，但因山南有来自玉泉山的泉流和地下涌泉汇聚而成的瓮山泊，形成了距离京城最近的山水环境。因此，自元代起，人们就对这里进行建设和开发，成为一处风景优美的游览胜地。元文宗天历二年（1329），瓮山泊西北岸边建成大承天护圣寺。明孝宗弘治七年（1494），孝宗之乳母助圣夫人罗氏在山前兴建圆静寺。据作为元明时期朝鲜人学习汉语的通用教材《朴通事谚解》的记载，就连当时的朝鲜人亦曾被吸引至瓮山一带观光。

瓮山更名为万寿山，则是晚至清乾隆年间才发生的事情。据学者考证，入清之后，瓮山周边部分地区一度被作为康熙帝长子直郡王允禔的赐园，后允禔被贬黜，该地亦被没收入宫，成为皇家马厩。乾隆十六年（1751）是乾隆帝生母孝圣皇太后的六十大寿，乾隆帝遂于十五年（1750）在圆静寺旧址兴修大报恩延寿寺为太后祝寿，传谕将瓮山改称万寿山，瓮山泊则更名昆明湖。此后，瓮山遂以"万寿山"而名扬天下。在此次兴修工程中，疏浚瓮山泊的土方，堆积在瓮山东麓，使其南麓全部面向开阔的湖面，对山体起到了很大的美化作用。也正因此举，后世则有万寿山由昆明湖土方堆成之说。

三、西山水系的结构

有山有水，方能相得益彰。三山五园在优越的山形地势之外，更与北京西北地区丰沛的水资源密不可分。以海淀为中心的这一区域，历史上曾是一个水源充沛的地方。根据地质考察，万年以前，永定河流出石景山后直接流向东北，经过现在的海淀巴沟、圆明园、清河镇后，与温榆河汇合。5000年前，永定河改变流向，转而南流，不再经过海淀，原来的河道变为一个谷底，而古河道砂砾层的流水受到挤压，遂使这一地区成为永定河冲积扇边缘的泉水溢出带。因该处蕴藏着丰富的地下水，水流交错，与西山一起，形成了山水相连的优美景色，颇有江南水乡之风。按照源头划分，三山五园区域的水系可以归为两大水系，其一是玉泉山水系，其二是万泉河水系。

玉泉山水系发源于玉泉山诸泉之水，水量丰富，水质优良，泉水汇集成河注入昆明湖。《燕都游览志》中称，玉泉山"沙痕石隙，随地皆泉"。泉水涌出时如同沸腾一般，"潴为池，清可鉴毫发"。其中最著名的一组泉眼被称为玉泉，中间有一正穴，附近诸穴不计其数。泉水"从山根仰出，喷薄如珠"，"泉势仰出高三尺余，其腾起水面者又半尺许"。另一组重要的泉眼是位于玉泉山东南麓的裂帛泉，泉水汇聚成裂帛湖。《帝京景物略》中称："玉泉山根碎石泉涌，去山不数武，裂帛湖也。泉迸湖底，状如裂帛，涣然合于湖。湖方数丈，水澄以鲜，漾沙金色。"此外，出水量较大的还有宝珠泉、涌玉泉等，至于无名小泉更是遍布山麓。从玉泉山向北，西山山麓沿线还有不少水量丰沛的泉脉。如万寿山之后有玉龙泉、双龙泉、青龙泉等，继续北行又有冷泉、温泉、黑龙潭、马眼泉、虎眼泉等。这些泉水或为涓涓细流，穿行于山涧沟谷，或者汇聚成潭，散布于山坳坡脚，虽然形态不一，但都是玉泉山水系的有机组成部分。

大约从元代起,玉泉山泉水的极佳品质已为人所知,并成为皇室御用之水。《元一统志》中云:"燕城西北三十里有玉泉……泉极甘洌,供奉御用。"到了清代,因京城中水源不足且水质不佳,玉泉山泉水很快成为皇室御用之水。早在顺治年间,"京北玉泉山之水,止备上用,其禁甚严"。《清稗类钞》称:"若大内饮料,则专取之玉泉山也。"乾隆帝为了辨别全国各处名泉水质,"尝制一银斗","以质之轻重分水质上下",结果玉泉之水为第一。乾隆帝为此特地撰写了《御制玉泉山天下第一泉记》,称自己"历品各泉,实为天下第一",于玉泉旁立石刻碑,御笔亲题"天下第一泉"。甘洌的玉泉之水,甚得乾隆帝喜爱,以至"銮辂时巡,每载玉泉水以供御"。

玉泉山水系因其得天独厚的优越条件,在辽金时期即得到开发利用。据称辽代已有兴建玉泉行宫之举。金章宗曾多次游幸玉泉山山水院,并将西山多处泉水汇聚成湖,修建了金山行宫。以此湖为中心的别院被称为金水院,此湖亦有"金湖""金海"之名,即为后世瓮山泊的重要组成部分。元代,郭守敬为解决漕运问题及满足京城生活用水之需,在金代水系开发的基础上,修建了通惠河。该工程通过开挖白浮瓮山河,将昌平白浮泉的泉水引向西行,从上游绕过地势低洼的沙河、清河谷地,再沿着西山山麓转向地势缓降的东南,途中与西山诸多泉水汇流,经青龙桥流入瓮山泊。虽然这一工程的根本目的是运送漕粮，但客观上不仅对玉泉山水系进行了整治，而且扩大了瓮山泊的上游来水和蓄水量，为清代更大规模的水系治理奠定了基础。

万泉河水系的中心区是万泉庄西南的巴沟低地，此处泉眼最为密集，有据可考的泉眼有数十处之多，水量丰富。乾隆帝曾在万泉庄的中心位置修建泉宗庙，将庙内外的有名泉眼"各赐嘉名，立石以志"。庙外泉眼有3处，庙内则有澄泉、屑金泉、冰壶泉等28处。万泉庄一带地势东南高，西北低，故而该处众多泉水汇而北流。金代以前，万泉河同时汇入来自玉泉山的泉水和万泉庄一带的泉水。金代修金水河，引玉泉山泉水南流，使之与万泉河分开，此后万泉河便以万泉庄和巴沟周围泉水为主源。万泉河源头处的各股泉水顺地势自南向北，经巴沟汇聚成河，然后注入一片独立水泊，即丹棱沜，继而再往东北流入清河，从而成为清河水系的一部分。至于万泉河的得名，很可能来自乾隆帝的"万泉十里水云乡，兰若闲寻趁晓凉""万泉十里接西湖，两度舟行忧喜殊"等诗句。

在万泉河水系中，元明时期被称为丹棱沜的那片水域占有突出地位。明代蒋一葵在其所著的《长安客话》中这样写道："水所聚曰淀。高粱桥西北十里，平地有泉，澹洒四出，淙泊草木之间，潴为小溪，凡数十处。北为北海淀，南为南海淀。"又说："延而南五里为丹棱沜。"王嘉蓦则在《丹稜沜记》中这样说："河东南流，入于淀之夕阳，延而南者五里，旁与巴沟邻，曰丹稜沜。沜之大以百顷，十亩潴为湖，二十亩沉洒种稻，厥田上上。湖圜而驶，于西可以舟。"按此说法，在明代，被称为"海淀"的水域与丹稜沜尚非一事，但当时丹稜沜的水面已经相当可观。迨至清代，丹稜沜水域又有扩大。康熙帝在《御制畅春园记》称："自万泉庄平地涌泉，奔流滔滔，汇于丹稜沜。沜之大，以百顷，沃野平畴，澄波远岫，绮合绣错，盖神皋之胜区也。"乾隆年间纂成的《直隶河渠书》亦称："丹稜沜水，源出畅春园万泉庄，平地涌泉，汇为丹稜沜。沜大百顷，循沜而出西，至西勾桥，潴为小溪，又南为沜者五六，至东雉村入地，再出为巴沟，以达于高梁桥。"不过，"丹稜沜"这一名称仅见于官方文件和文人著作之中，民间则一概以"海淀"呼之。其实，除较大面积的连片水面外，海淀地区还有许多星罗棋布的溪流，以及纵横交错的小型湖泊和陂塘，成为清代大规模水系改造的良好自然基础。

丹稜沜及其周边水域，因其优越的自然条件和优美的自然风光，在明代就成为园林建设中的重点。约在万历初年，明神宗的外公、武清侯李伟兴修清华园，便主要依靠接引丹稜沜之水，又很好地利用水流走向和湖泊分布的特点，建成了一座声名远播的大型私家园林。关于清华园引水规模之大，明代著名文学家袁中道在《明水轩日记》中盛称："清华园前后重湖，一望漾渺，在都下为名园第一。若以水论，江淮以北，亦当第一也。"清人吴邦庆也在《泽农吟稿》中描述道："武清侯海淀别业，引西山之泉，汇为巨浸，缭垣约十里，水居其半……渠可运舟，跨以双桥。"另一处利用万泉河水系兴建的园林，是万历年间出现的勺园，其主人是曾任太仆寺少卿的明代书画家米万钟。该园总面积虽较清华园有限，但水面之大令人印象深刻。清人孙承泽所纂的《春明梦余录》中称："海淀米太仆勺园，园仅百亩，一望尽水。"《帝京景物略》中亦称："海淀米太仆勺园，百亩耳……桥上望园，一方皆水也。"

不过，清初的西山水系状况不佳，不足以支撑大规模的园林建设。自郭守敬开凿通惠河后不久，西山引水工程便陷入疏于管理维护的状态，元末时白浮泉已断流，瓮山泊日渐缩小。明代初期，有不少来自南方的移民在海淀区域内开辟水田。因水源便利，气候适宜，该地区水田发展渐成规模。《长安客话》中称："近为南人兴水田之利，尽决诸洼，筑堤列塍，为畲为畚，菱藕莲菰，靡不毕备，竹篱傍水，家鹜睡波，宛然江南风气。"正是由于水田用水过多，连瓮山泊在内的诸多水面都"似少减矣"。同时，明代中期以后大肆兴修私家园林，各家园林纷纷自行接引水脉，并未进行统一规划，使得西山水系的整体布局杂乱无序。加之明清易代之际的罕见天灾和社会大动荡，西山水系荒废，泥沙淤塞和山水泛滥时有发生。因此，当清廷想在京城西郊建造园林时，就不得不全面整治西山水系。

清代对西山水系的整治，始于康熙年间。康熙二十三年（1684），正当收复台湾的次年，康熙帝南巡归来，有意在李伟清华园旧址上修建一座行宫即畅春园，同时又在该园周围为七位皇子修建赐园。这是清朝定都北京后第一次开展大规模的园林建设，园址又正好位于玉泉山、万泉河两大水系的中心位置，建园之前需先理水。通过对万泉河一脉的整修，水势复现奔流之势，河水干流被引入畅春园。同时，流入瓮山泊的玉泉山之水经过崟峋河也流入丹棱沜，大大扩充了这片水域的面积，为畅春园的水景格局奠定了基础。稍后，康熙帝又在万泉河西支源头处修建圣化寺御苑，随后对万泉河流域再次整治，使其干流得以扩大，圣化寺北门呈现出"前临大河"之势。

然而，康熙年间在畅春园一带开展的理水活动，只是解决了西山水系的局部问题。从雍正时期到乾隆初年，西山水系面临着越来越大的用水需求。一方面，圆明园等大型园林建设陆续开工，园林用水增加；另一方面，京城人口大量增加，用水需求不断增加。加之明代以来水田开发的灌溉需求，亦呈有增无减之势。多方争水，导致作为主要水源的瓮山泊缺乏维护，过度使用，水量不断下降，水面日渐缩小。另外，自明代以来，因西山水系多处常年失修，旱涝之际，淤塞及决口时有发生，严重威胁周边农田及园林。为了统筹解决多方面用水问题，对西山水系进行整体规划，彻底改变无序分流的状况，成为治本之策。这是乾隆年间以开浚瓮山泊为中心、大规模治理西山水系的根本动机。

乾隆十四年（1749），乾隆帝遣人实地考察玉泉山水系，拉开了全面整治西山水系的序幕。根据乾隆帝撰写的《麦庄桥记》一文，可知他通过这次考察的结果，摸清了玉泉山水系的来龙去脉。乾隆帝首先指明了瓮山泊与玉泉山水的密切关系："京师之玉泉汇而为西湖（即瓮山泊），引而为通惠，由是达直沽而放渤海。人但知其源出玉泉山……而不知其会西山诸泉之伏流，蓄极溢涌，至是始见，故其源不竭而流愈长。"他认为玉泉山泉源并未得到很好利用："盖西山碧云、香山诸寺，皆有名泉，其源甚壮，以数十计。然惟曲注于招提精蓝之内，一出山则伏流不见矣。玉泉地就夷旷，乃腾进而出，潴为一湖。"基于这样的认识和判断，乾隆帝决定实施西山水系整治工程，充分利用西山泉水，引之到玉泉山，再汇入西湖。乾隆十四年（1749）冬，乾隆帝传谕疏浚西湖，整治工程由此全面展开。

工程的第一步，是对玉泉山周边诸多泉眼和水渠进行整合。经过整合形成了8个主要泉眼，即山阳泉、裂帛泉、涌玉泉、宝珠泉、试墨泉（也称"坚固林泉"）、镜影涵蓄泉（简称"镜涵泉"）、迸珠泉和涵漪斋泉。其中，宝珠泉和涌玉泉原为两个细流，经疏通后泉眼喷涌，成为重要的水源地。经过此番治理，玉泉山之水基本都汇聚到玉泉湖，使其水面大增，达到"南北均长七十二丈，均宽五十二丈五尺"。工程的第二步，是对瓮山泊的疏浚。这项工程的首要目标是扩大水面，使水面向东拓展至畅春园外的西堤，北抵瓮山东麓。其次则于西湖的西北角新开河道，经瓮山西麓，通过青龙桥，沿元代白浮堰引水故道，与清河相连，以起到分洪作用。整个疏浚工程进展迅速，仅用了两个多月时间，于乾隆十五年（1750）春即告完工。

整治前的西湖本是一个宽二里、长三里的狭小水泊，经疏浚之后，扩大了两三倍，整个湖面长烟浩渺，碧波万顷。乾隆帝称近京之水"实无逾此宽者"。乾隆帝又仿照杭州西湖的苏堤，在西湖的西面新建一道长堤，原来的西堤则改称东堤。他还特地为此赋诗曰："西堤此日是东堤，名象何曾定可稽。展拓湖光千顷碧，卫临墙影一痕齐。刺波生意出新芷，踏浪忘机起野鹥。堤与墙间惜弃地，引流种稻看连畦。"同时，乾隆帝仿效汉武帝于长安城开昆明池之举，将西湖更名为"昆明湖"。对此，有乾隆帝所作御制诗为证："师古有前闻，锡命昆明湖。"不过，严格说来只有东堤和西堤之间称昆明湖，西堤以外则仍称西湖。经过此番整治，昆明湖疏浚工程基本完成，此后再未有大的调整。

此次扩湖工程吸收了更多水源汇入昆明湖，不仅满足了清漪园和附近园林的用水，还补给了其他水源。如《日下旧闻考》中所说，昔日"不盈尺"的护城河水，"今则三尺矣"，"昔之海甸无水田，今则水田日辟矣"。此处关于海淀先前无水田的说法不准确，但此次扩湖工程后，海淀的水田数量大增则是事实。乾隆时人汪启淑在《水曹清暇录》中说："高梁桥至圆明园、香山，夹河两岸，近开水田已有二千余亩。"不过，附近水田渐多，很快形成了与皇家园林争水的局面，导致昆明湖又有水源不足之虞。乾隆帝对此情形也非常清楚，其在《昆明湖泛舟》一诗的注解中称："疏浚昆明湖，本为蓄水以资灌溉稻田之用。每春夏之交，湖水率减数寸。盖因稻田日多以济，雨水或缺也。"而基于"湖波漫惜减三寸，正为此时灌稻田"的观念，乾隆帝并没有禁止或减少水田用水，而是进一步整治西山水系以开拓水源。

开拓水源的最重要举措，是为昆明湖新增了两处水源：其一是十方普觉寺即卧佛寺旁边的泉水，其二是香山碧云寺内的泉水。按照侯仁之对这项引水工程的解说，两处泉水均"利用特制的引水石槽汇聚在山脚下，直到玉泉山，汇玉泉山诸泉，东注昆明湖。只是从广润庙东至玉泉山的两公里间，地形下降的坡度较大，乃架引水石槽于逐渐加高的石墙上，以便引水自流到玉泉山麓"。在增加上游水源供应的同时，为防止注入昆明湖水量过急过大，乾隆二十四年（1759）又在玉泉山静明园外开挖了一个高水湖，收纳诸处所来泉水以及夏秋积雨下注之水。此中缘由，乾隆帝在《影湖楼诗》序中明言："迩年开水田渐多，或虞水不足，故于玉泉山静明园外接拓一湖，俾蓄水上游，以资灌注。"如此一来，园林用水和水田灌溉问题都得到了较好的解决。

继高水湖工程后，乾隆帝又实施了一系列举措来完善昆明湖水利。首先是在高水湖东南、昆明湖西南开凿一个养水湖，其下又开挖一个小型泄水湖，三湖利用地形落差，由高到低分布，形成了完善的调蓄水量系统，使上游水流不至于直泻而下。其次是于乾隆二十九年（1764）在东堤上兴建3座水闸，即东北端的二龙闸、北端汇入清河之处的青龙桥闸、南端与长河相接之处的绣漪桥闸，三闸均可因水势变化而随时启闭，以调节水位。最后是乾隆三十七年（1772）在香山以东、昆明湖以西的广润庙开挖了两条泄水河：一条经广润庙北向东北过玉泉山北侧，经圆明园后入清河，是为北旱河；一条经广润庙西流向东南方向，经玉渊潭南下东转注入西护城河，是为南旱河。按乾隆帝的说法，从此"昆明湖水亦无涨溢之虞矣"。

乾隆年间以昆明湖建设为中心的西山水系改造工程，其效果决不仅仅是为皇家园林的建设提供了保证，更是对整个西山水系进行的一次重大的也是较为成功的生态调整。经过对西山一带山泉河湖长达数十年的整治，形成了由玉泉山—玉河—昆明湖—长河所组成的西山供水体系，完成了一项具有很强调节能力的大规模综合水利建设。尤其是疏浚后的昆明湖，成为西山水系中重要的一座水利枢纽，它集蓄水、排水、灌溉功能于一身，不仅能满足园林用水、城市用水、农田用水和漕运用水等多种需要，而且对周边环境产生了良好影响。因此，始于康熙年间、完成于乾隆年间的清代西山水系整治，是一次较为成功的水环境优化工程。这项工程不仅极大改变了此前西山水系的面貌，而且奠定了三山五园水系的基本格局，是北京西郊成为优质生态区的根本保证。

第二章　三山五园的历史变迁

北京西山地区优越的生态格局，是成就清代三山五园的必要条件。早在辽、金、元、明时期，西山地区园林文化的发展便连绵不断。虽说其时开拓范围有限，但也是后来三山五园的建设的铺垫和基础。当然，清代的西山园林建设远迈前代。在"康乾盛世"时期强大国力的支持下，清代3位皇帝接力打造了这一气势恢宏的皇家园林建筑群，也是中国历史上规模最大的皇家苑囿。三山五园熔多种文化要素于一炉，是中国古典园林艺术的新高峰。尽管清朝在进入19世纪之后，内忧外患，日渐衰落，终至覆亡，三山五园也饱受劫难、毁弃良多，但是仍有一部分景观饱经磨难而幸存下来。中华人民共和国成立后，三山五园得以新生。无论是得到修复的景观，还是仅剩残垣的遗址，都足以证明三山五园曾经达到的艺术高度。

一、盛世辉煌

清代统治者大力建设三山五园，既有客观原因，也有主观因素。清军趁明末大乱之际，大举入关，逐鹿天下，定鼎北京。但是，大批外来人口的进驻，很快就造成了北京城内生活空间逼仄的问题。并且，明代宫廷致力于大内御苑的营造，三海一带几无隙地。在此情况下，清廷要想拓展皇家苑囿，只能在城区之外开辟园地。就主观因素而言，清代统治者在入关前，长期生活于白山黑水之间，骤然进入京城这种大型城市，多有不适。紫禁城内规整的布局和建筑只能是身份地位的象征，皇帝及其家人生活在其中，并不舒适。因此，他们试图寻求更加适合其天性、更舒服惬意的环境。清廷首先在南海子一带建设行宫，但只是浅尝辄止，很快把目光投向了西山地区。康熙帝平定三藩之乱、收复台湾后，彻底扭转了明末以来的动乱形势，国家进入稳定发展时期，康熙帝也有心情、余力为自己建设心仪的园林了。以康熙朝兴建畅春园为标志，拉开了建设三山五园大型皇家园林群的序幕。三山五园的出现，既与18世纪中国的强盛国力相匹配，也在世界文明史上留下了浓墨重彩的一笔。

1. 清代以前西山的园林建设

三山五园是西山文化带上光彩夺目的华章，也是长期发展变迁的产物。自辽金以迄元明，北京从陪都跃升至首都，是北部中国发展最迅速，同时也是最大的城市。随着城市的扩容，对西山地区的开发力度也越来越大。以寺庙、园林和行宫的兴建为代表，西山地区的人文景观渐成气候，构成了西山文化带的核心内容。

香山一带是西山地区较早形成人文景观聚落的地方，其肇始可上溯到辽金时期。最早出现的建筑是香山寺，《清一统志》称，该寺乃是辽代中丞阿里吉"舍宅为之"，且"殿有二碑，载舍宅始末"。据《金史》记载，大定年间，金世宗与近臣巨构"同经营香山行宫及佛舍"。这里提到的佛舍，应是以香山寺为基础改建的大永安寺。改建完工后，金世宗还亲临该寺，并"给田二千亩，栗七千株，钱二万贯"，作为寺产。金世宗之孙金章宗继位后，也十分喜爱香山行宫及香山寺，《金史·章宗纪》记载了金章宗6年中7次前往香山，金章宗游览香山还形成了祭星台、护驾松等遗迹，这些遗迹在元代就已流传甚广。此外，据明人《南濠集》所述，双清别墅中的双清泉，也是金章宗在游香山歇息时所发现的，并命名"感梦泉"。至明代，香山行宫虽然基本无存，但正统年间太监范宏拓建了香山寺，香山寺也成为清代修建静宜园的重要地标。

金章宗对玉泉山的喜爱程度，与香山不相上下。据《金史·章宗纪》记载，其在位期间曾8次巡幸玉泉山。相传金章宗在西山多处濒临泉水的地方都修建了观景点、亭台和殿宇，故而有"西山八院"或"西山八大水院"的说法。不过，这些景观后来大都难以确认，唯有金章宗最心仪的、别名泉水院的玉泉山行宫，地点确凿，名声最著。《金史》中有"宛平有玉泉山行宫"的记载。《长安客话》中称："玉泉山顶有金行宫芙蓉殿故址，相传章宗尝避暑于此。"该书还有胡应麟《游玉泉》两诗，其一云"更上遗宫顶，千林起夕烟"，其二云"殿隐芙蓉外，亭开薜荔中"。明人李濂《玉泉山》诗云："章宗避暑玉泉山，宫女随銮到此间。昔日翠华歌舞地，于今犹见五云还。"晚明时人孙承泽所作《天府广记》亦载："玉泉山有芙蓉殿基存。"由此可知，直至晚明时期，金代行宫芙蓉殿尚存遗址。正是因为有玉泉山行宫，金章宗明昌年间形成的"燕京八景"中，才有了"玉泉垂虹"一景。后来乾隆帝亦甚喜此景，将之纳入静明园中，并更名为"玉泉趵突"。

独醉园是一处私家园林，位于瓮山西湖一带，是元代西山地区人文景观中难得的亮点。独醉园主人是曾任中书省左丞相的耶律铸，其父是元初名相耶律楚材。耶律铸曾参与纂修《辽史》《金史》，但后来被抄家、发配关外，郁郁而终，《元史》中甚至无传。独醉园修建时间不详，相关资料也很少。据耶律铸所作《独醉园三台赋》可知，该园除建有临仙台、射台和读书台外，还有仙居亭、寿域亭、白雪斋、阳春斋、弦歌楼、正己楼和醉经堂等建筑，可见颇具规模。耶律铸对该园景色亦很自得，在赋中描述道："隐天津于罨画兮，宛绕匹练于花丛。挺卢龙之神秀兮，迥列迭翠之云屏。"该园至明初业已无存，但万历年间有人在瓮山脚下发现了一座墓冢，有石碣证明是耶律楚材之墓，独醉园大概距此不远。乾隆修建清漪园时，在耶律楚材墓址上修建了一座耶律楚材祠，位于文昌阁西北。元代西山地区的另一个重要建筑，是元文宗时修建的大承天护圣寺。该寺位于瓮山泊西北岸边，是为祭祀太皇太后答已而建的，据说寺内设有行宫。明宣德年间重修后改称功德寺，但嘉靖后废弃。

明代西山地区，私家园林较先前有了很大发展。城外西郊有一座惠安伯张氏私园，是这一带较早出现的私家园林，时称惠安园或张园。第一代惠安伯是外戚张昇，受封于明英宗正统五年（1440）。大约当嘉靖末、隆庆初之际，张昇后人张元善建了惠安园，园里有一处大型牡丹花圃，张元善"经营四十余年"而成，是该园最大特色。《帝京景物略》中称："都城牡丹时，无不往观惠安园者。园在嘉兴观西二里，堂后牡丹数百亩。"明代著名文学家袁宏道数次前往该园观赏牡丹，作《游牡丹园记》，盛赞"可谓极花之观"。惠安园不仅牡丹花艳绝于世，园林景观亦十分优美。名士王世贞与宗臣等，于无花季节游惠安园，依然对其景致流连不已。王世贞有诗云："休沐时相遇，犹言惜未频。风尘余此地，山水更何人。"宗臣亦有诗云："为爱林塘好，频从驷马来。仅成三日别，复作一尊开。桥忆牵衣草，庭思待月梅。昔心还卤莽，此夜重徘徊。"

不过，大概在明末清初，该园便已荡然无存了。

明代京西地区最壮丽的私家园林，当数武清侯李伟家族的清华园。李伟封爵后仅一年便去世，所以清华园主要由其儿子李文全建成，时间约在万历末期。该园规模极大，文献中有"方十里"或"缭垣约十里"等描述。根据后来考古遗址估算，清华园的面积为1200亩左右，在当时堪称一座超大型园林。清华园利用丹棱沜的水源，打造成一座大面积水景园。岛、堤相结合，将水面分为前湖和后湖，在前后湖之间、位于中轴线上的建筑群挹海堂，是全园的重心所在。后湖北岸用挖湖土方堆成高耸的假山，山麓水畔又建五楹高楼一幢，登临其上，可观赏西山一带风景。《帝京景物略》中描绘道："山水之际，高楼斯起，楼之上斯台，平看香山，俯看玉泉。两高斯亲，峙若承睫。"清华园的秀美景致，在当时就声名远播，有很多诗文题咏和记载，时人盛称为"京国第一名园也"。然而，崇祯九年（1636），英亲王阿济格率清军进抵北京西郊，给清华园造成了一定的破坏。两年后，武清侯家因崇祯帝索借军饷，家产不足，不得已将清华园转售他人，这座"京国第一名园"遂迅速败落，但基础尚在，因此为康熙朝营造畅春园提供了很大的便利。

紧邻清华园的米氏勺园，是明代京西地区的又一名园。勺园建造时间略晚于清华园，二者名声相差无几。勺园在清华园东面，一路之隔，面积仅有80余亩。勺园虽然体量远远小于清华园，亦不如后者壮观富丽，但是在造园艺术水平上犹有过之，以致时人有"米园不俗，李园不酸"的点评。勺园利用堤、桥将水面分隔开来，形成堤环水抱之势。建筑与地形地貌及植被相结合，形成各具特色的景区，景区之间再以水道、石径、曲桥和廊子相连通，幽雅深邃、曲折迷离、高低错落。《帝京景物略》描述勺园景色后，感叹道："意所畅，穷目；目所畅，穷趾。朝光在树，疑中疑夕，东西迷也。"勺园高超的造园水平及其秀丽景色，吸引了许多文士名流前来观赏，并留下了很多诗文记载。王思任盛赞勺园景色可以媲美江南园林，其《勺园》诗云："才辞帝里入风烟，处处亭台镜里天。梦到江南深树底，吴儿歌板放秋船。"可惜的是，勺园仅仅存世30多年，便在明清易代的兵燹中湮没了。

另外，明代京西地区的佛道寺观也远远多于前代，寺观园林风貌更浓厚。较知名的佛教寺庙，主要有真觉寺、显应寺和慈寿寺。真觉寺建于永乐初年，因西土高僧班迪达进献金刚宝座式佛像而建寺。成化间添建印度式金刚宝座塔，中间建一塔，四方建四塔，故又名五塔寺。显应寺修建于正统年间，又称保明寺。据传有尼姑曾苦谏明英宗切勿出征土木堡，英宗不听，及"还辕复辟，念之，乃建寺赐额，人称为皇姑寺"。位于阜成门外八里庄的慈寿寺，是明神宗为其母慈圣皇太后祈福所建，大学士张居正撰碑。寺中佛塔名为永安万寿塔，是京西标志性建筑。京西地区的元福宫、昌运宫和西顶碧霞元君庙是道教祠宇。元福宫和昌运宫皆在西郊，亦皆建于正德年间。元福宫以所供三清六真铜像和院中古松著称。昌运宫规模甚大，"垣墉二百余丈，门庑百余间"，"殿宇凡七重"。西顶碧霞元君庙在蓝靛厂，建于万历年间，香火颇盛。明代西山地区兴建的寺观还有很多，尤以正德时期为甚，以至于王廷相曾有"西山三百七十寺，正德年中内臣作"的诗句。凡此种种，皆为清代三山五园里浓厚的宗教文化氛围埋下了伏笔。

2. 康雍时期对三山五园的肇基

康熙、雍正两朝在京西地区开展的皇家园林建设，为三山五园这一大型园林群的形成奠定了基础。总体而言，在这一时期，清代宫廷对于御苑建设还比较克制。康熙帝在香山和玉泉山稍作尝试后，便专心建设畅春园，这也是其在位期间正式营建的唯一一座御园；雍正帝在位期间，除了兴修圆明园外，也没有营建其他的御园。康雍时期之所以对园林建设较为克制，除了因这一时期财力还不算丰裕外，大概也与康熙帝及雍正帝都非常勤政有关，两人对大兴土木之举并无太大兴趣。另外，康熙、雍正年间的皇家园林建设，还有两个显著的共同点。其一是都充分利用了旧有的园林基础。畅春园主体为明代武清侯李氏清华园旧址，对原有园林格局借用颇多。圆明园原本是雍正帝作为皇子时期的赐园，登基后扩建成御园。其二是两园选址都是北京西北郊较为平顺的地区，造园的工程难度显然比有较多山地形貌的清漪园等三园要小得多。就此而言，康熙和雍正两朝的园林建设都远远逊色于乾隆朝。

康熙帝着意在京西一带建设御苑，其实经历了一段探索时期。他最初尝试的地点在香山。据嘉庆《重修大清一统志》记载，康熙十六年（1677）兴修了一座香山行宫。乾隆帝回忆其祖父康熙帝游赏西山名胜古刹时说，"恐仆役侍从之臣或有所劳也，率建行宫数宇于佛殿侧"。这里所说的佛殿指香山寺，香山行宫就位于香山寺的东边，坐北朝南。行宫的整体规模不大，皆被乾隆时期修建的静宜园包括在内。静宜园中宫的南宫门檐额"涧碧溪清"为康熙帝御书，此门原为香山行宫正门。璎珞岩敞厅的"绿筠深处"匾额，亦为康熙帝亲笔题写。行宫的其他痕迹，如今已荡然无存。从文献来看，康熙帝前来香山行宫的次数并不多，亦从未留宿。他唯一夜宿香山的记载，还是康熙十七年（1678）夜宿在行宫北侧的碧云寺。可见康熙帝对于香山行宫并不太满意，加之此时三藩之乱尚未平息，康熙帝也不大会有大兴土木的想法。因此，香山行宫很快成了一个弃子。

大概为了缩短距离，康熙帝在京西建园的第二次试点改在了玉泉山。康熙十九年（1680），也就是香山行宫建成3年后，康熙帝利用明代遗存的玉泉山故园修建玉泉山行宫。康熙二十一年（1682）行宫落成，康熙帝赐名澄心园，并于当年8月于此驻跸9天。澄心园的主体大致位于玉泉山南麓玉泉湖和东麓裂帛湖一带，规模应大于香山行宫。园中最早的建筑为裂帛湖北侧的清音斋，乾隆帝曾言其殿额为康熙帝御书。玉泉山西南侧岭上的赏遇楼，乾隆帝于乾隆五十一年（1786）称其为"康熙年间所筑，逮今百年矣"。据此推断，该楼应为澄心园时期的建筑。玉泉山西边山麓、位于园内东西通道上的函云城关，《日下旧闻考》称其"建自康熙二十年，圣祖御题额曰'函云'"，西额"澄照"亦为康熙帝所题。另外，玉泉湖东北岸边山麓，大致是澄心园时期帝后寝宫所在。康熙帝对玉泉山澄心园的喜爱程度，明显高于香山行宫。康熙二十六年（1687）前，澄心园是康熙帝居园理政之处。不过，澄心园依然不是康熙帝理想的园居之所，所以才会有兴建畅春园之举。康熙三十一年（1692）将澄心园改名为静明园，或许是聊表纪念之意。

康熙帝的第三次也是最后一次京西建园活动，便是选择在海淀村西北营建畅春园了。康熙帝之所以在该处建园，第一个原因很可能是出于地势的考虑。毕竟，该地距离京城更近，并且地形平缓，水源丰富，这都极大降低了造园的难度。另外一个重要原因，是该地有可以利用的良好基础。康熙帝规划建设畅春园的用地，是明代著名私家园林武清侯李氏清华园的主体所在，以及米万钟勺园的小部分区域。清华园在明末被转卖后，辗转于清初成为肃亲王豪格的府邸。康熙十二年（1673），著名史学家谈迁入园游览，称该园中仍有"巧夺天工"的胜景，并亲见米万钟所书园额。约10年后，时清华园主人、肃亲王之孙显亲王丹臻得知康熙帝有意修建新的御园，遂将此园进献。康熙帝巡视该园后，对旧有基础十分满意。他在《畅春园记》中描述道："当时韦曲之壮丽，历历可考。圮废之余，遗址周围环十里。虽岁远零落，故迹堪寻。瞰飞楼之郁律，循水槛之逶迤。古树苍藤，往往而在。"由此可见，清华园旧有的园域、水陆格局乃至部分建筑物，都成了兴建畅春园的有利条件。

当然，康熙帝需要的是一座符合皇帝身份和需求的御园，就必须对原有基础进行彻底改造，消除先前清华园的私家园林风格。当时康熙帝集中了一大批造园高手和能工巧匠。这些人当中，有著名的样式雷家族的第一和第二代人物，即雷发达、雷金玉父子。畅春园工程启动之际，雷氏父子应内务府之召，从南京来到北京，在海淀镇落户。家族资料显示，雷氏父子主导了畅春园的很多工程建设。另外一对父子也在畅春园建设中起到重要作用，即江南的叠山造园名家张涟（字南垣）及其子张然。在畅春园启建时，张涟已年过九旬，每逢指导工程，康熙帝特赐肩舆供其出入。在张涟的指导下，张然承担了园内大部分假山叠石方面的设计施工。还有一位参与造园的重要人物，是同样来自江南的造园名家叶洮。不过他参与得稍晚一些，主要接手了张然的一些未竟工程，后来负责畅春园建成使用后的维修和增建工程。合众多一流造园高手之力而成的畅春园，实现了脱胎换骨的转变。

畅春园是京西地区的第一座大型皇家园林，为三山五园的建设树立了一个良好的开端。畅春园的主体面积略小于原先的清华园，但气派与格调远超清华园，既有宏伟壮观的一面，也有简约淡雅的风格。畅春园以坐北朝南的大宫门为基准，园内建筑群分为中路、东路和西路3个部分。中路建筑群最南面正对大宫门的正殿为九经三事殿，这是园内最雄伟的单层殿宇，地位相当于紫禁城的勤政殿；其北面为皇太后的寝宫，即澹泊为德行宫；再往北的一座重要建筑，是在清华园挹海堂旧楼上修建的延爽楼，也是畅春园内最高大的一座建筑。东路建筑群最南面为澹宁居，这是康熙帝理政的主要地点；从澹宁居往北，可达康熙帝最为看重的藏书阁书处即渊鉴斋和佩文斋；最北边则是康熙帝的寝殿——清溪书屋，也是他最终病逝之处。西路建筑群最南面为无逸斋，是太子胤礽的居室和书斋；无逸斋北面也有一座从清华园旧楼改造而来的建筑，即三层重檐的蕊珠院。大约在畅春园主体完成后不久，康熙帝又在西墙外增建了一座面积颇大的附园即西花园，还修建了讨源书屋等建筑，作为众皇子居住读书之所。如果算上西花园的话，畅春园的面积就要超过清华园了。

畅春园所在区域是玉泉山泉水和万泉河交汇之地，水源丰沛，因此该园被打造为北方少见的水景园。自西而来的玉泉水和自南而来的万泉河水，从西南进水闸和船坞南边水闸流入园内，形成了广阔的水面和密布的水网，然后再从东北角、西北角以及北部偏东的三个出水闸流出园外。水面以岛堤为界，分为前湖和后湖两大水域，两湖有水路相通。前湖中稍偏东位置有一个大岛，上面建有瑞景轩和延爽楼，岛东为南北向的丁香堤，岛西排列着兰芝堤和桃花堤。后湖接近长方形，偏西位置有一个小岛。因园内水面甚广，且基本连为一体，可行舟游赏。园西南角建有船坞，存放大小御舟共3条，两条大舟分别名为"吉祥舟"和"载月舫"，小舟名为"月波"。乘舟不仅可遍游全园，而且可以从船坞南门驶出，前往圣化寺和泉宗庙等处游览。畅春园大量运用了叠石假山技术，在张涟父子和叶洮等江南造园高手的设计下，园中的叠山艺术堪称一时之冠。全园共有50多座土山，与水景组成山环水抱的精妙格局。

别具匠心的花木配置，是畅春园的又一大特色景观。园中占据制高点的苍松翠柏，大多是清华园时期的遗留，甚至还有一些建筑就以松柏为名。如无逸斋别院多有松树和竹林，故而以"松篁深处"名之；中宫西庭院及殿后土山长有大片松柏，便命名"韵松轩"；韵松轩北边有一道水闸，亦得名"松柏闸"。第二种特色植物是荷花，御园水面很大，荷花遍布全园，随之出现了多处赏荷之所，康熙帝亦常有泛舟观荷之举。第三种特色植物是牡丹。康熙帝甚爱牡丹，所以前湖四周、后湖西岸栽种了大片牡丹，并有芍药点缀其间，当时有"花海"之称。第四种特色植物是葡萄。后湖西岸还有一个康熙帝的葡萄院，院内有北京本地及新疆移植的共10种葡萄。葡萄成熟时，康熙帝除品尝外，还特地赐予南书房的翰林们分享。此外，前湖中的三道长堤，即丁香堤、兰芝堤和桃花堤，亦皆遍种花树，每当春暖花开季节，鲜花相继怒放，三堤简直可以称为花堤。其花团锦簇的景象，令有幸目睹之人赞叹不已。

或许与储位之争造成的心有余悸有关，雍正帝登基后，并未继续将已经建设完备的畅春园当作御园，而是将自己在皇子时期修建的赐园扩展为一座新的御园，即圆明园。以前认为作为赐园的圆明园始建于康熙四十六年（1707），是胤禛承康熙帝之命在畅春园北面空地上新建的。近年有学者提出，赐园时期的圆明园并非都是新建，这座赐园还包含了一部分旧有宫殿的底子，那就是与之相邻的、康熙帝所建的离宫"镜峰"。这座离宫建成于康熙二十七年（1688），系供养孝惠皇太后之用。当孝惠皇太后于康熙五十六年（1717）底去世后，康熙帝又将这座离宫的部分区域赐给了胤禛。这就使胤禛的赐园大大扩充，面积几与畅春园相当，从而给雍正帝后来大规模扩建圆明园留下了充足空间。

赐园时期的圆明园建设情况的资料很少。唯有胤禛作为亲王时所作诗文集《雍邸集》中有《园景十二咏》组诗，提供了一些比较可靠的资料。根据这12首诗的描绘，大致可知十二景中的景点有：后湖东岸自南而北分布着牡丹台、竹子院和梧桐院；位于后湖北岸的为涧阁；后湖西岸为菜圃和金鱼池；后湖西北岸为桃花坞和壶中天；后湖正北为耕织轩；福海西北山水间为深柳读书堂。这组诗作中还提到了葡萄院、莲花池两处景点，但迄今尚难判定具体位置。另外，九洲清晏景点很可能在赐园时期就建成了，这是一组位于后湖南岸的建筑群，最南边殿宇悬挂着康熙帝御题"圆明园"匾额，殿内有胤禛在赐园落成时亲自题写的一副对联："每对青山绿水会心处，一丘一壑总自天恩浩荡；常从霁月光风悦目时，一草一木莫非帝德高深。"这副对联极好地体现了胤禛在皇子时期的谦卑与恭敬。

雍正帝登基后，从雍正二年（1724）开始大规模改造圆明园，向东南西北4个方向扩展，最终建成一座占地3000亩的超大型皇家园林。最先扩建的是向南增建大型外朝建筑群，即听政理事之所。这组建筑群分为三进院落：第一进为大宫门和广场，广场前有影壁一座，两厢分列东、西外朝房；二进院为二宫门，两厢有左、右内朝房及茶膳房、缮书房、清茶房、军机处值房；三进院内正殿为正大光明殿，正殿东侧是勤政亲贤殿，西侧为翻书房和茶膳房。圆明园向东的主要扩建工程，是将原先的东湖拓为福海，福海中设置"一池三山"景致，周边则开凿河道通连。北面扩建的主要是北宫墙内的一条狭长地带，建有鱼跃鸢飞、北远山房等景点。西面的拓展工程，则主要是将泉水形成的沼泽区改造为水网景观。据《日下旧闻考》记载，雍正帝题署过的景点共有28处。也有资料表明，雍正年间已成景点有33处，都大大超过了赐园时期的十二景。

在圆明园成为御园后，雍正帝迅速提升了该园的管理规格。雍正元年（1723），雍正帝便专设圆明园总管园务大臣，不再仅由内务府奉宸苑管辖。次年，又设管园总领和副总领。雍正七年（1729），定总领为六品戴蓝翎，副总领以七品、八品兼用。自此之后，所有管理圆明园官员的升降任免都必须经过皇帝的特旨。圆明园的庞大规模，自然也需要庞大的资源来维持。首先就是经费问题。雍正三年（1725），雍正帝急于开始扩建圆明园，命内务府广储司专门调拨库银30万两使用。大概也是在这个时候，圆明园里设立了专项银库，专管御园修建、运营及维护之需。雍正帝此举为乾隆年间正式设立圆明园银库开了先河。其次，需求很大的是服务御园的人员。除了本来作为御用奴仆的大批太监外，雍正时期还在圆明园里引入了大量园户。这些园户主要承担园内大面积农场的农务工作，隶属满洲旗营。

随着规格的提升，雍正帝也把圆明园的安全拱卫提高到不亚于紫禁城的水平。雍正二年（1724），雍正帝设立圆明园护军营,由八旗护军营和内务府三旗护军营两部分组成。圆明园护军营的兵丁完全从满洲八旗和蒙古八旗中选拔,自成编制,官员由总管八旗事务的掌印大臣负责在本旗内铨选,是一个相对封闭的选补机制。此外,其中的养育兵,是指未成年幼丁或16岁以上闲散旗人,实则为护军兵丁的隶属人丁,是清廷为赡养京师贫苦旗人而实施的一项特殊举措。雍正十年(1732),经果亲王允礼奏准,还为圆明园八旗护军兵丁特地设立旗学数所,表现优秀者授以旗员、笔帖式等官职,劣者斥退,另行选拔递补。在雍正帝的大力建设下,圆明园护军营迅速成为北京西郊拱卫京师的三大兵营之一。

3. 乾隆朝三山五园的大成

三山五园园林群的全面建成,是在乾隆年间。乾隆帝在位期间,是清朝国力最鼎盛的时期。在丰饶的物力加持下,乾隆帝对于皇家园林建设意愿更强烈、规划更宏伟。在康熙、雍正时期皇家园林建设的基础上,乾隆帝对整个西山地区进行了全面建设。除了对已经建成的畅春园和圆明园继续加以增建和完善外,乾隆帝又对玉泉山和香山旧有建筑大加拓展,建成静明园和静宜园。而乾隆帝最得意的手笔,则是他一手策划并完成的清漪园。如此,从最西侧的香山静宜园,到最东边的圆明园和畅春园,构成了一个紧密相连、面积广大的园林集群。其中,静宜园、静明园属于山地园,清漪园属于山水园,圆明园和畅春园属于平地园，又形成了一个功能关系密切、景观形态各异的大整体。无疑，自康熙朝拉开的这一拨皇家园林建设活动，到乾隆朝达到最高潮，也是中国传统宫廷园林艺术的一个新高峰，展现了盛清时代的格局与气魄。

因畅春园基本建设已较为完备，所以乾隆帝没有对畅春园进行大改造。乾隆帝即位之初，便谕令将畅春园改为奉养太后之所，为了适应这一功能，乾隆年间对畅春园部分建筑进行了一定的改建。康熙年间，九经三事殿北面建有孝惠皇太后的寝殿——澹泊为德行宫。当孝圣皇太后入住畅春园后，乾隆帝修缮了这座寝宫，并更名为春晖堂，正殿命名为寿萱春永殿。康熙时在前湖西北部横岛上所建的纯约堂，被乾隆帝重新修葺，改名为凝春堂，专供皇太后休养之用。康熙时建成的集凤轩，本为康熙帝西厂阅试骑射休憩之地，乾隆时期改建为奉母消夏之地，乾隆帝还为正轩外檐御题匾额"执中含和"，内额则为"德言钦式"。同时，因乾隆帝常来畅春园向皇太后问安，所以也为自己的起居进行了一些改建。如康熙年间曾供皇太子允礽居住的无逸斋，乾隆帝重加修葺，作为传膳、理事之处。此外，乾隆帝在皇子时期曾居住过的闲邪存诚殿，于乾隆四年（1739）遭焚毁，乾隆帝下令予以重建后，赐名玩芳斋，并御题匾额。总之，乾隆年间对畅春园以维护为主，没有太大改动，基本保持了康熙时期的面貌。

对于圆明园，乾隆朝60年间一直在改建扩建。虽说雍正年间的基础建设已相当完备，乾隆帝还是忍不住大兴土木的心情，通过精心策划，启动了一系列改建扩建添建工程。即位后不久，他就将自己当皇子时居住过的莲花馆扩建为长春仙馆。乾隆三年（1738），福海周边新建了云锦墅、夹镜鸣琴和涵虚朗鉴等景群。随后数年间，又相继兴建了体现蓬莱意象的方壶胜境，表达重学理念的汇芳书院，以及具有家庙形制的鸿慈永祜。乾隆九年（1744）时，圆明园首期改造工程大体完成，此后数年间没有大的建设。与雍正时期的圆明园相比，整体布局和建筑功能的配置更加合理。此外，为美观和对称起见，乾隆帝将雍正帝时期以三字命名的景点，一律改为四字，由此形成了圆明园四十景。乾隆帝在首期工程结束后题写了四十景组诗，并命宫廷画师唐岱、沈源等绘制四十景图，形成了《圆明园四十景图咏》。乾隆时期看起来不过增加了七八处建筑，其实几乎原有的每一处都经过了不同程度的改造，并非全是雍正年间的旧观了。

当圆明园首期改造工程告一段落后，乾隆帝立即启动了圆明园东扩工程，即在圆明园东面兴建长春园。长春园之名源自圆明园内的长春仙馆，其原址在紧挨圆明园东墙的水磨村。乾隆帝之所以兴建长春园，他本人有过两个说法。早先的说法是为奉养皇太后所用，但后来他又称是准备将来自己归政后，"为他日优游之地"。其实，他归政后也根本没有在此养老。或许，按捺不住大兴土木的心情，才是乾隆帝兴建长春园的主要动力。长春园大约在乾隆十年（1745）开始兴建，到乾隆十二年（1747）下半年，长春园就已经建成了大部分景区，包括澹怀堂、含经堂、宝相寺、法慧寺、玉玲珑馆、思永斋、海岳开襟、泽兰堂、丛芳榭等一大批主要景观，成为一座占地面积达1000多亩的大型水景园。乾隆十六年（1751），长春园添设管园六品总领一人，七品、八品副总领各一人，在规制上也与圆明园并驾齐驱了。

当长春园主体建设基本完成后，乾隆帝的园林土木工程曾经稍微消停了一段时间。乾隆十六年初，乾隆帝开始了第一次南巡之旅。长达近5个月的南方之行，显然给乾隆帝带来了许多关于园林建设的新灵感。因此，乾隆帝回京之后不久，圆明园和长春园同时迎来了新一轮的建设。并且，两园都出现了一批模仿江南园林的建筑。在圆明园中最早出现的此类建筑，是乾隆二十年（1755）由双鹤斋改建而来的廓然大公，其主要模仿对象是无锡寄畅园。同年还完成了另一项改建，即将雍正年间所建四宜书屋，按照海宁陈氏隅园样式改造为安澜园。乾隆二十八年（1763），福海岸边完成了柳浪闻莺、断桥残雪两处景点，圆明园完成了对西湖十景的仿建。乾隆三十九年（1774），乾隆帝仿照浙江宁波天一阁，在舍卫城西建造了文源阁，成为收藏《四库全书》的七阁之一。长春园里的写仿江南工程，主要有乾隆二十三年（1758）仿杭州汪氏私园建成的小有天园，乾隆三十二年（1767）仿照江宁瞻园建成如园及鉴园，乾隆三十七年（1772）在园东北角建成以苏州狮子林为原型的园中园，亦名狮子林。另外，从乾隆十二年（1747）到二十五年（1760），长春园内还完成了西洋楼景区的主体建设，为整个圆明园景区增添了全新的景观。到乾隆四十年（1775）以后，圆明园景区才不再有大规模营建活动了。

圆明园、长春园以及乾隆三十四年（1769）圈入的绮春园，形成了一个总面积超过5000亩的庞大御苑区，管理和运营都是一项极其繁重和复杂的工作，仅依靠内务府奉宸苑是不可能完成的。为此，乾隆时期进一步强化了御苑管理机制。雍正年间还属于临时派设机构的圆明园工程处，到乾隆朝已发展成常设机构。每有大型工程，即由皇帝从内务府拣派总管大臣掌管一切营建事宜；同时，专供营运营建经费的银库、器皿库、木厂、销算房、堂档房和督催所等机构，亦一一设立。总管大臣中，不乏傅恒、和珅、福康安及皇子永瑢这样的人物，可见工程处规格之高。同时，乾隆年间对圆明园景区的建设投入也很惊人。据清宫档案估算，圆明园银库在乾隆中期以前总收入约为300万两，乾隆三十五年（1770）至五十八年（1793）的入库总数在900万两左右。从内务府工程造办情况来看，银库这些收入的很大一部分都用于圆明园景区的建设和维护了。

乾隆帝即位后的大建园林之举，并不限于圆明园和长春园。还在圆明园首期改造工程和长春园工程期间，他就迫不及待地在香山和玉泉山也展开了新的建设。对香山行宫和玉泉山行宫，乾隆帝都进行了大规模的翻修、改造和扩建活动，形成两座全新的御苑，即香山静宜园和玉泉山静明园。

乾隆帝于乾隆八年（1743）夏初首次登临香山，此次香山之游，给他留下了极好的印象："从来不识香山面，一见还如遇故人。"由于康熙帝在香山留下了"旧宫之基"，乾隆帝遂以"非创也，盖因也"为辞，开启筹建新园。静宜园的建设速度在五园中是最快的：乾隆九年（1744）设立香山工程处，次年七月正式兴工，十一年（1746）三月即告竣工。静宜园总面积达2300亩左右，顺山势而建的宫墙蜿蜒长达5公里。园内大小建筑群共有50余处，以乾隆帝亲自命名的"静宜园二十八景"最为著名。静宜园是一座以自然景观为主、具有浓郁山林野趣的大型山地园林，二十八景中的每一景，或是一组建筑群，或是组群中的一座单体建筑，都是依据香山各种特有地貌形胜而构成的山林景观。尽管静宜园后来又添建了不少建筑，但是从未撼动二十八景的地标性质。

整个静宜园园区分为3个部分，即内垣、外垣和别垣。其中，地位最重要、建筑群也最多的是内垣，二十八景中的二十景皆位于内垣。内垣坐落于静宜园的东南部，也是园内宫廷建筑群之所在。内垣宫廷区共有3处，其一是正对东宫门的勤政殿建筑群，其二是作为乾隆帝寝殿的中宫建筑群，其三是乾隆帝休憩之处的松坞云庄。勤政殿建筑群虽是宫廷办公区域，却不同于皇宫大内通常较为刻板的风格，环境氛围舒适活泼，甚得乾隆帝喜爱。这组宫廷建筑中的丽瞩楼、绿云舫，皆在二十八景之列。中宫位于勤政殿建筑群南侧，原址为康熙时期的香山行宫，改建后的正殿虚朗斋亦列二十八景之一，是一处比圆明园还要幽静清爽的别苑。中宫南门外有二十八景中的多处景点，如璎珞岩、翠微亭、青未了、驯鹿坡、蟾蜍峰等。松坞云庄位于香山寺南侧的半山腰，是乾隆帝每游香山必至之处。院中有天池，源自院墙西侧山坡的两眼清泉，乾隆帝御题"双清"二字。松坞云庄南面山崖下有一座二层五楹的栖云楼，是乾隆帝来香山必停留的休息点，也是二十八景之一。

静宜园外垣属于高位景区，面积远大于内垣，但景点散布，总数约为15处。其中被列入二十八景的有8处，分别是丽瞩楼北面山岭上的晞阳阿，晞阳阿之北的芙蓉坪，芙蓉坪西南的香雾窟，香雾窟东南处的栖月崖，栖月崖北面的重翠崦，重翠崦东南的玉华岫，玉华岫西南的森玉笏，森玉笏东北的隔云钟。外垣景区中除了二十八景的景观外，还有一处著名景点，即燕京八景之一的西山晴雪。西山晴雪之名始见于金代，原先泛指西山一带。因香雾窟静室地势高峻，是极好的登高望远之地，所以乾隆帝在其北面立石勒碑，亲书"西山晴雪"四字，后世即以此为西山晴雪之所在。在内垣和外垣建成多年后，乾隆帝在静宜园东北部一带又添建了别垣景区，主要包括两个建筑群，一是大型佛寺昭庙即宗镜大昭之庙，二是园中园正凝堂。虽然这两处都未列入二十八景，但都是乾隆帝精心设计的产物，也是静宜园的重要组成部分。

对于玉泉山静明园，乾隆帝虽然没有给它更名，但也进行了大规模的重新建设。与同为山地园的静宜园相比，静明园的面积要小一些，约为1000亩。但是，改建静明园工程的时间比静宜园要长。静明园工程于乾隆十五年（1750）启动，到乾隆十八年（1753）完成了乾隆帝在《静明园十六景》中描绘的大部分景点。此后数年间，又不时添建一些重要景点，如玉峰塔、东岳庙、妙高寺等。全园总计有大小建筑群30余处，其中寺观11所，宫廷建筑3处。园中以围绕玉泉山且相互通连的5个小湖，即玉泉湖、裂帛湖、镜影湖、宝珠湖和涵漪湖为中心，构成5个不同风格的水景园，是别具一格的山水园格局。静明园十六景，基本上每一景都是一处独立的园林景观，或是一座园中园，其中又以玉泉湖南、东两面最多。从全园来看，按照地形环境，静明园可以划分为三大景区，即南山景区、东山景区和西山景区。

南山景区在玉泉山阳面，是静明园精华荟萃之区。沿着山麓平地罗列着玉泉湖、裂帛湖等水面，视野开阔。玉泉湖是南山景区的中心地，十六景中的五景集中于此。第一景是位于玉泉湖南岸的廓然大公。这其实是静明园的宫廷区，与湖中岛上的乐景阁及南宫门形成一条南北中轴线。第二景是湖西岸的玉泉趵突。这是著名的玉泉泉眼之所在，同时也是燕京八景之一。第三景是湖中岛上的芙蓉晴照。据说从岛上乐景阁可以远眺玉泉山顶金章宗所建芙蓉殿遗址，故得此名。第四景是湖东北岸的翠云嘉荫。此景的核心建筑是作为行宫的华滋馆，自东宫门至此极为便利，成为乾隆帝来园驻跸之所。第五景是湖西南岸边的竹炉山房。山房近于玉泉，是乾隆帝经常品茶休憩之地。南山景区还有一处重要的景点，即雄踞玉泉山主峰顶的香岩寺。寺中的玉峰塔是全园制高点，不仅形成了十六景之一的玉峰塔影，也是西北其他诸园不可或缺的借景对象。此外，玉泉山最南麓偏西部的溪田课耕，是模仿江南水乡建成的田园景观，也是十六景之一。

东山景区在玉泉山东坡及山麓一带，包含镜影湖和宝珠湖两个湖泊。景区建筑总体数量不多，但也自有特色。在镜影湖西岸，有十六景之一的镜影涵虚。整组建筑倚山面湖，北半部为五楹延绿厅，南半部为写琴廊、分鉴曲和观音阁。镜影湖北岸建筑比较集中，其中就有十六景之一的凤篁清听。凤篁清听是一座园中园，院中植物以竹为主，足以使人"萧然有渭滨淇澳之想"。东山景区的另一处重要景点，是玉泉山北高峰上的妙高寺及妙高塔。该寺建成于乾隆三十六年（1771），正值清朝与缅甸战争期间。

西山景区包括玉泉山山脊以西的全部区域，建筑以寺观为主。最大的一组寺观在西坡正中，中间为大型道观东岳庙，北侧为一座小型寺庙园林清凉禅窟，南侧为圣缘寺。这组建筑群北侧是静明园五大湖之一的涵漪湖，湖北岸建筑则为涵漪斋。涵漪斋约建成于乾隆二十二年（1757），水景颇有特色，乾隆帝曾多次来此漫游，并留下了70多首御制诗。

清漪园是三山五园中最晚出现的一座园林，也是由乾隆帝全新打造的一座园林。本来，乾隆九年（1744）完成圆明园首期改造工程后，乾隆帝曾在《圆明园后记》中称："后世子孙必不舍此而重费民财以创建苑囿，斯则深契朕法皇考勤俭之心以为心矣。"然而，没过几年，乾隆帝在整治西山水系的过程中发现，静明园和圆明园之间的瓮山及西湖一带，是一块极适宜建造山水园林景观的璞玉，也恰好可以与前两园一起构成一个整体。随后，他以庆祝孝圣皇太后六旬寿辰为由头，于乾隆十五年（1750）春全面启动建造清漪园的工程。到乾隆十九年（1754），工程大部告竣，包括万寿山前山、昆明湖和东宫门等主要区域在内，共完成101处景点的建设。万寿山后山的建设，大体到乾隆二十九年（1764）才正式完工。此次工程总费用共计白银448万余两，至于地形改造、栽花种树以及所有室内家具陈设等费用，已无法详细统计了。经过长达15年的建设，京西地区又崛起了一座风景秀美的皇家园林。包括昆明湖水面在内，清漪园的总面积将近4500亩，仅次于圆明园。它的完工，标志着清代皇家园林达到极盛之境。

清漪园宫廷建筑群分布于从东宫门到昆明湖东北岸边的平坦地带上。东宫门是清漪园正门，门外有影壁、金水河和牌楼，往东有直通圆明园的御道。园内宫廷建筑群的核心是在东宫门正西的勤政殿，乾隆帝建造此殿以显示居园不忘理政的家法。从勤政殿往西过土山，可达玉澜堂，是乾隆帝经常上朝问政的地方，晚清时期却成为慈禧囚禁光绪帝的处所，可为一叹。玉澜堂后院内有两座用太湖石堆成的假山，在假山和昆明湖之间建有夕佳楼，其名源自陶渊明"山气日夕佳"之句。勤政殿北边的怡春堂，是乾隆帝奉母游园时的休憩之所，道光年间失火被焚，光绪时期在原址上修建了德和园大戏楼。在怡春堂之西，背倚万寿山、前临昆明湖的一组建筑为乐寿堂，彰显了乾隆帝为母祝寿之意。

万寿山景区是清漪园中建筑群落最集中的区域，以山脊为界又分为前山和后山两大部分。前山景区即万寿山南坡，以大报恩延寿寺为中心的中轴线上，从山脚到山顶分布着一系列佛教建筑，是前山景区最核心的景观。前山东部山麓间的树丛中，分布着养云轩、无尽意轩、含新亭、写秋轩和圆朗斋等各具风格的建筑，掩映于绿荫之间，皆为观景佳处。前山西部山麓临湖处，建有翠竹掩映的听鹂馆；听鹂馆正北上方的山腰上，有一座山地小园林，正中两层式敞阁为澄辉阁；澄辉阁北边山上，建有一座面阔三间的殿堂画中游。前山湖滨建有沿岸长廊，东起乐寿堂，西至石丈亭，共有270余间，总长700余米，是中国古典园林里最长的游廊。后山景区的中轴线上，是以藏传佛教风格为主的后大庙佛寺建筑群。后山西部坐落着几座小园林，自西向东依次为绮望轩、赅春园和构虚轩等。后山东部自西而东分别为花承阁、澹宁堂和昙华阁。昙华阁以东、靠近清漪园东北宫墙处，为仿照无锡惠山寄畅园而建的惠山园。

昆明湖是清漪园中面积最大的景区，以堤岸为界，又可分为东堤、西堤和西岸3个部分。东堤的核心建筑，坐落在从北往南的3个岛屿上。最北边岛屿建有一座知春亭，故名知春亭岛，此处既可饱览万寿山和昆明湖全景，又可远眺香山和玉泉山，是园内最好的观景点之一。中间位置的是南湖岛，岛上有一座仿照黄鹤楼而建的3层高阁望蟾阁。该岛通过十七孔桥与东堤相连，桥东端是一座重檐八角亭即廓如亭，这是清漪园内最大的亭式建筑。最南边的小岛为凤凰墩，岛上建有会波楼，据说是模拟无锡大运河中小岛黄埠墩而建。西堤景区中最引人注目的景观，乃是仿照杭州西湖的苏堤，堤上由北而南建造了姿态各异的石桥，分别为柳桥、桑苎桥、玉带桥、镜桥、练桥和界湖桥。在练桥和界湖桥之间，又有景明楼建筑群，出自《岳阳楼记》之"春和景明"。西岸景区景点较少，湖岸南面较大建筑仅有畅观堂，靠近西岸湖中南北两岛上分别建有藻鉴堂和治镜阁。此外，西岸北端的水网地带，是极富特色的耕织图景区。与万寿山景区相比，昆明湖景区的建筑群总体上显得较为疏朗，整个清漪园显得疏密有致、大方得体，体现了高超的造园水平。

二、衰世中的磨难

与清朝国势的变化同步，随着"康乾盛世"走向终结，三山五园皇家园林群也从全盛期开始滑落。这一在清朝强大国力和深厚文化基础上凝练而成的艺术精品，在国势下降期一变而为国家的沉重负担。从乾隆末年起，到太平天国运动爆发前，随着内忧外患的加深，清廷不仅很少再对三山五园进行新的建设，甚至都很难完全保持先前的维护标准。到了咸丰末年，外敌的入侵更是对三山五园造成了致命的打击。曾经震惊西方世界的那些园林艺术珍品，在英法联军强盗们的环伺下，瞬间灰飞烟灭。同治、光绪年间，清廷试图对三山五园的一些残余部分进行整修，但限于当时极度孱弱的国力，最终仅在清漪园基础上修建了颐和园，在一定程度上延续了三山五园的风貌。迨清朝覆亡之后，三山五园已不再是皇家御苑，加以民国政府始终未能实施有效的保护，遂致京西园林群日益残破。盛世繁华，终成残垣断壁。

1. 嘉道时期的势难兼顾

嘉庆帝刚刚登基之际便爆发了白莲教起义，这成为清代盛衰转换最鲜明的分水岭。持续了9年之久的战事，几乎耗尽了"康乾盛世"积攒的家底。嘉庆以降的国家财政日趋艰难，以致嘉庆帝和道光帝都以节俭而著称。在这种背景下，清廷很难继续像乾隆时期那样管理和维护三山五园了。在嘉庆、道光、咸丰三朝的60多年中，清廷对三山五园稍具规模的建设，也就是嘉庆年间在圆明园旁边扩建的绮春园，其力度也远远无法与乾隆时期的大兴土木相提并论。道光、咸丰年间，除了作为御园的圆明园还能正常运转外，其他园林的管理和维护已是捉襟见肘，建筑坍塌和园林闲置等状况屡见不鲜。特别是以悭吝闻名的道光帝，为节约开支，一方面宣布停止游赏清漪园、静明园和静宜园，另一方面又大量裁减三园的服役人员。总而言之，在清廷财政吃紧的大背景下，三山五园再也无法延续昔日的荣光了。

对绮春园的建设是嘉庆帝在位期间最具规模的皇家园林工程。绮春园在圆明园和长春园南面，包括多处先前的赐园，主要有怡亲王允祥的交辉园、大学士傅恒的春和园、成亲王永瑆的西爽村，以及庄敬和硕公主的含晖园。乾隆三十四年（1769），乾隆帝将春和园收回后，改名为绮春园，但仅仅修建了宫门、朝房和正觉寺。嘉庆四年（1799）命永璘迁出西爽村后，嘉庆帝开始着手对绮春园进行整体建设。到嘉庆十年（1805）夏间，绮春园一期工程基本完成，景点大多位于园子的东部和西北部，主要包括含淳堂、敷春堂、四宜书屋等30处。嘉庆帝模仿乾隆帝的惯常做法，统以"绮春园三十景"名之，并作30首御制诗。随后，从嘉庆十二年（1807）到十九年（1814），又建成凤麟洲、勤政殿、畅和堂等多处景点，是为二期工程，嘉庆帝又将新建景点编为新的绮春园二十景。经过10多年的建设，绮春园扩展成与圆明园、长春园鼎足而立的新御园，所以也被统称为"圆明三园"。

绮春园由建于不同时期的几座小园合并而成，不如圆明园和长春园那样完整，但通过合理的搭配，仍不失特色。绮春园总面积为800余亩，略小于长春园。全园共有大小不同的17块水面，以东北部和西南部水域面积为最大。园区东南部为全园核心，也是宫廷建筑群所在地。从东南面的正宫门经迎晖堂、中和堂，再到敷春堂，形成一条纵贯南北的中轴线。这组建筑群西面是一片宽阔的水面，水中有一正方形小岛，岛上建有正方形的鉴碧亭。园林东北部两大块水域相连，偏东的水面中有座岛屿，上建凤麟洲。全园正中间也是一片密集的建筑群，其中最核心的建筑为涵秋馆和生冬室，其次为春泽斋和四宜书屋。园林西北部最重要的建筑是清夏斋，其东为延寿寺，其南为含晖楼。园林西南部水域面积也很大,水面东岸为乾隆年间所建正觉寺,东部湖中大小两岛上分别建有澄心堂和湛清轩,西部水域中南北两岛上的建筑分别为畅和堂与绿满轩,水面南岸建有两座道观——惠济祠和河神庙。与圆明园和长春园相比,绮春园缺少高大雄伟的建筑,气势上稍有逊色,但是给人更自然宜居的感觉。

绮春园在整体规划上,按照春、夏、秋、冬四季建造了一组时令景观。体现春季意境的是敷春堂,该堂北侧和西侧均为开阔的水面,东侧有山峦重叠,呈现出鲜明的层次感。体现夏季意境的是清夏斋,也称消夏堂。清夏斋中建筑与山水之间的关系简单朴实,布局随心写意,呈现出一派消夏闲居的意味。体现秋季意境的是涵秋馆,该馆恰好位于两大块水面的交汇处,其东侧山坳处还建有一座仙人承露台,很好地烘托了秋水长天之象。体现冬季意境的是生冬室,嘉庆帝起初命名为含淳堂,于嘉庆十二年(1807)更名为生冬室。生冬室南北两侧均有水面与邻近建筑隔开,其北为春泽斋,其南为卧云轩,给人以虚实结合之感。从《绮春园三十景》组诗和《绮春园记》中可以看出,这组四季景观是嘉庆帝重点题咏和描绘的对象,可见深得帝心。

与嘉庆帝修建绮春园的工程相比,道光帝在圆明园里的施工只能算是小打小闹了。道光十一年(1831),道光帝在圆明园内营建慎德堂之举,是其一生中最大的一次园林建设工程。慎德堂是一项改建工程，因为其借用了九洲清晏景区原有的不少基础。九洲清晏是圆明园四十景之一，始建于雍正时期，核心是圆明园殿、奉三无私殿和九洲清晏殿。该景区西侧原有乐安和、怡情书史和清晖阁等一组完整的建筑群，道光帝将乐安和、怡情书史与景区北侧的鱼池旧址结合在一起，改建为慎德堂，作为自己在圆明园内的主要居住场所。原先的清晖阁则改为湛静斋，作为咸丰帝生母全贵妃居所。慎德堂面阔五间，主殿为三卷式建筑，分为前、中、后三层，大殿明间安设御座。殿内书房名养正书屋，是道光帝读书习字之处。道光帝对于改建的慎德堂甚为满意，特撰《慎德堂记》以表达自己"崇俭去奢，慎修思永"之意。道光时期在圆明园内的另一项较大施工，是对圆明园殿、奉三无私殿和九洲清晏殿的整修。三殿于道光十六年（1836）遭遇大风而多有毁损，因"兹三殿乃祖缔构所诒"，道光帝不得不"缮完补阙"，还反复强调"为期示俭于后，不敢增美于前"。

对于其他几座皇家园林，嘉道时期不仅没有大的兴建活动，甚至连正常维护都有点力不从心了。相对而言，在样式雷家族传人雷家玺、雷家瑞和雷景修等人的先后主持下，清漪园在这一时期还算是得到了较多的维护，基本上保持了乾隆时期的面貌，仅对个别建筑物有添建或改建易名之举。嘉庆十五年（1810）在惠山园添修房屋并改名谐趣园，次年又拆除南湖岛上的望蟾阁，改建涵虚堂，都属于稍大一点的工程。其他多为日常修理事务，如嘉庆四年（1799）修理绮望轩，嘉庆十八年（1813）修理澹会轩、勤政殿，嘉庆二十二年（1817）修理澹宁堂，嘉庆二十三年（1818）修理玉澜堂、香岩宗印之阁及大报恩延寿寺等。道光年间的整修记录都很少，却记载了为节约开支而拆除园林建筑的史实，即拆除凤凰墩上的会波楼寄情配殿。由于清漪园风光大体如故，嘉庆帝和道光帝都多次游赏，嘉庆帝以该园景点为题共题咏御制诗53首，道光帝则有45首。虽然远不能跟乾隆帝相比，但已算是这两位皇帝在圆明园外留下印记最多的园林了。

至于静明园和静宜园，嘉道时期基本没有大的整修。大概由于这两园建筑相对较少，距离京城又较远，所以维护成本要小于圆明园和清漪园。嘉庆帝和道光帝在这两园中都有一些游赏活动，也留下了一些御制诗。如嘉庆六年（1801）夏，天气干旱，嘉庆帝特地前往玉泉山龙王庙祈雨，次日果然大沛甘霖，通宵达旦，于是再度赶往玉湖边，并写成《敬诣静明园龙神庙谢雨仍用前韵》一诗。道光帝在位前期，亦颇喜在圆明园和玉泉山之间乘舟往还，有时赏景，有时祈雨，有时则奉母游览。但是鸦片战争后，财政困局日趋严重，为压缩宫廷开支，道光帝开始大力裁减御苑管理成本，削减管园官员和服役人员等。大约也是在这个时候，道光帝不仅宣布自己停止游幸清漪园、静明园和静宜园行宫的活动，甚至还一度摆出了要遣散三园的架势。据《道咸以来朝野杂记》记载，当时道光帝曾下令"将三园所有陈设铺垫、文玩书画，悉数分赐予胞弟惇王绵恺、瑞王绵忻、惠王绵愉，盖每府分得一园之物品"。面对此情此景，乾隆帝若地下有知，不知该作何感想。

与其他四园相比，三山五园中最先建成的畅春园，也是康熙帝最为钟爱的御园，在嘉道年间却陷入了无可挽回的衰败命运。在乾隆年间，畅春园一直作为奉养孝圣皇太后之所。然而，自乾隆四十二年（1777）孝圣皇太后去世后，直到嘉庆末期，40多年内都未有皇太后，因此畅春园的作用未能凸显，地位亦大为下降，对畅春园的管理和维护也出现了懈怠。嘉庆七年（1802），畅春园守卫护军营官兵被全部裁撤，改由巡捕营官兵看守。护军营是保卫皇帝的禁军，巡捕营则是京师维持治安的兵丁，两者地位有天壤之别，可见畅春园的地位已大不如前。在降低护卫级别的同时，管园官员的规格和人数也不断下调。按照原定规制，畅春园办事官员共有24人，但经嘉庆十二年（1807）、十六年（1811）两次调整，总共减少了13人，仅剩11人。维护力量大为削弱，又兼多年闲置，畅春园迅速败落下去。到道光初年，畅春园已是破旧不堪，早已不复往昔景色。道光帝在即位初便发现，畅春园"殿宇墙垣，多就倾欹"，又没有余力加以修复，畅春园内的澹宁居、疏峰、观澜榭、大西门等许多建筑，都不得不予以拆除了事。

随着畅春园的日益破败，其作为"皇太后园"的地位，也在道光年间彻底不保。道光帝登基后，终于又出现了一位皇太后即孝和皇太后。可是，鉴于畅春园的现状，道光帝根本无力整修。他的替代办法是，将绮春园略加修整改造，作为新的奉养皇太后之所。如此一来，畅春园的管理进一步下降。道光三年（1823）规定，因孝和皇太后将要长住绮春园，而"畅春园殿座无多，差务甚简"，所以将畅春园的部分高层管理官员"调补绮春园，协理该园一切事务"。在这番变动之后，管理畅春园的最高品级仅为一名六品苑丞了。道光二十三年（1843），清廷下令畅春园官员均拨归圆明园统属，畅春园则以八品苑副3人、委署苑副2人和笔帖式1人作为专管人员，所有地租钱粮等园务皆归圆明园管理。这实际上是将畅春园作为圆明园的附属机构了。至咸丰年间，畅春园已很少出现在内务府的文书档案之中，基本淡出宫廷苑囿的范围了。

在嘉道时期无力维护的情况下，畅春园以惊人的速度衰败下去。道光十四年（1834），乾隆帝的曾孙奕绘于中秋时节入园游观，目睹了一派破落景象，怀着不胜怅惘的心情，吟出了这样的诗句："高高春晖堂，苍苔生画橑。寂寂渊鉴斋，秋花上金砖。"奕绘所言非虚，道光十五年（1835）内务府官员查勘的结果是：园中"将及坍塌游廊一百零八间，内已坍塌四十二间，其余歪闪"。总管大臣会商后决定，仅对部分建筑稍加修理，大部分则直接予以拆除，其中甚至包括瑞景轩、延爽楼、渊鉴斋、无逸斋等不少地标式景观。更糟糕的是，本已残破的畅春园又遭到了不少侵蚀。道光二十五年（1845），道光帝第六女寿恩固伦公主出嫁，特赐春颐园为其新婚住所，该园修建时便将畅春园西北角一带纳入其中。咸丰六年（1856），咸丰帝将畅春园北边的含芳园赐予七弟奕𫍽，更名为蔚秀园。为了修葺蔚秀园，咸丰帝还同意内务府从畅春园内清溪书屋等处拆卸了大量木料，这真是实实在在的拆东墙补西墙了。

2. 晚清时期的劫难与部分整修

在嘉庆、道光两朝已是勉力维系的三山五园，进入晚清时期后，命运更加跌宕起伏。咸丰帝甫一登基，便爆发了太平天国运动，但因战火主要集中于南方，咸丰帝一度还有心情前往静明园和静宜园游观。但随着第二次鸦片战争的爆发与扩大，英法联军攻占北京，三山五园在咸丰十年（1860）遭遇了灭顶之灾。勉强平定太平天国后，以"同治中兴"相标榜的清政府，有意整修三山五园。然而，当国力空前衰微之际，整修活动举步维艰。经过20多年较为稳定的发展后，直到光绪年间，在慈禧的强烈支持下，清廷才完成了将清漪园改建为颐和园的工程。慈禧为了修建颐和园，不得不千方百计筹措建设经费，还与甲午战争中的失败有关，这也成为慈禧执政生涯中无法抹去的一个污点。

英法两国挑起的第二次鸦片战争，战事原本主要在广州一带。咸丰八年（1858）6月天津谈判后，清朝钦差大臣与英法两国代表约定次年换约，战争告一段落。然而到了次年6月的换约之期，英法代表拒绝在上海换约，坚持要进京换约，结果英法联军在大沽口之战中遭遇沉重打击，仓皇败退。咸丰十年（1860）初，英法两国扩大兵力，再度发动侵略战争。8月，英法联军卷土重来，从大沽口登陆后，一路长驱直入，迅速占领天津。9月初，联军向北京进犯，18日攻陷通州。21日，僧格林沁所率清军在八里桥之战中战败，北京城失去了最后的屏障。闻知联军即将兵临城下，咸丰帝于22日清晨带领后妃、皇子载淳及一批亲信大臣，连忙逃往承德避暑山庄，留下恭亲王奕䜣为钦差大臣，负责与英法联军谈判议和事宜。10月6日，联军从德胜门、安定门侵入北京城，清军纷纷溃退。是日午后，僧格林沁所部撤出海淀镇，联军一路逼近圆明园地区。圆明园技勇八品首领任亮带领守兵奋力抵御，不敌殉难，总管内务府大臣兼圆明园管园大臣文丰投福海自尽，圆明园成待宰羔羊。

英法联军对圆明园的抢劫与破坏，不仅是有计划、有步骤的野蛮行动，而且实施了两次。第一次抢劫是在10月7日。当日，英军统帅额尔金、格兰特与法军统帅葛罗、蒙托邦在正大光明殿内议定了瓜分园内宝物的罪恶方案，双方同意选择名贵物品献于两国君主，部分物件用作两国军队的奖品，其余可归抢劫者据为私有。据当时随军人士的描述，所有联军官兵"似乎暂时疯狂了一般，身心都沉浸在一件事业里，即是抢劫掳掠"。一场由所谓"文明人"发动的野蛮抢劫开始了。这次抢劫整整持续了3天，园里所有珍宝皆成了强盗们的战利品。其间，圆明园多处建筑被焚烧，大宫门外朝房及福缘门外的澄怀园也遭火焚。另据内务府大臣明善后来奏明，早在10月6日，九洲清晏、长春仙馆、上下天光、山高水长、同乐园、大东门等处已被焚烧。这次抢劫之后，为了更严厉地打击清廷的权威，联军统帅部做出了焚毁圆明园的决定。这是对圆明园的第二次野蛮行动。10月18日，联军在正大光明殿内设立临时指挥部，英军米歇尔骑兵团3500人在圆明园及周边地区四处点火，整个圆明园成为一片火海，火势一直延续到19日全天。大火熄灭后，据当时协助奕䜣办理议和的鲍源深入园所见，"圆明园内外胜景，悉成煨烬矣"。

在圆明园遭劫的同时，其他几座园林也未能逃脱被抢劫的厄运。10月7日，联军200余人闯入清漪园东宫门，"将各殿陈设抢掠，大件多有损伤，小件尽行抢去"。清漪园员外郎泰清全家自焚殉难。次日，联军又闯入静明园，大肆抢掠。10月18日火焚圆明园的罪恶计划实施之后，其他几园也再次遭遇劫难，玉泉山、万寿山等处俱见火起，直至次日"焰尚未熄"。19日，联军又出动马队掠烧清漪园万寿山大报恩延寿寺、田字殿、五百罗汉堂及后山苏州街等处，静明园、静宜园同时亦遭火灾。内务府档案显示，此前清漪园和静宜园所存陈设物件将近9万件，静明园陈设物品4万余件。而在遭遇抢劫之后，所有物品为之一空。就连业已衰败不堪的畅春园，也未能幸免。据内务府官员事后查勘，园内原本尚算完整的恩慕寺、恩佑寺、清溪书屋等处建筑，也遭英法联军焚毁。随着联军的退出，三山五园一度几乎无人看守，许多土匪及附近民众乘机入园攘夺遗留物品，皇家御苑又一次遭受了雪上加霜的洗劫，沦为一片荒凉废地。

出人意料的是，本已摇摇欲坠的清政府，好不容易才得到喘息之机，就着急对三山五园进行整修。辛酉政变后，清廷中枢在慈禧和奕䜣的联合下暂时稳定下来，通过一系列政策调整，恢复了一定的实力，最终镇压了太平天国运动，自诩实现了"中兴"局面。《北京条约》签订后，英法联军撤离北京，清政府也恢复了对圆明园等皇家园林的管理，依旧派设官员。因此，同治年间的圆明园虽然大为破损，但园内地貌水系、花木植被仍保留不少，一些重要景观的框架还留存着，如廓然大公、蓬岛瑶台、濂溪乐处、海岳开襟、绮春园宫门和正觉寺等，长春园西洋楼建筑群的主体结构亦基本完整。这就使重修圆明园有了一定基础。况且，慈禧曾陪同咸丰帝在圆明园生活过较长时间，对于这座御园亦十分喜爱和怀念。同治十二年（1873）春，同治帝大婚，即将亲政，且次年正逢慈禧四旬寿辰，遂以奉养两宫皇太后为名，重修圆明园。当然，为国力所限，已不可能全面整修圆明园、长春园和绮春园，只能选择一些重要建筑进行施工，总工程量大约为原建工程的1/3。

同治十二年（1873）十月初，清廷发布谕旨，启动了重修工程。尽管仅是局部恢复，但是困难之大，还是超出了清廷的预料。按照原定计划，整个重修工程要在次年十月慈禧生日前完成，工期仅有一年。更严重的是，工程所需经费和建筑材料都极为短缺。奕䜣等王公大臣曾带头报效捐修，并多方筹措物料，但也不够填补工程的巨大缺口。一方面工程进展缓慢，一方面各级官吏请求缓修停修的呼声不绝于耳。同治十三年（1874）七月，奕䜣领衔奏请中止重修工程，同治帝无奈允准。经过一年的重修，大宫门、勤政殿、圆明园殿等处基本修复。但是规划修复的绝大部分建筑，大都仅仅完成了基础或修好了台基。特别是在绮春园敷春堂原址上兴建的天地一家春殿，原本是慈禧准备用来庆祝寿辰的主要场所，此时也被迫停工。光绪初年，清廷还曾陆续对圆明园内双鹤斋、课农轩等景观进行局部整修，但也是浅尝辄止，未见成效。光绪二十一年（1895），康有为至圆明园参观，亲见昔日御园，如今已是"蔓草断砾，荒凉满目"，感慨不已。

重修圆明园被迫中止，但慈禧太后依然想着优游御苑。中法战争爆发后，执掌中枢的恭亲王奕䜣被罢黜，换上了光绪帝的生父醇亲王奕譞，奕譞对慈禧基本上唯命是从。光绪十二年（1886），慈禧宣布明年将归政光绪帝，奕𫍽随即开始策划修建御园来讨好慈禧。只不过这次修建的不再是圆明园，而是清漪园。选择清漪园的理由之一就是清代历朝宣扬的"孝治天下"，因为乾隆帝修建清漪园的主要理由，就是为其母孝圣皇太后庆祝六旬寿辰。光绪十四年（1888），光绪帝发布将清漪园改建为颐和园的上谕。另外，清漪园虽然也在庚申之变中遭受了焚掠，但是主要景区的建筑存留较圆明园稍好，这也是选择清漪园的原因之一。

颐和园工程从光绪十二年起至光绪二十一年（1886—1895）甲午战争失败后匆匆告竣，持续了将近10年的光景，不仅原先清漪园中前山、后湖和谐趣园等精华部分大体恢复原貌，全园的整体风格也基本保留。不过，颐和园不是对清漪园的简单复制，通过改造，这座园林的功能发生了根本改变，从当初的皇家行宫变成具有理政功能的御园。为了实现理政功能，除了将勤政殿改建为供慈禧垂帘听政的仁寿殿外，在东宫门一带为配合大批官员办公、居住之用，修建了大量朝房和各类配套设施，供军机处、内务府以及如意馆、太医院、升平署等机构使用。除了理政功能，颐和园具备非常完善的颐养太后的生活功能。乾隆帝当年为母祝寿所建的大报恩延寿寺，被改建为慈禧太后接受万寿节贺寿的排云殿建筑群；邻近的两座佛殿罗汉堂、慈福楼，改建为庭院式建筑即清华轩和介寿堂；乐寿堂被改建为慈禧的寝宫后,其东面怡春堂旧址上新建了德和园大戏楼。总之,焕然一新的颐和园,让慈禧太后流连忘返。

不过,这次颐和园工程并不完美,留下了很多遗憾。由于财力和物力的限制,有很多特色景观未能修复或是改建,包括作为后山景区核心内容的须弥灵境宗教建筑群,以及同样位于后山,极具代表性的文人园林建筑,如清可轩、绮望轩和构虚轩等。此外令人倍感遗憾的是,与南湖岛一起构成"一池三山"寓意的治镜阁、藻鉴堂,亦未能得到重建。当时,因治镜阁对颐和园西区与玉泉山具有枢纽作用,曾被列入重修计划内。当时样式雷家族主持的工程团队,还绘制了遗址勘测图、初步制定了改建方案,但在反复权衡其景观作用与所需经费后,最后还是放弃了复修治镜阁的计划。原先的耕织图景区也有变化,光绪十二年(1886),海军衙门奏准恢复昆明湖水操后,随即在耕织图旧址上设立了水师学堂,于是这部分区域被划出院墙之外,颐和园中再无耕织图景区了。

相比圆明园和颐和园,静明园与静宜园在晚清的命运更是起伏不定。两园在咸丰庚申年间遭受焚掠之后,毁坏程度较圆明园和清漪园稍轻,但是清廷并没有重修两园。虽然慈禧在同治六年(1867)曾下令整修静明园,然而,这次工程的目的,是整修以静明园为中心的西山地区水利工程,开挖河道和清淤等,以便保障下游其他园林的水源供给。重修圆明园工程启动后，因严重缺乏砖石木料，清廷竟然决定拆卸静宜园、静明园（也包括此时尚未改建的清漪园）以及其他一些园林里的各类物料，用于圆明园的施工，两园遭到进一步的破坏。直到光绪年间，启动修建颐和园工程后，慈禧对静明园和静宜园有所重视。大约从光绪十六年到二十四年（1890—1898），原属静明园十六景的翠云嘉荫、玉泉趵突、云外钟声、峡雪琴音等处，以及静宜园中宫等处，断断续续地得到了一定修整，但距恢复旧观还差得很远。

虽说不尽如人意，可是以上四园终究在同光时期得到了一定修复，尚能维持作为皇家园林的样子，而败落不已的畅春园，到光绪初年已彻底沦为荒野废墟了。对畅春园最后的致命打击，来自颐和园工程。在这次工程期间，已成废园的畅春园，成了颐和园建筑材料的主要来源地。光绪朝朱批奏折表明，有官员提出，鉴于畅春园已难兴复，建议将该园内的铜狮、石笋等物移至万寿山安设。更糟糕的是，因道光以来清廷对畅春园的管理长期松懈废弛，园内残存的树木山石等许多可资利用之物，早已被周边旗人民众盗取。到后来，就连园内大片空地亦成为附近居民的耕地，真可谓园已不园了。光绪年间，醇亲王奕𫍣曾重返其当年的赐园蔚秀园，目睹该园及畅春园的残垣断壁，不由得无限伤感和愤慨，其诗云："犹记当年景物新，亭前花鸟趁芳春。繁华销尽红羊劫，却望青松是故人。欲觅巢痕已惘然，残山剩水剧堪怜。伤心岂为园林感，一带苍生尽倒悬。"如若回想康熙年间畅春园胜景，醇亲王的感慨可能更有过之吧。

命运多舛的三山五园，在清朝临近覆亡的时刻再次遭受劫难。光绪二十六年（1900）夏，八国联军从天津一路攻陷北京，圆明园、颐和园等处又被侵略者大肆掳掠。圆明园的遭遇最可叹，当八国联军退出后，附近八旗兵丁、土匪地痞及普通民众乘机劫掠园内仅剩的陈设，拆卖殿座亭榭，砍伐古树名木。同光年间整修的成果，此际几被毁坏殆尽，仅余残垣断壁与荒山剩水。至宣统年间，圆明园旧址上的大片区域已然如同田野。颐和园情况较好一些。慈禧等人返回北京后，清廷集中力量修复了颐和园前山景区的大部分建筑，为清代皇家园林保留了最后一点风貌。在光绪年间略有修复的静明园与静宜园，于庚子时期再度遭受破坏后，在清末10年中基本荒废，自生自灭。光宣之际，畅春园已不复存在，很大一部分旧址以及西花园、马厂一带，被清廷改造为练兵的西苑操场，从此作为军队驻地一直延续到民国时期。另外一部分遗址则尽成荒野，仅残存恩佑寺、恩慕寺两座山门而已。

3. 民国时期的变动与残破

随着清帝退位诏书的颁布，中国的帝制时代宣告结束，三山五园作为皇家园林的性质也彻底改变。民国政府与清廷达成《清室优待条件》，包括三山五园在内的皇家宫苑属于逊清小朝廷的私产，所以在民国初期一度由小朝廷自行派人管理。然而，逊清小朝廷薄弱的管理力量，不仅无法维护三山五园的残存景观，甚至无力阻止三山五园继续遭受破坏。1924年，冯玉祥进驻北京，将逊清小朝廷逐出紫禁城，三山五园的管理又一次发生了根本性变化。与西苑三海、景山一起，三山五园中相对完整的颐和园、静明园和静宜园，相继被开辟为公园。可是，民国时期的北京并未建立起完整的现代城市治理体系，对于这些从皇家御苑转化而来的公园景观，始终缺乏有效的管理保护和利用。总之，在自然和人为双重侵蚀的作用下，民国时期的三山五园继续败落下去。

按照清帝逊位时的规定，圆明园仍属皇室私产，溥仪小朝廷负责管护圆明园遗址。1914年7月，溥仪裁减小朝廷内务府官员，将圆明园并入颐和园管理。由于管护力量的不足，不断发生园内物件被攫取的事件。小朝廷也曾多次请求步军统领衙门等部门予以制止，然而，当时的政府管理人员也肆意盗取圆明园内的物件，此事更不可问矣。时任京畿卫戍总司令的王怀庆，自1919年起就公然拆毁圆明园围墙和石材，在圆明园福园门外修建其私人花园即达园。1922年，时任京兆尹刘梦庚以借用为名，强行从圆明园拉走太湖石623车、云片石104车。这一时期，海淀西苑一带的驻军多次强行拆毁圆明园西大墙、北大墙和舍卫城的城砖及园内山石并出售。溥仪曾向步军统领衙门致函求助，但根本无济于事。

溥仪被逐出紫禁城后的一段时间里，原属小朝廷管辖的圆明园等处，一度处于无主状态，园区遭到进一步破坏。司徒雷登于1919年创办教会大学即燕京大学，因修建校舍，趁机窃取圆明园遗物。1925年3月，燕京大学不顾警察局的劝阻，从圆明园运走安佑宫内的巨型华表和石麒麟等石构件，摆放在校园内。不仅如此，在这数年中，就连颐和园、中山公园、文津街北平图书馆等机构，都纷纷设法从圆明园起运大批石刻、太湖石和云片石等。1927年，香山慈幼院拟在成府街东建香山中学，以低价购得绮春园新宫门一组幸存建筑，随即拆运木料砖石，砍伐古树，新宫门区域就此被夷为平地。到了北洋政府末期，除长春园西洋楼遗址外，圆明园内残存的碑碣、石坊、石雕、石刻以及其他石料，几乎丧失殆尽。此外，从1918年前后起，就有农户陆续迁入园区开垦、居住，日渐增多，至20世纪20年代末，竟形成大小村落和居民点共31处。

国民政府形式上完成国内统一后，北平特别市政府才针对圆明园遗址设立了管理机构，但保护成效甚微。1928年10月，市政府成立清理圆明园园产事务所，次年4月，又将事务所裁撤，归并颐和园事务所管辖。对于圆明园来说，这种机构的变换毫无意义，根本阻止不了继续遭受种种损毁。北平市政府甚至带头破坏，为了修筑高梁桥经海淀至玉泉山的公路，市政府居然下令拆毁了圆明园残留的数千米石墙，作为铺路石碴。更有甚者，经市政府同意，在清理圆明园园产事务所的主持下，园内所谓"废旧砖石"皆可变价出卖，西洋楼故址之大理石、青条石，凡"雕花粗镂"者亦可出售。1934年，国民政府行政院指令将圆明园遗址划归清华大学，作为农事试验场，然而因民户强烈反对，迟迟未能落实。后因卢沟桥事变爆发，此事中止。日伪统治时期，因伪市公署设置砖石收集处，又一次助长了周边贫民刨挖圆明园遗物之风。到1949年北平解放的时候，圆明园已被掘地三尺，破败荒凉。

与厄运连连的圆明园相比，颐和园的处境相对要好一些。颐和园对外开放的时间较早，1913年步军统领衙门与溥仪小朝廷共同制定了《瞻仰颐和园简章》，规定开放时间"每月以三次为限，以阴历逢六日为参观之期，其余日期概不发照"；参观人员于入园"前三日将姓名、年岁函至步军统领衙门，以便填发执照。仍先期知照内务府，以便放行"。这个简章规定的参观条件比较苛刻烦琐，并不是现代意义上的开放式公园。1914年，时任北洋政府内务总长朱启钤建议，将颐和园与静明园等正式辟为公园，以展现名胜古迹的风采。其时小朝廷亦为了解决财政困难，同意以对外售票方式开放颐和园。1924年10月，冯玉祥发动北京政变后，国民军进入颐和园，将各殿宇陈设接收查封，但并未接收园林管理机构，依旧售票开放。1926年，经执政府同意，溥仪派遣皇室人员接管颐和园，成立了清室办事处经理颐和园事务所，直到1928年颐和园依然是皇室私产。

国民政府形式上统一全国后，颐和园被收归内政部管辖。根据国民政府的规定，北京地区的旧都坛庙园陵，皆由北平特别市政府新设立的两个机关即北平坛庙管理所和管理颐和园事务所（以下简称"颐和园所"）管理。颐和园自此才摆脱清室私产性质，成为一座完全意义上的公园。从1928年到1948年，颐和园公园一直在颐和园所的管理下。按照1928年8月制定的章程，颐和园所设所长1名、副所长2名，又设立文书、会计、庶务三股，分掌各类事务。全园地面看守及扫除等事，分为5段，各段皆设有值勤的稽查员和勤务员若干人，主要承担清洁卫生、防火防盗、保护建筑设施及文物花木等任务。这20年间，尽管颐和园所管理人员变动频繁，事务掌管机构也多有调整，但是整体功能未受太大影响，大多时候还能维持颐和园公园的运营。

在事务所的管辖下，颐和园的维护情况比较好，特别是很多景观都得到了一定修整：1929年，整修荇桥、双亭、钓鱼台和石舫等处，修理仁寿殿东木板房，并修葺部分倒塌园墙；1930年，拆除武备院和升平署残破较甚的一半房屋，又将拆卸砖瓦木料用来修理升平署剩余一半房屋，以及颐和园档房原址各院落；1931年，整修耶律楚材墓，招标油饰园内长廊及分界亭等处工程，并修理南湖涵灵堂东西两旁假山；1933年，修理昆明湖游船码头，并加固景福阁前抱厦，重修昆明湖西堤板桥及桥上小八方亭；1934年，修理仁寿门牌楼斜仓并门扇、排云门外牌楼，以及石舫乐寿堂前临湖高灯架和大门匾额；1937年，利用圆明园内废砖修补颐和园内玉澜堂至文昌阁一段灰路，酌修寄澜堂木桥。不过，由于这一时期华北地区局势日益紧张，在政府安排下，颐和园内的文物在1933年先后运送三批文物南下。卢沟桥事变后，颐和园落入敌手。日伪统治期间，仅为粉饰太平修理了个别景点，对绝大部分待修景点则听之任之。

虽然静明园入民国后，一直和颐和园属于同一管理系统，可是前者的管护远不如后者。从长达20多年的华滋馆被玉泉山汽水啤酒公司侵占一事，可窥一斑。1913年，商人朱东海向清室办事处租赁静明园内房屋土地，开办了玉泉山汽水啤酒公司，暗中占用了合同中并未提及的华滋馆，作为生产汽水的厂房。1926年，朱东海负债潜逃，法院判决将其公司的机器拍卖。商人卢梦颜竞拍成功，与清室办事处订立新约，租用静明园内甄心斋和开锦斋地基暨玉泉山泉水，开设玉泉山汽水啤酒股份有限公司。因急于开工，卢梦颜请求无偿借用华滋馆房屋生产汽水。在得到允许后，卢梦颜竟然将华滋馆乱改乱建，严重破坏了古建原貌，并长期拖欠租金。1933年，建筑学家朱启钤为保护古建，致函市政府建议收回华滋馆。但是，卢梦颜不愿退出，反而先后5次上书控告朱启钤。直到内政部长黄绍竑全面驳斥卢梦颜的控告，此案方以卢梦颜败诉而告终。1937年3月，玉泉山汽水啤酒股份有限公司从静明园迁出，华滋馆一事才算了结。

　　静明园自从光绪年间略有修整后，其后30多年再未得到修缮。直到1930年，才终于有一次较大规模的整修。是年6月，时任颐和园所所长王廷燮向市政府报告，静明园内多处房屋、亭台和围墙损坏严重。经过勘估，东宫门外房屋、玉泉湖西岸的四方亭和裂帛湖西岸的八方亭、华严寺房舍和上山路旁围墙，都亟须修缮。经市政府批准，这次修缮工程进行了公开招标，结果由三义木厂中标。按照合同约定，修缮工程的工期为一个月，也确实按期竣工，通过了颐和园所的验收。在整修完毕后，厂商又花了半个月时间，对新修建筑进行油饰。这是静明园自晚清以来的最大一次修理工程，确实极大地改善了游人的观感。静明园里另外一项较大的施工，是整修主峰上的玉峰塔。该塔在晚清历遭劫难后，长期疏于维护，到民国时期已颓败不堪。经颐和园所勘察后呈请，市政府于1932年、1937年两次批准进行修缮。尽管修缮工程投入有限，但终究起到了一些维护作用，玉峰塔才得以保存下来。

　　距离北京城区最远的静宜园，管护力量最薄弱。民国时期静宜园大部分区域闲置，另有部分区域或租赁，或侵占，或移作他用，既非昔日皇家园林旧貌，亦未成为现代公园对外开放。1916年，有人至香山静宜园游览，目睹园内最著名的大庙——宗镜大昭之庙已然半毁，洪光寺和香山寺更是废弃殆尽，原先的许多建筑仅存基址。不过，由于静宜园原有的绝佳山水景观体系大体如旧，许多达官贵人、社会名流以及外国人士纷纷占据风景优美之地，修建别墅等私人居所，如曾任民国总理的熊希龄所建双清别墅，国民党元老李石曾所建碧云寺小南园，曾任北洋政府财政总长的周学熙所建松云别墅，等等。20世纪30年代中期出版的《北平旅行指南》，在介绍静宜园时称，昔日园内著名景点，如栖月崖、雨香馆、同光寺、洪光寺和无量殿等，"均已改作住宅"。1935年秋，作家李慎言偕友人漫游香山，也感叹"有钱有势者租购山林，改建别墅，旧时胜迹既少存在，庐山真面已不易辨认了"。

当然，民国时期静宜园内也有一些改建活动，具有积极的社会意义。1912年，近代著名报人、教育家英敛之因反对袁世凯而隐居香山静宜园一带，见到附近旗人女子求学无门，遂向逊清皇室申请在静宜园兴办女学女工。在隆裕太后支持下，同年开办静宜女学。1913年，英敛之又在静宜园创办了一所小型学校辅仁社，主要招收各省天主教会中的青年子弟。次年，为扩大办学规模，英敛之又陆续修整了见心斋、梯云山馆、韵琴斋三处供教学之用。后来的著名教会大学辅仁大学，就起源于辅仁社。静宜园内另一项重要的社会事业，是熊希龄创办的香山慈幼院。1917

年京畿大水，大批受灾幼童流离失所。当时督办赈务事宜的熊希龄前后收养灾民子女近千人，水灾消退后还有200余人无家可归。1918年9月，熊希龄呈请大总统徐世昌，向逊清皇室提出了在静宜园建设慈幼院的计划，得到同意。1919年初，香山慈幼院动工，年底竣工。1920年10月开院，男校在静宜园东北部，女校在静宜园东南部。在熊希龄的经营下，香山慈幼院很快发展成为当时华北地区最知名的慈善教育机构。

三、在新中国的新生

北平和平解放之前，中国人民解放军就已先期解放了海淀一带。按照毛泽东主席的指示，解放军妥善保护了西山地区的文物古迹，三山五园从此获得了新生。中华人民共和国成立后，以三山五园为代表的清代皇家园林成为重要的文物保护单位。在新中国百废待兴的时候，党和政府就专门制定政策，抽调力量对颐和园、圆明园等名胜古迹进行维护和修建。改革开放以后，随着整个国家的社会经济和文化事业得到长足发展，对三山五园的保护也进入了一个新阶段。许多原先被占用的园林绿地和建筑被归还，大量重要古建筑和景观区也被复原，往昔风貌得到了一定程度的恢复。可是与此同时，北京飞速发展的城市化进程，对三山五园形成了前所未有的强烈冲击。在城市扩张和人口增长的背景下，京西一带的生态出现了天翻地覆的变化，许多水面和湿地都在2000年左右彻底消失，三山五园从先前的连片园林群落演变为城市中的孤岛式景观。进入21世纪以来，在新时代确立的古都保护与发展并重的方针指导下，饱经沧桑的三山五园历史文化景观迎来了新的发展契机，成为北京古都风貌的标志性内容。

1. 御苑风貌的再现：颐和园

现今能够较完整地展现清代御园风貌的园林，唯有晚清时期在清漪园基础上改建的颐和园了。一是因为颐和园原先的基础较好，二是自新中国成立以来长期得到了有效的保护和管理。1949年4月就成立了颐和园管理处，开始组织公园的维修整治。1950年，佛香阁、排云殿以及昆明湖里的石舫、十七孔桥等地标式建筑就得到了修缮。其后数年间，知春亭、东宫门牌楼、五方阁和仁寿门等前山景区的主要古建，基本上被整修了一遍，整座园林焕然一新。特别是为了迎接国庆10周年，管理处动员了很大力量完成了长廊油饰工程，再现了昔日的光彩。1962年完成谐趣园等处的整修油饰工程，至此全园已经基本恢复慈禧修建颐和园时的面貌。同时，这座园林的文物价值也得到了承认。1957年10月，北京市政府公布颐和园为第一批重点文物保护单位。1961年3月，颐和园进入国务院公布的第一批全国重点文物保护单位的行列。重现御园风貌的颐和园，魅力值也迅速增加：1949年游客还仅仅为24万人，1965年就达到305万人。

在新中国曲折探索的岁月中，颐和园一度被更名为人民公园，并遭受过一定的破坏。不过，颐和园很快就进入了复苏时期。1971年5月，颐和园正式恢复了原名，当年国庆节又举办了国庆游园会，周恩来总理还在听鹂馆举行国宴接待西哈努克亲王。由此拉开了颐和园新一轮的整修活动。1972年，在周恩来指示下，开始恢复殿堂文物陈列，擦除古建彩画上的各种涂盖，逐步恢复匾额楹联原貌，等等。从这一年起，颐和园就正式恢复了接待外宾的活动，标志着园林管理走上了正轨。1977年起到1980年左右，颐和园又一次开展大规模的古建维修。这次维修的重点区域是前山景区，对东宫门牌楼、转轮藏和湖光山色共一楼进行油饰，整修了介寿堂、清华轩、养云轩、无尽意轩、霁清轩和益寿堂等一批古建筑。另一个重点区域是昆明湖景区，对西堤玉带桥、东堤二龙闸和南堤凤凰墩以及绣漪桥进行了修整和维护。经过这次整治，颐和园基本恢复了元气。

进入20世纪80年代以后，颐和园加大了对古建园林的整治力度，尤其是诸多标志性景观得到大力整修。德和园大戏楼的修复就是这一时期完成的大工程。德和园早先曾遭到多次改建，面目全非。如1950年将大戏台东西廊加建门窗，改为房屋；1955年又将大戏台后台改为展览厅；1968年、1969年，因举行样板戏泥塑展，德和园多处内部装修被拆除。1984年，管理处对德和园进行了全面整修油饰，基本恢复了原貌。另一项重要整修工程是修复前山景区的长廊建筑群。长廊建筑群在20世纪50年代曾整修过，但是到1966年，长廊上的苏式彩画被认为是"四旧"，被人用白漆白粉涂盖。1972年开始虽然逐步擦除了长廊彩画上的白漆白粉涂盖，但是有许多涂盖已无法擦除，必须重绘彩画。经1979年、1989年和1999年3次整修，长廊彩绘得到了一定的修复，可是因熟悉传统彩画工艺的画工青黄不接，修补后的彩画并未完全达到先前的水平，成为难以弥补的遗憾。

对后山景区四大部洲的修复也是一项极具代表性的工程。四大部洲原先的木构建筑，皆于咸丰末年被英法联军付之一炬。光绪年间修建颐和园时，只对这组建筑进行了部分修复。到1949年，这组建筑中仅存香岩宗印之阁和南赡部洲改建的山门殿，其余三大部洲、八小部洲、日月二台和4座梵塔均损坏严重，成为后山上最为残破、荒芜面积最大的地区，无法供人游览。1976年，颐和园管理层制定景观规划时，便将修复四大部洲作为首要目标。1980年，重建四大部洲的方案确立并开始施工。这次复建在深入研究历史记载和清宫档案的基础上，还参照了避暑山庄的普宁寺。工程于1983年竣工，四大部洲、八小部洲等大量主体建筑得以复原，大体保持了原建筑的形式与风格，大大丰富了后山景区的景点。此外，后湖景区苏州街的复建，也是80年代整治活动的一大成绩。苏州街毁于兵燹后，光绪年间未能修复，解放初已是荒草丛生。从1986年起，在清华大学建筑系专家的主持下，启动了苏州街修复工程。通过将历史资料和现场勘察相结合，本着"不增不减、不移不挪、不放不缩"的指导方针，经过4年时间完成了复建，1990年正式对外开放，再现了清代买卖街的市井风光。

在新中国经过持续修复的颐和园，到20世纪末，已较为完整地再现了清代御园的风貌，成为清代三山五园仅存的硕果，其历史文化价值也得到了越来越广泛的承认。1987年，颐和园被批准为世界文化遗产。1990年，颐和园长廊被评为全球长廊之冠而收入《吉尼斯世界纪录大全》。1998年，联合国教科文组织根据国际宪章关于保护世界自然和历史文化遗产的规定，认定颐和园具有三方面重大文化价值：其一是对中国风景造园艺术的杰出展现，其二是对整个东方园林艺术文化形式的发展起了关键作用，其三是中华文明作为世界几大文明之一的有力象征。鉴于颐和园丰富的历史积淀、优美的园林风光和珍贵的文化价值，1998年12月，颐和园被列入《世界遗产名录》。2007年，颐和园被国家批准为AAAAA级旅游风景区。2013年，颐和园与中国文化遗产研究院合作，编制完成了《颐和园世界文化遗产监测预警体系建设规划》，为更好地保护和开发颐和园提供了科学的保障。

2. 抚今追昔的遗迹：圆明园、静宜园和静明园

新中国成立的时候，备受摧残的圆明园、静宜园和静

明园，已经完全失去了清代皇家园林的风采。三园的种种破败景象，令人不忍卒睹。同时，不少园区的地方或建筑都被占用甚或改作他用，与当初的风景相去甚远。在这种情况下，基本不可能像修复颐和园那样，通过大规模复建来重现这三座园林的风貌。圆明园里虽然几乎没有一座完整的建筑了，但不幸中的万幸是，全盛时期的园林格局、地貌水系和不少建筑基址还依稀可辨。在静宜园和静明园里，则残留了一些仍然堪称地标的建筑，以及不少轮廓依旧较为清晰的景观。随着新中国园林和文保事业的发展，圆明园、静宜园和静明园都得到了许多因地制宜的整治和保护。尽管今人再也无法目睹这三座清代皇家园林的往昔风姿，但是面对那些残存的遗迹，抚今追昔，也足以令观者不胜感慨了。

  伤痕累累的圆明园，随着北京的解放而结束了先前噩梦般的命运。周恩来在1951年就向梁思成明确表示，圆明园要保留，以后有条件可以恢复。同年，北京市人民政府下令禁止任何机关移用圆明园遗物。1953年，中央党校拟在圆明园选址建房，周恩来闻知后制止了这一举动。1960年3月，海淀区人民委员会将圆明园西洋楼残存石雕及散失在朗润园的5块刻石，列入海淀区第一批古建文物保护名单。1976年11月，圆明园专管机构即圆明园管理处正式成立。在圆明园的管理工作逐步走上正轨的同时，各级政府和社会各界对圆明园遗址也给予了越来越多的关注和重视。1979年，北京市政府公布圆明园遗址为北京市文物保护单位。1980年是圆明园罹劫120周年，中国圆明园学会筹委会成立，发起了保护、整修及利用圆明园的倡议，得到广泛响应。1983年，国务院批准北京市将圆明园遗址发展为遗址公园的规划，为整修圆明园指明了方向。1984年底，福海景区整修工程开工，标志着遗址公园的建设正式启动。经过两年多施工，大体修复了约110公顷范围内的山形水系，遗址公园初具雏形。圆明园遗址于1988年又被国务院列为全国重点文物保护单位，开始向游人开放，这座历史名园开始以新的姿态回到人们视线之中。

进入20世纪90年代后，圆明园遗址公园加快了建设步伐。1991年至1994年，遗址公园重点整治和修复了绮春园东半部河湖驳岸、西洋楼遗址西半部以及长春园山形水系，清理了海岳开襟、思永斋等7处古建筑共计2万平方米范围的遗址。1994年4月2日，江泽民总书记与其他中央政治局常委一起前往圆明园海岳开襟北岸，参加义务植树日活动，并强调了建设圆明园遗址公园的重要历史意义。1997年6月，圆明园遗址被中宣部定为首批百家"全国爱国主义教育示范基地"。从1994年到1999年，遗址公园的整修工程持续开展，全面复建了圆明三园的围墙，清挖福海并整修周边驳岸。据统计，1995年至1999年修复工程总投资达1700多万元。随着圆明园遗址整修进入新阶段，对它的保护和发展也提出了更高的要求。1999年，在北京市政府的指示下，北京市城市规划设计院依据《中华人民共和国文物保护法》等相关法规，通过对圆明园的历史研究与现状调查，编制了《圆明园遗址公园规划》方案，进一步明确了遗址公园的性质与功能。

随着规划方案的出台，圆明园遗址公园的整治和保护力度越来越大，进入21世纪后的面貌也日新月异。为了尽量恢复环境的完整性，在北京市的大力支持下，海淀区政府启动了圆明园遗址范围内规模巨大的搬迁工作。2000年到2002年，累计搬迁园内居民785户，共迁出北京化工研究院、长城锅炉厂等13个驻园单位，涉及人口近万人，共腾退占地面积14万余平方米，海淀区为此次搬迁筹资近4亿元，同时，园内更多遗址也得到了整修。2000年以后，管理处先后对大宫门、九洲清晏、含经堂等28处景点进行了考古调查或修缮。从2004年起，九洲清晏景区的驳岸、园桥以及山水环境都得到了修复，并于2008年开始向社会开放。另外一处经修缮并开放的著名景点，是绮春园中的正觉寺。正觉寺是圆明园内极少数幸存至今、大体完整的建筑，但先前被长城锅炉厂长期占用，破损严重。2004年和2009年，管理处对正觉寺先后进行了两次修复，2011年正式对外开放。尽管能够修复的景点数量有限，但亦可以感受清代御园的些许风貌了。

民国时期被侵占得支离破碎的静宜园，终于在1949年迎来了转机。北平和平解放后，中国共产党中央书记处于

3月23日从河北平山县西柏坡迁入北京。25日入城式结束后，毛泽东、刘少奇和周恩来等人随即前往香山，分别住在双清别墅和来青轩一带，静宜园的这片区域由此成为中央机关驻地。正是在双清别墅期间，毛泽东撰写和发表了《向全国进军的命令》《论人民民主专政》《别了，司徒雷登》等光辉篇章，并指挥了全国解放战争，筹备了中华人民共和国的成立，为静宜园新添了深厚的红色文化印记。1956年5月1日，原属静宜园的部分建筑如见心斋、芙蓉馆等处经过整修后，被辟为公园开放，名为香山公园。1958年香山管理处成立，标志着静宜园的管护进入常规化轨道。1984年，静宜园被列为北京市文物保护单位。1986年，香山公园成为"新北京十六景"之一，2001年被国家旅游局评为AAAA级风景区，2002年又入选北京市首批精品公园。如今，作为清代皇家园林的静宜园虽已不存，但是新生成的香山公园，则焕发了越来越大的魅力。

从20世纪70年代起，香山管理处对静宜园建筑群持续展开整修。到了90年代，东宫门、多云亭、阆风亭、松林别墅、昭庙等多处景点相继得到清理和整治。进入21世纪后，古建修缮的力度进一步加大。其中，最具代表性的是对勤政殿、致远斋和香山寺的修复。勤政殿是静宜园内最重要的建筑群，但晚清至民国时期几经劫难后，解放之初早已片瓦无存。2002年，勤政殿复建工程正式启动。这次施工依据了清宫档案中的静宜园样式雷图样，并参照现存的清中期古建样貌，2003年竣工。复建后的建筑群包括正殿、南北配殿以及月河、牌楼等，是新中国成立以来三山五园中复建等级最高、单体建筑最大的一组宫殿群，成为香山公园的地标式建筑。继勤政殿成功复建后，2013年又启动了对勤政殿北侧建筑群致远斋的复建。同样采取历史文献与古建遗存相结合的设计思路，遵照修旧如旧的原则，于2015年完成了致远斋景区的复建，基本重现了乾隆时期的形制。香山寺的修复工程2014年开工，2017年完成，修复了买卖街、天王殿、园灵应现殿等主体建筑。基于香山寺悠久的文化盛名，这次修复对于重现静宜园的历史风貌具有里程碑的意义。

当然，由于时代变迁，完全重现静宜园已不可能。香山饭店的建设就是一个典型例子。香山饭店所在的位置，原为静宜园二十八景之一的虚朗斋。虚朗斋被焚毁后，民国时期曾作为静宜女学的校址，后亦荒废。20世纪70年代，建筑大师贝聿铭第一次游览香山，便看中了虚朗斋的地势，决定在此处设计香山饭店。这座建筑于1982年竣工，1984年获得美国建筑学会荣誉奖，成为贝聿铭的一个代表作。但是，现代化的香山饭店与周边传统园林并不十分协调，可谓有利有弊。另外有些建筑或遗址，长期被其他单位或机构征用而无法统一整修，如丽瞩楼、绿云舫和洪光寺等。还有不少区域虽得到了一定的修缮，却迟迟不能达到对外开放的条件，如香岩室、晞阳阿、芙蓉坪、栖月崖和昭庙等处。甚至连复建后的勤政殿建筑群，也不能完全对游客开放。这些遗憾，或许在将来都会弥补吧。

静明园在民国时期亦受损严重，且因年久失修，房屋、围墙等建筑倒塌渗漏之事，时有发生。因该处往来北京城区较为便利，在解放初即成为许多中央机关驻地，直至现在。从20世纪50年代起，出于工作需要，在静明园内部分古建基址上建造了一批别墅式平房，被命名为1号楼、2号楼、9号楼等，供中央领导和机关工作人员使用。1976年10月6日晚上，为彻底粉碎"四人帮"，召开了中央政治局紧急会议，这次会议就是在9号楼叶剑英元帅的住处举行的。由于气候和环境的变化，玉泉山上的许多泉水在20世纪60年代纷纷断流，导致静明园内溪湖大多干涸。原先水源充足的玉泉湖、裂帛湖和镜影湖等处，都要依靠打深井汲水进行补充，尚能保持一定的水面，水道亦能通连。此外，静明园的山形地貌未曾遭遇大的改变，许多石刻石雕都保存得较为完整，原先属于十六景组成部分的许多佛塔、佛洞和奇石都班班可考，足以让人感受到清代皇家园林的格调。

静明园遗址虽在1957年就被列为北京市文物保护单位，不过此后对园区的修缮并不多。直到21世纪初，才展开了规模较大的古建修复工程，主要是对一些殿堂、寺庙和佛塔的整治和油饰，大体恢复了楠木殿、含晖堂、仁育宫玉宸宝殿和峡雪琴音等处的往昔风貌，以及龙王庙、妙高寺、华严寺和真武祠的旧貌。尤其是修整后的南高峰玉峰塔、北高峰妙高塔、西南侧峰华严塔和西山麓圣缘寺多宝琉璃塔，不仅再现各自独特的风姿，而且重现了由这4座宝塔构成的京西空间风景线。2006年，静明园遗址成为全国重点文物保护单位，园内不少原先的标志性景观，如香岩寺、云外钟声、华滋馆、竹炉山房、垂虹桥、清音斋和东宫门等，也都得到了修缮或恢复。遗憾的是，静明园多处景区迄今仍属中央各类机关使用和管理，尚不能作为公园对外开放。

3. 考古重现的真容：畅春园

早在20世纪初便消失殆尽的畅春园，历经半个世纪，到新中国成立时，昔日御园业已成为一片荒区。从20世纪50年代起，原属畅春园的区域被越来越多的建筑所覆盖。80年代以后，更因现代化都市的飞速发展成为城区的一部分。仅仅在100多年的时间里，畅春园一带就出现了沧海桑田的变化。当年波光粼粼的丹棱沜已是一片平陆，康熙年间水势汹涌的万泉河如今仅剩涓涓细流，万泉庄、巴沟等处的许多水面、河道和湿地都已无影无踪。孰料随着历史文化遗产保护事业的兴起，湮没已久的畅春园，在城市改造的过程中反而露出了部分真容。根据考古发掘的发现，结合历史文献资料的研究，畅春园一步步从历史记忆中走出，从而补上了三山五园在当代的最后一块拼图。

新中国成立之初，原属畅春园的绝大部分区域都已经成为耕地。从20世纪50年代起，这里先后修建过海淀乡政府以及海淀区农林水利局、农机局、气象局和畜牧局，以及操场村、双桥村等村落。后因京西地区发展农业的需要，不少建筑又被拆除，大面积的空地退为农田，成为北京重要的副食品生产供应基地。80年代以后，海淀区迅速发展为北京最集中的高新技术产业区，而畅春园一带又成为海淀区科技、教育事业的核心区。在原畅春园南部，出现了海淀新技术大厦、北京硅谷电脑城等现代科技大楼；原畅春园北部如今成为北京大学的附属地，是教职工住宅区、北京大学资源中学以及学生公寓之所在；原畅春园中部建了海淀体育中心的体育馆和田径场；原畅春园西南部建成了芙蓉里小区。而在西花园原址和马厂部分区域之上，如今映入眼帘的是一座现代化休闲公园——海淀公园。2000年，在历史地理学家侯仁之的倡议下，在原畅春园西北部建起了一座名为"畅春新园"的街头公园，也算是对清代畅春园的一种纪念。

在北大西门南侧不远处，至今仍屹立着被金属围栏保护起来的恩佑寺和恩慕寺山门。它们既是清代畅春园仅存的建筑物，也是认定昔日畅春园范围的最显著参照物。这两座寺庙原本并排位于清代畅春园的最东部，其山门连接线的南北延长线也就是畅春园的东边院墙所在。北四环路辅路的北沿，当为畅春园南边院墙的边缘。畅春园西边院墙，大致为芙蓉里小区10号楼西侧马路与北大承泽园偏西处的南北连接线一带。畅春园北边院墙，如今已被压在北大畅春园宿舍楼和北大附属中学（畅春园校区）教学楼下了。至于恩佑寺和恩慕寺山门西侧的北大畅春园宿舍楼区，原为康熙帝寝宫清溪书屋的所在地。位于北大畅春园宿舍楼南面的畅春新园公园和北大畅春新园宿舍楼，是清代畅春园的后湖一带。清代畅春园西南角的无逸斋基址上，现为芙蓉里小区10号楼。清代畅春园东南角的澹宁居基址上，是海淀新技术大厦和北京硅谷电脑城。昔日宁静幽远的皇家御苑，如今已彻底成为车水马龙的闹市区了。

2000年春夏之间，为了配合兴建北四环路工程的开展，北京文物研究所在北四环西路地段进行考古勘探时，发现了畅春园大宫门的遗迹。遗址被发现时的位置是海淀镇西上坡以西，现在则属于北四环西路主干路的范围。这次考古发掘的主要成果，是发现了大宫门建筑遗址、两侧朝房的基址和西侧一段院墙的基址。大宫门建筑遗址处于考古工地正中的位置，面阔五间，东西总长约17米。大宫门的北半部残毁，南侧6.3米处有两个对称分布的砖墩，相距16.2米，规格相同，平面均为长方形，西侧砖墩现存建筑高1.35米，据推测应为大宫门前的两个兽座。东西两侧朝房亦面阔五间，东西长约17米、宽8米，两座朝房相距8.4米。另外，同一时期的考古勘探还发现了西花园内一座石桥的遗迹。尽管这次考古的成果算不上丰硕，但湮没百年的畅春园，终于显露出几分真容。

第三章　三山五园与清代宫廷

清代有两个处理朝政的功能区：一是宫廷理政，即以大内紫禁城为核心的宫廷政务区；二是居园理政，即以三山五园及避暑山庄等行宫别苑为代表的政务区。这套两个政务中心并行的机制，是清代特有的制度，并维持了很长一段时期。特别是康雍乾时期，皇帝在三山五园里处理政务成为一种常态。这与清朝统治者的生活环境和习惯有很大关系。满洲人入关前更习惯于贴近自然的游牧生活，入关以后对城居生活多有不适应之处，加之北京夏季较东北炎热，皇帝们不耐烦居住在紫禁城中，更喜欢地处西山、较为凉爽的三山五园，因此，康、雍、乾诸帝待在三山五园里的时间，远多于在紫禁城的时间。

一、居园理政

乍看起来,清代实行的居园理政,似乎与辽、金、元时期游牧政权所奉行的捺钵体制类似。但两者有本质区别。捺钵是一种由多个国都、多个政治中心构成的"行国政治",国家权力的统一性还不够完整。清代的居园理政没有陪都的政治功能,而更多继承了明代的行宫制度,不过是国家权力中心在另一个政务区中运行而已。清代统治者的居园理政,早在入关不久的顺治朝就已开始。明代在南海子建有较为完整的行宫,清代改为南苑,成为顺治时期和康熙前期重要的理政之所,是清代居园理政之始。不过,南苑理政为时甚短。康熙帝在畅春园建成后,即将很大一部分政务从紫禁城转移到畅春园。到了雍正、乾隆时期,更是确立了圆明园轮班奏事制度。自咸丰初年起,因国势维艰,居园理政本已难以为继。孰料至光绪帝亲政后,实际上仍掌握朝廷大权的慈禧太后驻跸颐和园,遂使居园理政在三山五园一度复活,但也终成绝响。

1. 康熙帝的居园理政

入关后不久,清帝就因不适应京师气候,而尝试着在紫禁城之外寻找办理政务的地点。顺治年间,顺治帝曾数次驻跸南苑,但是居住时间大多较短。南苑真正成为居园理政的处所,是在康熙时期。从康熙四年(1665)第一次到南苑为始,康熙帝前来南苑的记载长达37年之久,出宫巡视、东北祭祖、六次南巡、阅兵围猎等许多重要政务活动，南苑都是主要驻跸之所。尤其是阅兵，康熙年间在南苑总共举行了7次，占康熙帝一生阅兵次数的一半。康熙二十七年（1688）冬，还曾专门举行过一次火器营阅兵。这些阅兵行动的目的是检验、保持八旗兵的战斗力，对于当时仍在忙于统一战争的清朝来说，具有重要的政治意义。

大约自康熙二十一年（1682）起，除了作为阅兵主要场所外，南苑的其他居园理政功能就开始发生分流了。据起居注记载，康熙十四年（1675），康熙帝前往西山地区游览，西山一带的优美环境，给康熙帝留下了很好的印象。康熙十九年（1680）开始在玉泉山修建行宫，两年后建成，这就是澄心园，是康熙帝十分喜爱的一座园林。从此直到畅春园建成的康熙二十六年（1687），康熙帝一直在澄心园居园理政，频频驻跸。康熙帝驻跸澄心园的时令，大多是在气候和煦的春夏之交和秋天。据统计，康熙帝在这段时间里共有21次驻跸玉泉山，其中有16次是自紫禁城而来；而离开澄心园时，又有19次是直接返回紫禁城。这样的往返路线，正符合康熙帝一贯勤政的作风。

从康熙朝起居注和其他一些清代档案可以看出，康熙帝驻跸澄心园期间，许多重要政务都在这里得到及时处理。概而言之，主要有以下三类重要政务。一是对高层官员的及时调整。康熙二十五年（1686）春，康熙帝在澄心园前亭听政，因江苏巡抚汤斌升任其他职务，大学士罗勒德洪、明珠等人奏请，康熙帝决定由浙江巡抚赵士麟任江苏巡抚，福建巡抚金铉任浙江巡抚。这种地方大员人选的任命，是关系到地方治理的大事，必须即刻处理。二是对重大事件的审议。康熙二十二年（1683）四月，康熙帝在澄心园前亭与议政王、贝勒、大臣等会议，商讨三藩之乱期间的螺子山会战问题，还处理了有关人员。次年，康熙帝居园期间，广西布政使颜敏私支库银案发，大学士明珠等奏请秋后处决，并向原任巡抚郝浴追赔银9万两，康熙帝批准了这一奏请。三是对灾区的救济。康熙二十二年春，山西遭灾，明珠等人在澄心园向康熙帝面奏，最终议定蠲免钱粮并赈济灾民。康熙帝在澄心园里举行的这些听政活动，一直持续到畅春园建成。随着畅春园成为新的理政园居地点，澄心园成为以赏玩休养为主的园林。

畅春园落成后，康熙帝于康熙二十六年（1687）初首次驻跸。从此，康熙帝每年频繁出入该园，而且在园中长期居住，直至最终病逝于园中寝宫。康熙帝于康熙二十七年（1688）颁布谕旨，明令大学士等"遍谕科道，如有条陈，令至畅春园面奏"，居园理政成为日常，畅春园澹宁居成为康熙帝最常听政的场所。诸如引见臣僚、任命官员、庶吉士散馆、阅试武举骑射等活动，原先大多是在紫禁城内举行，此后则经常在畅春园内举行。为了高效处理政务，园内实行轮值南书房制度。约从康熙三十三年

（1694）起，翰林詹事等官员在南书房轮值，相当于为皇帝提供秘书班子服务，有助于皇帝提高处理政务的效率，这是康熙朝在政治制度上的一项创造和特色。据查慎行《敬业堂诗集》记载，康熙四十二年（1703），在畅春园小东门内，南书房开始设立值庐，也就是翰林詹事等官员的值班处所，"后遂为例"。

康熙帝还将畅春园作为处理藩部以及外国事务的重要场所。按照清代接见外藩的礼制，每年上元节赐外藩宴，先前一直安排在大内宫苑的保和殿等处举行。但从康熙三十年（1691）开始，这一宴会改在畅春园内含淳堂、万树红霞等处进行。到康熙帝去世时为止，畅春园中举行这种宴会总共有29次，几乎年均一次。畅春园也成为康熙帝接见外藩的重要场所，有些较大规模的接见，场面不亚于避暑山庄。康熙三十六年（1697），蒙古各部及"投诚厄鲁特等齐集畅春园……众皆喜悦"。康熙五十二年（1713），康熙帝在畅春园西厂御楼接见众多外藩人员，并"颁赐科尔沁土谢图亲王鄂尔吉图等二百二十六人服物有差"。康熙五十九年（1720），葡萄牙国王遣使臣斐拉里来华，康熙帝于畅春园内九经三事殿前接见，葡使"退行三跪九叩礼，仍诣案前奉表"。年底，康熙帝同样在九经三事殿接见了罗马教廷使臣嘉乐等人。此外，白晋、张诚和马国贤等来华传教士也受命经常出入畅春园，为该园增添了不少中西交流色彩。

康熙帝在畅春园内处理各种各样的政治问题，最棘手的当数事关王朝权力传承的储位之争。本来，早在康熙十四年（1675），康熙帝就将不满两岁的嫡长子允礽册封为皇太子，以期避免将来的皇位之争。然而，当允礽成年以后，竟与索额图等结成太子党，对皇权产生了威胁。康熙帝大为震怒，于康熙四十七年（1708）九月宣布废黜允礽储君之位。未料此举引发了允禔、允禩等皇子的觊觎之心，康熙帝为平息争储局面，遂于四十七年十一月十四日在畅春园召集满汉大臣，意欲按照满族传统推举方式会商皇储人选。尽管康熙帝在会前有所暗示，但是与会大臣一致推举的人选，居然是其并不认可的允禩，导致这次会议无果而终。次年春，康熙帝以太皇太后托梦，且允礽魇魅之症业已痊愈为由，恢复了允礽的储位。而复立后的允礽继续勾结党羽，阴谋早日夺取皇位。康熙五十一年（1712）十月，康熙帝在畅春园再次宣布废黜允礽，将其禁锢。身心俱疲的康熙帝宣布从此禁言建储之事，却使储贰之争愈演愈烈，在康熙帝去世后，终致手足相残。

发生在畅春园里最重大的政治事件，是康熙帝的病逝。废立太子之事，严重损害了康熙帝的健康。他在康熙五十六年（1717）冬向朝臣称，自从废黜允礽起，因"过伤心神"，自己的身体"渐不及以往"。此后几年间，康熙帝经常处于衰弱多病的状态。康熙六十一年（1722）十月，康熙帝赶往南苑行围，因身体虚弱，受了风寒，不得不于十一月初七返回畅春园疗治。十五日那天是冬至,皇帝应亲行冬至祭天大礼,康熙帝于初九命胤禛前往南郊,先行斋戒,至期代行祀典。孰料十二日深夜,康熙帝病势转重,急召胤禛回畅春园。同时,又召允祉、允祐、允禩、允禟、允祥等皇子及隆科多至御榻前,宣布胤禛为皇位继承人。胤禛于弥留之际赶到榻前,康熙帝告之以病情日重的情况。次日戌刻,即刚刚入夜的时候,康熙帝于畅春园清溪书屋内去世,享年69岁。

2. 雍正帝的居园理政

康熙帝去世后,继位的雍正帝虽然也居园理政,但并未沿用畅春园,而是将自己在亲王时期的赐园——圆明园作为新的政务中心。尽管朝臣深知雍正帝的这种心意,却也经历了一个过程。毕竟,康熙帝去世后,雍正帝需要在紫禁城内素服守丧3年。加之雍正元年(1723)皇太后去世,驻跸圆明园之举不得已又延长了一段时间。雍正三年(1725)二月,诸王大臣奏请雍正帝驻跸圆明园,因为皇太后守制之期未满,故未能成行。直到又过了半年,诸王大臣再次启奏圆明园"允宜随时驻跸",雍正帝才顺水推舟。他在驻跸圆明园后,立即传谕群臣称:"朕在圆明园,与在宫中无异,凡应办之事,照常办理,尔等应奏者不可迟误。"次年初又颁布谕旨,强调自己在圆明园"每日办理政事,与宫中无异,未尝一刻肯自暇逸"。可见,雍正帝将圆明园视为与大内宫苑等同的政务中心,即便园居也是一样处理政务。

雍正帝在位期间，在圆明园处理政务的时间，恐怕比大内宫苑还要长。雍正帝第一次以皇帝身份宣布驻跸圆明园的时候，已是当年八月底了，即便如此，剩下的4个月时间里，他有超过一半的时间都待在圆明园里。从次年直到他去世的雍正十三年（1735）八月，雍正帝每年都要在圆明园里长时间居住，最少是185天，最长达247天。从最初驻跸到离世，雍正帝连续11年居住圆明园，累计到园47次，居住时间共达2314天。哪怕按照11年计算，年均居住时间也约为210天。也就是说，雍正帝每年都有将近2/3的时间是在圆明园里度过的。以雍正帝的勤政作风，其在圆明园里处理的政务活动肯定要远远多于在大内宫苑。

从雍正三年起，雍正帝谕令对圆明园进行大修，还特别注重政务建筑群的建设。这组宫殿群与大内宫苑一样，也分为外朝与内朝两大部分。外朝在圆明园南部，坐落正中间的殿宇是正大光明殿，供雍正帝坐朝之用，也被作为圆明园第一景。正大光明殿东侧是作为圆明园第二景的勤政亲贤殿，这是雍正帝接见臣僚、批阅奏章、处理日常政务的地方。正大光明殿南边为军机处值房，再往南则为内阁、六部值房。此外，雍正帝还向不少亲王重臣赏赐了圆明园附近的宅第，以便他们到圆明园办公。由此可见，雍正帝在《圆明园记》里说"建设轩墀，分列朝署，俾侍直诸臣有视事之所,构园于南,御以听政",殆非虚言。终雍正帝一生,的确是将圆明园当成另一座紫禁城了。

本来,清朝从顺治、康熙朝开始,大体形成了一套比较稳定的在乾清门听政的模式,"每日奏事,吏、户、礼、兵、工五部轮流首奏,刑部常列三班,并令翰林、科道同奏事官齐进侍班"。但当康熙帝在畅春园理政成为常态后,从城内赶往西郊御苑的路程,给朝臣造成了很大的不便。况且,朝臣奏事完毕后,还要返回城内各衙门正常理事,往返辛劳之外,如何不影响办公也是一个问题。雍正帝居园理政之初,对朝臣来园奏事尚无定规,以致臣僚迟到、旷工的情况日渐增多。为防止怠政,雍正帝制定了轮班奏事制度。按照这一制度的规定,八旗分为八日,按顺序每旗一日奏事;然后再分别搭配六部各一日,都察院与理藩院为一日,内务府为一日,八日一循环。如果某部院在轮班之日无事可奏,其堂官也要前来,等候皇帝召问;如果某部院确有紧急事件,却又不在轮班之日,可以不拘班次,前来启奏。至于不用赶赴圆明园奏事的八旗及各部院官员,则如常在城内衙门办事。如此一来,各衙门即可有序当差,一方面大大缓解了官员们在御园和城内之间的奔波之苦,另一方面也强化了圆明园作为政治副中心的地位。

雍正年间设立的军机处,是影响了清代政治100多年的重要政务机构,其起点主要就是在圆明园。军机处肇建时间为雍正七年（1729）春。查雍正帝该年活动记录，除回京城主持籍田、太庙祭祀和出兵大典等寥寥几项活动外，他绝大部分时间都在圆明园里处理各类庶务，故而军机处设立应该就在此园居住期间。雍正、乾隆年间长期供职内阁、军机处的内阁中书叶凤毛说，圆明园内军机处值庐最早设在大宫门外东朝房，其后又迁至小东门内的3间屋舍中，"内中堂（首席军机大臣）坐东头，诸大臣坐西头，后有小屋，则舍人等办事之处"。这就是圆明园内军机处初创时期办公的基本条件。

雍正帝之所以要在圆明园内设立军机处，最直接因素是西北用兵的需要。康熙末年，准噶尔部大举进攻统治藏区的和硕特部，并袭杀拉藏汗。康熙帝遂派兵进击准噶尔部，双方在西北广大地区形成对峙局面。雍正五年（1727）二月，准噶尔首领策妄阿喇布坦去世，其子噶尔丹策零即位。雍正帝认为噶尔丹策零"断非安分守法之人，必至生事妄为"，决定先下手为强，主动出击准噶尔部。三月十二日，雍正帝在圆明园颁布诏书，命令分为两路进军：第一路以傅尔丹为靖边大将军，从北路出师；第二路以岳钟琪为宁远大将军，从西路出师。因办理军务需要，形成了以怡亲王允祥和大学士张廷玉、蒋廷锡为核心的军机处办公班底。不料，这次信心满满的出征，却遭受大败，西北军务旷日持久，终雍正一朝亦未能得到解决。不过，圆明园内的军机处却日益重要，越来越为雍正帝所倚重。

雍正帝长期驻跸圆明园理政，朝野间一度传言其怠政。雍正四年（1726），京城坊间以及其他不少地方，都有关于雍正帝在圆明园里夜夜笙歌的风言风语。京城里的一些报房小抄，用新闻炒作的笔调，描绘了雍正帝率群臣饮酒作乐的场景。此类传闻传至雍正帝耳中，雍正帝十分恼怒，还专门颁布谕旨进行辩驳。在雍正帝看来，这种传闻极有可能是政敌允禩等人暗中策动的结果，所以命令兵部和刑部予以彻查。不久之后，牵涉此次报房小抄事件的何遇恩等人被抓获，并依律处决。这次事件虽然有政治斗争背景，但是关于雍正帝耽于逸乐的流言传播甚广，大概也与王公大臣们仆仆奔波于御园与城内而积累起来的不满情绪有关。或许，正是为了安抚这种不满情绪，雍正帝也非常在乎自己的勤政形象，故而向群臣说的都是关乎自己在园中仍以吏治民生为念，"于政事无误"之类的言辞。

3. 乾嘉时期的居园理政

乾隆帝在其一生中，更将清代的居园理政推进到了一个新阶段。乾隆元年（1736）十一月，乾隆帝还在守制期间，就发布谕旨声明，以后"恭遇圣驾驻跸圆明园，御勤政殿听政，奏事及启奏折本皆如御乾清门听政之仪"。到了乾隆三年（1738）正月，三年守制期刚满，乾隆帝就首次以皇帝身份巡视圆明园，并告诉大学士鄂尔泰等人，以后驻跸圆明园时，"一切悉仍旧制，略为修缮，无所增加"，且"向来部院及八旗大臣皆轮班奏事，自仍照旧例行"。二月，乾隆帝第一次在圆明园正大光明殿听政，特意宣布"今日御勤政殿办事，此即昔日皇考办事之所，朕未另建园亭，即于此处办事者，并非图自暇逸，盖时时追慕皇考，宵旰不遑"，表明自己在御园处理政务，正是追慕父亲之举。

乾隆帝保持了军机处在园内的办公机制，还加以强化。乾隆年间，清朝国势达到极盛，军机处的事务也极为繁忙。当时有人就描述了乾隆帝和军机处"励精图治"的景象：天还没亮，乾隆帝便向军机处询问兵部驿报及各地奏章，有即取以入，早饭前就批阅完奏章。接着召见大臣。随着政务一件件处理，各种指示也纷纷下达，令军机章京分头草拟旨意，"人各一通，或数人共成一通，送大臣详酌。未竟，中使已络绎辈催"。鉴于这种繁忙状态，军机处在圆明园内形成了更加严密的园值制度。园值是"每四日为一班，谓之该园班，每班值日亦两人，分班轮算"，"每日入值于左如意门内，御河之南为军机堂，堂之右为满章京值房，其前为汉章京值房，值务均与在宫之日同"。乾隆年间规定，皇帝驻跸圆明园时，军机章京"必留一人值宿，曰夜班"；又因一早事务甚繁，故而每日轮一人入内相助，曰"早班"；又需有一人散班最晚，谓之"守晚"。伺候乾隆帝这样精力旺盛的皇帝，的确并非易事。

军机大臣的任务也十分繁重，为方便办公以及表示优待，皇帝对军机大臣尤其是领班者，特意在圆明园附近赐园。雍正年间有此待遇的军机大臣，仅有怡亲王允祥和大学士张廷玉、鄂尔泰共3人。乾隆年间，首席军机大臣得到赐园几乎已成定制。其中较为著名的有：乾隆十年（1745）傅恒得到春和园，乾隆三十年（1765）尹继善得到绚春园，乾隆三十三年（1768）福隆安得到春和园之一部，乾隆四十一年（1776）福康安亦得到春和园之一部，乾隆四十五年（1780）阿桂被赐以海淀寓所，次年和珅被赐以十笏园。此外，乾隆中期以后，满汉军机章京在退值之后，也有了固定的休息处所，即外值庐。外值庐有两处：其一在挂甲屯的七峰别墅，主要供汉章京休憩；其二则在海淀镇冰窖南侧的老虎洞军机处，主要供满章京休憩。这种在圆明园旁边给予军机处办事人员以赐园和外值庐的安排，一直延续到嘉庆、道光年间。

除了处理政务，还有很多活动，如包括科举考试环节在内的、由朝廷举行的各类御考等，也在圆明园举行。早在乾隆三年（1738），乾隆帝就将原本只在紫禁城举行的科道考选转到圆明园，要求将应该参加考选的翰林及部院司员，"于圆明园该班奏事之日，带领引见"。从乾隆十七年（1752）起，翰林院、詹事府"大考"及散馆考试，相继转至圆明园正大光明殿举行。乾隆三十九年（1774）三月下令，这一年所有进士均于四月初五在正大光明殿考试。嘉庆十九年（1814）起，宗室乡试会试后，中试者均"传集在圆明园正大光明殿复试"。道光朝就更多了,诸如每科八旗子弟的翻译会试中试贡生考试、翰林院詹事府专官的大考、翻译乡试举子的复试、满蒙文职二品以下京堂各员满语考试、国子监蒙古司业人员考试等,全部都在圆明园正大光明殿举行。咸丰十年(1860)四月,咸丰帝在圆明园勤政殿阅定十卷甲第后,在正大光明殿举行了传胪大典。不过,这也是圆明园内举行的最后一次科考了。

随着居园理政的运行,圆明园在清代礼制体系中的地位不断提高,"与宫中无异"。尤其是原本只能在紫禁城举行的大丧之礼,从乾隆朝开始也在圆明园举行了。乾隆四十二年(1777),孝圣皇太后在圆明园长春仙馆去世。按例应将遗体运回皇宫,在其生前居住过的寝宫安设梓宫供奠,办理丧仪。然而,为了方便乾隆帝往来圆明园起见,承办丧仪的显亲王蕴著奏请将皇太后梓宫移往畅春园供奠,声称"圆明园为世宗宪皇帝、皇上久居之处,与宫中无异,恳于礼成后,即回圆明园居住"。乾隆帝就势表示同意,在"奉安皇太后梓宫礼成"后,"仍回圆明园居住"。道光年间,圆明园内多次举行皇家丧仪。道光十三年(1833)、二十年(1840),孝慎皇后、孝全皇后先后病逝于圆明园,梓宫皆移至长春园正殿澹怀堂祭奠。道光二十九年(1849),孝和皇太后病逝于大内皇宫,梓宫停放在绮春园正殿迎晖殿祭奠。道光三十年(1850)正月,道光帝于圆明园内寝宫去世,梓宫停放在正大光明殿行朝奠礼。可见，圆明园与皇宫大内基本没有差别了。

圆明园在国际交往中也扮演过重要角色，在英国马戛尔尼使团访华期间，圆明园是重要的接见场所。乾隆五十八年（1793），马戛尔尼一行抵京后，就被安排在圆明园内的宏雅园下榻。使团原拟携带礼物前往避暑山庄觐见乾隆帝，但因礼物中有一些高大精密者，完成安装需要一个月之久，乾隆帝便下令将轻巧易于安装的礼物送至避暑山庄，将天文地理表等8个大件礼品仪器留在京城，分别在圆明园正大光明殿和长春园澹怀堂内各安装4件，以备乾隆帝回銮后观览。使团居园期间，大学士和珅还安排使团参观了圆明园，使团内的绘图员亚历山大等人，还被允许将包括正大光明殿在内的很多景观绘制下来。本来，乾隆帝打算从热河返回京城以后，在圆明园正大光明殿再次接见马戛尔尼等人，并"赏饭一次"，也顺道观赏在此安装的礼品。然而，由于在避暑山庄的会见以不欢而散而告终，乾隆帝便取消了原定在圆明园招待使团的宴席，连带着再也没有观赏礼品的兴趣了。

同雍正帝一样，乾隆帝执政之初，曾长期驻跸圆明园，外界不免有其沉湎宴游、荒废政务的传闻。毕竟，人们普遍认为，宫禁森严的大内紫禁城才是皇帝治国理政的正常场所，而圆明园终归是皇帝用来休养怡情的行宫别苑而已。并且，乾隆帝的一些行为，也助长了在园中耽于逸乐的传言。乾隆三年（1738）夏，因久旱后"甘霖大需"，乾隆帝兴奋之余，特意允准大学士和内廷翰林入园观瞻，"于圆明园泛舟游览，即事成诗，同诸臣面赋，以志一时胜赏"。此外，乾隆帝为侍奉皇太后，又从南方选用弋腔戏班，在御园同乐园唱戏。这些事情合在一起，风传成了"内廷须用优童秀女"，并由南方织造及盐政等官"广行购觅"等流言。乾隆帝对此极为恼怒，特地颁布长篇谕旨进行辩解。同时，为表示自己居园以理政为先，乾隆帝在兴建静宜园、静明园和清漪园等御园时，都专门建造勤政殿，还反复强调"勤政"为"我朝家法"。

与圆明园相比，乾隆帝在其他几座园林里的理政活动较为零散，并未形成常态。不过，乾隆帝在其他园林里同样开展了不少具有重大政治意义的活动，如在静宜园里训练云梯兵。乾隆早期，西南地区推行改土归流，由清廷委任官员取代当地土官管理地方行政，引发了大小金川地区以土司莎罗奔为首的叛乱。在云贵总督张广泗和军机大臣讷亲率军进剿失败后，乾隆帝认为金川久攻不克的一个重要原因，是由于清军难以攻克当地土人在要隘建造的碉楼。乾隆帝总结经验，认为"我旗人蹑云梯肉搏而登城者，不可屈指数，以此攻碉，何碉不克"。于是在香山近旁，仿照金川形貌建造碉楼，从八旗护军中挑选出一批"欻飞之士"，训练驾驭云梯攻碉之术，最终训练出2000名合格的云梯兵。这批云梯兵后来跟随大学士傅恒前往金川，在第一次平定金川之役中立下功勋。乾隆帝大喜之余，将原在香山碉楼西侧的表忠寺改为实胜寺，以纪念此次战功。

对于这批立下功勋的云梯兵，乾隆帝很重视，专设香山健锐营。在乾隆十四年（1749）乾隆帝发布上谕称，云梯兵"随征金川，功成凯旋。如令仍回本营，随旗行走，则伊等前功徒费"，而"专设一营，演习技艺，均可为精锐兵丁"。在乾隆帝的指示下，这批云梯兵单独组队，取名健锐云梯营，营址就设在香山静宜园旁边。乾隆帝驻跸静宜园时，经常到御苑门外的演武厅观看健锐营官兵的军事演练，还多次举行阅兵仪式。乾隆帝在阅兵之后，也经常会给健锐营官兵以各种赏赐。有趣的是，因地理位置方便，健锐营从乾隆二十三年（1758）起开始接手静宜园的守卫任务，常年以官兵11人担任大宫门护卫。当然，健锐营更重要的任务是参加军事行动。乾隆二十四年（1759），健锐营官兵奉命出征新疆，参加了征讨天山南路回部之役，并得到乾隆帝的称赞。乾隆三十二年（1767）出征缅甸、三十七年（1772）第二次金川之战，以及五十一年（1786）进剿台湾天地会的行动，健锐营官兵都参加了征战，并屡立战功。

静宜园里面的宗镜大昭之庙，是为接待六世班禅额尔德尼所建。按照乾隆帝的说法，建造此庙的重要意义，在于"以班禅远来祝釐之诚可嘉，且以示我中华之兴黄教也"。乾隆四十五年（1780）适逢乾隆帝七十寿辰，六世班禅额尔德尼此前即表示要不惜长途跋涉来京朝贺。为了迎接和安顿六世班禅，乾隆帝特意命令建造了宗镜大昭之庙。班禅在承德避暑山庄参加庆典后，与乾隆帝一起返回京城，并于九月一起参加了宗镜大昭之庙的开光典礼。在开光仪式上，乾隆帝与班禅讲经说法，气氛极为融洽，并作《昭庙六韵》记其事。诗中有"昭庙缘何建，神僧来自遐。因教仿西卫，并以示中华"之句，乾隆帝力图以尊崇黄教、优待班禅这样的宗教领袖来实现国家统一的苦心，班班可见。

清漪园里立有《西师诗》碑，也是乾隆帝对当时发生的一件有关国家民族统一大事的记载。这块石碑本来竖立于乾隆二十年（1755），位于万寿山前山的五百罗汉堂前。乾隆二十三年（1758）由乾隆帝御书碑文，并摹刻上石。石碑除西侧为《万寿山五百罗汉堂记》外，另外三面皆为关于平定准噶尔之事的碑记。其南侧为《平定准噶尔勒铭伊犁之碑》，纪念乾隆二十年西征平叛，擒拿达瓦齐之事；其北侧为《平定准噶尔后勒铭伊犁之碑》，纪念乾隆二十二年（1757）再度西征，攻灭阿睦尔撒纳叛乱之事；其东侧即为《西师诗》，纪念彻底平定准噶尔部所作。其中，《平定准噶尔勒铭伊犁之碑》和《平定准噶尔后勒铭伊犁之碑》在承德普宁寺中也有相同碑文，唯有《西师诗》碑文为清漪园所独有。该诗为乾隆帝御制五言长诗，2000余字，诗中夹有大量注释，记载了从康熙至乾隆年间征讨准噶尔的全过程。经过祖孙三代共70多年的奋斗，清朝从康熙时期面对准噶尔汗国的守势，到乾隆朝最终完成对准噶尔部的犁庭扫闾，的确是清朝实现国家统一过程中的传奇篇章，乾隆帝自然要大书特书了。

居园理政方便了皇帝，但是也对清代政治有一定的消极影响。经过雍正、乾隆两朝共六七十年的运行，圆明园实际上成为比紫禁城更加重要的政治中心。由于官员去圆明园奏事的时间更多，导致城内各衙门日益荒废，官员们疲沓玩忽。内阁大学士因多在军机处办公，春夏又要经常赴圆明园当差，从而前往城内内阁衙门办事的时间日少一日，以致作为"丝纶重地"的内阁居然闲旷日久，事务拖沓。内务府大臣多担任部院堂官，兼管旗务，也往往以"驻园豫备召见为词"，经常不进城"入署办事"。此外，南书房、上书房行走的不少部院堂官，虽然"每日散直甚早，亦只安坐寓所，并不到署办公，惟待司官回稿画诺"。更加搞笑的是，原本在圆明园实行轮班奏事，是皇帝为体恤官员们奔波之苦的特殊安排。不料发展到后来，即便皇帝回大内宫城后，各旗院衙门奏事居然还是按照轮班的节奏，以致政事因循疲玩之风，日甚一日。

嘉庆帝登基以后，很快发觉长期居园理政积累起来的诸多弊端，力图加以整顿。嘉庆七年（1802）下令，为保证城内各衙门正常运转，内阁大学士都要经常到内阁办公；如果皇帝在城内，大学士应赴衙门办公；在军机处行走的大学士先赴内阁，再赴分管部院衙门办公；不在内廷行走的大学士，一律要到内阁办公；即便皇帝在御苑理政，如果散值较早，各部堂官在轮班奏事之后，也要返回城内衙署办公。嘉庆九年（1804）又下令，当皇帝驻跸御园时，内务府大臣中不管理旗务者仍应等候皇帝宣召，管理旗务的内务府大臣每日轮流一人进城到紫禁城办事。至于南书房、上书房官员，遇皇帝居园期间，除职务本闲者及翰林等每日入值外，其余管理各部院堂官都要轮流进城赴各衙署办公；皇帝回宫后，无论何人都要"每日于散直后入署办事"。此外，监管部院的满汉大臣在御园早朝后亦需及时返回城内官署，不得借口"内廷行走"而"优游园囿"，甚至直接返回寓所，等待下属上门禀报事务。嘉庆帝这时已经明显意识到，居园理政已对政治运行体系造成了诸多不利影响。

到了咸丰年间，居园理政的积弊日深，以致都有朝臣敢于公开提出异议了。咸丰帝即位之初，即逢太平天国运动爆发，咸丰帝一时无法仿照居园理政的旧例驻跸圆明园。咸丰五年（1855）初，咸丰帝刚刚流露出驻跸圆明园之意，即招致朝臣的连番反对。户部侍郎王茂荫以"六不可"为由，甚至声称临幸御园"非所宜重宗庙"。继而福建道监察御史薛鸣皋奏称，咸丰帝不应在"四方多难"之时还有前往御园的"暇逸之心"。咸丰帝对这些反对声音十分不满，先后下令将王茂荫和薛鸣皋"交部议处"，自己则在同年七月开始驻跸圆明园理事。从此直到咸丰十年（1860）英法联军入侵并毁坏三山五园之前，咸丰帝每年的大部分时间都待在圆明园里。其间，又有江南道御史孟传金奏请咸丰帝停止驻跸圆明园，咸丰帝也仅仅以"在宫在园，原无二致"的言辞作为回应，并未给予处分。然而咸丰帝注定无法再安居圆明园了。在英法联军的进逼下，咸丰帝只能逃往避暑山庄。随着英法联军燃起的冲天大火，圆明园付之一炬，清代皇帝的居园理政也终于走到尽头了。

4. 颐和园与晚清政治

三山五园在咸丰十年（1860）遭受英法联军烧杀抢掠的空前劫难后，基本上已经成为一片废墟。同治年间，清廷一度试图对圆明园、静明园等御园行宫加以修整。但是，限于晚清国力维艰，这些修整工程皆半途而废。直到光绪年间，慈禧太后以将朝政大权归还光绪帝为由，集中力量对清漪园的主体部分进行了重建改建，一定程度上重现了皇家御园的风采。这次修整工程名义上是供慈禧太后颐养天年之用，所以将这座园林改名为颐和园。其实，慈禧太后居园后并未颐养天年，根本没有放弃对中央权力的掌握，所以在其常驻颐和园期间，权力中枢也基本上在颐和园。晚清政坛的不少重大变动，都离不开颐和园这一重要背景和舞台。因此，尽管光绪年间的颐和园无法与当年的圆明园相提并论，却是三山五园在清代中央政治体系中最后的高光时刻了。

　　颐和园的修建是晚清政坛的一个焦点。清漪园原是一座行宫，地位低于作为御园的圆明园。那么，颐和园又何以能够在清漪园的基础上升格为御园呢？这要从同治年间的圆明园重修工程说起。同治十二年（1873）春，同治帝宣告亲政。因次年为慈禧太后四十寿辰，清廷遂以颐养两宫皇太后为名，下令重修圆明园。虽然这次重修工程集中在正大光明殿等局部区域，但是对于国力衰败的晚清政府来说，仍是十分沉重的负担。当时执掌中枢的恭亲王奕䜣为讨好慈禧，一度还带头报效二万两白银，但总体经费仍然十分支绌。为了筹集材料，清廷拆东墙补西墙，甚至将静宜园、静明园、清漪园以及其他一些皇家园林的石料、木料拆来用于重建圆明园。工程进行约一年后，进展非常缓慢，各级官吏请求缓修、停修的呼声此起彼伏。面对如此局面，奕䜣也转变态度，和文祥等重臣出面奏请停修，圆明园重修工程遂于同治十三年（1874）中止。

　　同治帝突然病故后，慈禧选择醇亲王奕譞之子载湉即位，是为光绪帝。因光绪帝年仅4岁，慈禧又一次垂帘听政。光绪十年（1884），岁在甲申，慈禧以清军在中法战争中失利为由，突然罢黜执掌中枢20多年的奕䜣，而以奕譞领军机处，史称"甲申易枢"。次年九月，清廷鉴于中法战争中海防建设的不足，设立总理海军事务衙门，以奕譞为总理大臣，奕劻和李鸿章为会办。光绪十二年（1886）

六月，慈禧宣称因明年光绪帝年满16岁，将举行亲政典礼。为了迎合慈禧归政后休养的借口，奕譞等人打算修葺清漪园以供慈禧太后休养。八月，奕譞以海军衙门的名义，奏请仿照乾隆朝的旧例，在昆明湖内恢复水操。昆明湖里肯定无法训练现代化的海军，但在"恭备太后阅看水操"的名义下，当然可以修整清漪园的各处建筑了。为了掩人耳目，海军衙门还在原先的耕织图景区内设立了水师学堂。就在水师学堂开学之际，园林整修工程业已悄悄开工了。到光绪十四年（1888）二月，光绪帝发布将清漪园更名为颐和园的上谕时，园内的许多工程都已开工甚至接近完成了。

当然，基于晚清时期国力维艰的状况，颐和园修建工程的全部完成，已是光绪二十一年（1895）的事了。在修建期间，朝堂之上对此工程的异议也一再出现。如光绪十四年底，紫禁城贞度门失火，延烧太和门及库房等处。有些官员即以上天示警为由上疏，请求停止颐和园工程。迫于舆论，慈禧不得不颁布懿旨，宣称"遇灾知儆，修省为先。所有颐和园工程，除佛宇及正路殿座外，其余工作一律停止"。但这不过是暂时缓进的手段罢了。光绪十六年（1890），御史吴兆泰奏请节省颐和园工程。清廷以光绪帝名义痛斥其"冒昧已极"，下令"交部议处"。同时，为了尽量避免惹出更大动静，清廷还要了一个花招。光绪十七年（1891）四月，清廷发布上谕，称工程将次告竣，慈禧太后将于月末前往颐和园驻跸。事实上，像佛香阁、大戏楼和谐趣园等多项大型工程，这时才刚刚开始，所以这道上谕仍是表面文章。

颐和园修建工程究竟花了多少经费，在当时就备受关注，再加上和甲午战争的关系，使得这一问题成为备受时人关注的政治问题。康有为、梁启超等人在戊戌维新运动前后，一再宣称颐和园工程挪用了北洋海军建设经费，总额达3000万两白银。事实上，就经费数量而言，康梁的说法过于夸张了。因为，从海军衙门成立的光绪十一年到北洋海军全军覆没的光绪二十一年（1885—1895），全部海防建设经费加在一起也达不到3000万两白银。根据清宫档册的记录，颐和园工程中有账可查的56项工程总经费为316万余两白银。这些工程大概占全部工程的一半以上，总体估算下来，这次颐和园工程总费用在500万～600万两白银。

至于颐和园工程经常被人与海军经费联系在一起，倒也不是空穴来风。翁同龢在日记里记载，还在开工之初，奕𫍽曾就此事请他转告同侪，其中有"以昆明易渤海"之语。因渤海为北洋海军所在地，后人就以此作为奕𫍽打算挪用海军经费修建颐和园的证明。事实上，迄今尚未发现挪移海军经费的证据。而后人之所以认为颐和园是挪用海军军费修建的，是与奕𫍽以海军名义筹集的一笔款项有关。按照清代则例，皇家园林工程统归内务府奉宸苑办理。但慈禧等人为了掩盖视听，此次颐和园工程改由海军衙门承修。本来海防经费就不足，又要筹措颐和园工程经费，奕譞就以"用备海军要需"的名目，从各省督抚手里筹集了总共260万两白银，随后将其"存诸北洋生息，按年解京"。如此一来，海军衙门便可从海军经费中"腾出闲杂各款"以供工程之用。实际上，这恐怕只是个障眼法而已。海军衙门在甲午战后撤销时，这笔款项早已不知去向，所以很可能已经连本带息都用在颐和园工程上了。

晚清时期的颐和园发生了很多事情，其中影响最深远的政治事件，莫过于光绪二十四年（1898）的戊戌政变了。甲午战败后，举国震惊、愤怒、失望。康有为在光绪二十一年（1895）发起公车上书，变法维新思潮迅速传播。在这股潮流的激荡下，光绪帝表示"不甘作亡国之君"，对政治改革问题愈发关切，从而对康有为等人的主张更为留意。光绪二十四年（1898）四月二十三日，慈禧在颐和园面告光绪帝称："今宜讲西学，明白宣示。"光绪帝亦于此日颁布"明定国是"的诏书，拉开了变法的序幕。二十八日，光绪帝在颐和园仁寿殿召见了康有为，咨询和商讨变法事宜。召见后，光绪帝任命康有为在总理衙门章京上行走，拥有"具折条陈"的权力。此后近3个月时间里，在康有为等维新人士的建议和策划下，光绪帝颁布了一系列变法诏令，由经济、军事和文教等方面逐步扩展到政治制度方面。行政体制的改革触动了大批保守官员的利益，变法遭遇越来越大的阻力。为儆效尤，光绪帝于七月十九日谕令将礼部尚书怀塔布等6名堂官即行革职。当天晚上，慈禧与光绪帝便因此事在颐和园玉澜堂内发生了争执，晚餐也不欢而散。

光绪帝深感旧有体制运转不灵，自己也指挥不动，遂策划另起炉灶。七月二十八日，他命军机章京谭嗣同查证前朝设置懋勤殿的旧例，打算以此旧例来说服慈禧，同意自己于内廷开设懋勤殿，作为统筹变法全局的机构。第二天，光绪帝在乾清宫召见北洋水师学堂总办严复等人后，即赶赴颐和园乐寿堂向慈禧请安，准备就开设懋勤殿事宜向慈禧请示。不料在此之前，被革职的怀塔布等人通过总管内务府太监李莲英的关系，攻击光绪帝主持的官制改革变乱朝政，给慈禧造成了先入为主的印象。当光绪帝请安后，慈禧便告诫光绪帝不要操之过急，不要轻易改变既成体制，等等。两人再次起争执，而且更加激烈。慈禧愤怒地指责光绪帝："使祖宗之法自汝坏之，如祖宗何？"光绪帝则满腹委屈地争辩道："时事至此，敌骄民困，不得不更张以救，祖宗在亦必自变法。臣宁变祖宗之法，不忍弃祖宗之民、失祖宗之地，为天下后人笑，而负祖宗及太后之付托也！"争议至此，两人根本无暇讨论懋勤殿事宜，光绪帝也只好返回自己在颐和园的住所玉澜堂休息去了。

与慈禧再度发生冲突后，光绪帝第二天召见军机章京杨锐商讨对策。在给杨锐的一道密诏中，光绪帝表示自己与太后在用人方面意见两歧，但自己权力"实有未足"，甚至有可能"朕位且不能保"，故而请他和谭嗣同等人筹商办法，既能继续维新事业，又不拂逆慈禧的旨意。光绪帝不知道的是，康有为等人早就将慈禧视为维新变法的重要障碍了。就在他召见杨锐的当天夜里，康有为也在策划一项惊天图谋。原来，康有为得知谭嗣同的好友毕永年是运动会党的好手，便向其透露，自己试图仿效唐朝张柬之废武则天的做法，利用袁世凯手里的兵权，从慈禧手里夺取权力。八月初一，康有为劝说毕永年与袁世凯处合作，将来到了袁世凯"统兵围颐和园时，汝则率数百人奉诏往执西后而废可也"。虽然康有为对这个惊天计划信心满满，但是毕永年因为从未与袁世凯打过交道，也没敢答应康有为前往袁世凯那里接洽。初二，康有为得知杨锐带出密诏的消息后，迫不及待，也不再等毕永年回复，直接让性格刚猛的谭嗣同迅速联系袁世凯去了。

后来的事实证明，正是康有为这个天外奇想般的围园图谋，造成了极其糟糕的结果。初三，谭嗣同深夜前往法华寺，见到袁世凯后，便全盘托出了诛杀荣禄、围困颐和园的计划。极度震惊的袁世凯以虚言稳住谭嗣同之后，于初五急忙返回天津。次日一大早，袁世凯向荣禄禀报了谭嗣同夜访的所有内容。就在两人商量如何应对之际，从北京赶来的广西道监察御史杨崇伊带来了慈禧已于昨日开始"训政"的消息。原来，杨崇伊于初三向慈禧奏报了光绪帝要接见伊藤博文并有可能加以重用的情况，慈禧遂于次日晚间突然决定从颐和园返回紫禁城，并于初五开始监管光绪帝的行动，次日又下令捉拿康有为。荣禄闻此消息，急忙将谭嗣同等人围园劫后的密谋告诉了杨崇伊，杨崇伊又紧急返回京城告知了奕劻。这样一来，戊戌政变的事态急遽扩大。

得知围园密谋的慈禧震怒不已，随即决定对维新派予以更严厉的镇压。初六谕令中还只是捉拿康有为和康广仁，初九则下令逮捕杨锐、林旭、谭嗣同、刘光第、杨深秀、徐致靖和张荫恒等7人。这里面包括了参与围园计划以及可能知情的人员。所以，在十三日宣布处决"戊戌六君子"的上谕中，在宣布他们的罪状时，有"前日竟有纠约乱党谋围颐和园、劫制皇太后"的言辞。尽管慈禧无法确证光绪帝是否知晓康有为的图谋，但是帝后之间的关系已然彻底决裂。此后，光绪帝永远失去了人身自由。慈禧在紫禁城时，光绪帝被囚禁在仅有一桥连通陆地的瀛台；慈禧驻跸颐和园时，光绪帝被囚禁在昆明湖畔的玉澜堂。玉澜堂本来是座四合院，经东配殿霞芬室可以直抵仁寿殿上朝，从西配殿藕香榭可以到昆明湖，从正殿后门可至宜芸馆。为了囚禁光绪帝，霞芬室、藕香榭沿路都砌起从地面到屋顶的砖墙，正殿后门则被完全封死，仅留大门玉澜门以供出入,且由慈禧派心腹太监把守。显然,玉澜堂已成为光绪帝的单人牢房了。

二、御园生活

居园理政在清帝园居生活中占据主要地位,但是园居生活远远不止这些,居园理政只是一个组成部分罢了。康、雍、乾三帝每每宣称游园不废政务,实则政务固然不废,游园亦多尽兴。与城内皇宫相比,三山五园生活环境更加舒适。在这些园林里,清帝们可以寄情山水,体悟天人合一,也有多种多样的精神文化活动来抒发胸臆、陶冶情操。仅仅从清帝们留下的大量御制诗文就能看出,每当办理政务之余,读书习字、赋诗作画、礼佛讲经、荡舟垂钓以及欢度节庆之类的休闲活动,是清帝们放松身心的重要方式。另外,三山五园还为清代帝后体验市井文化提供了便利条件。和清宫剧的各种想象和戏说不同,清代帝后很难有深入体验民间生活的机会。遍设于三山五园的买卖街,就是清代帝后感受世俗生活气息的场所,也为皇家园林增添了市井文化的元素。可见,理政与游园相辅相成,才是清帝们能够长期驻跸御园的原因所在。

1. 康熙帝在畅春园的生活

康熙帝大概自少年时起,就不愿拘束于紫禁城皇宫之中了。在康熙四年(1665)第一次至南苑体验"校射行围"之后,康熙帝在宫外寻找生活空间的意愿便一发不可收。

然而，南苑行宫的设施及其环境都不能让康熙帝满意。后来修建的香山行宫和玉泉山行宫澄心园，都是规模有限的小型园林，也不能满足康熙帝长期驻跸的需要。唯有畅春园落成以后，康熙帝终于有了心仪的园子，达成了园居生活的心愿。从康熙二十六年（1687）初次驻跸到康熙帝去世，康熙帝累计驻园250多次，总天数将近4000天。他在畅春园里居住时间最长的一年长达200余天，在此度过了24次万寿节。况且，康熙帝一生中频繁出京，东谒祖陵，西游五台，南巡江南，北狩围场，以及亲征噶尔丹，等等。如果刨去这些时间，则康熙帝在畅春园的时间，在其生活中占据了非常大的比重。同时，风光秀丽、环境宜人的畅春园，也大大丰富了康熙帝的日常生活内容。

康熙帝对畅春园的喜爱，一大原因是该园的自然环境有益于身心健康。他在《畅春园记》里称，当初起意建园，就与自己"久积成㾩，渐以滋疾"的身体状况有关。畅春园落成后，康熙帝多次病后驻跸该园以调养身体。康熙二十八年（1689）冬，康熙帝因巡幸边外劳累成疾，次年初病情稍稍缓解，便9次前往畅春园疗养身体。康熙三十二年（1693）五月中，康熙帝患疟疾，以致不能理政。月底大病初愈，立即启程前往畅春园调养。康熙四十六年（1707），天时严寒，朝臣奏请康熙帝不必亲自举行郊祀大典，康熙帝却称："朕巡行塞外，水土极其调适，驻跸畅春园，水土亦佳，是以身体强健，步履安和，毫不知倦，并无头眩足痛之苦。虽寻常小疾，亦一无所萌。"可见，畅春园舒适的生活环境让康熙帝对自己的健康非常自信。康熙六十一年（1722）底，感到身体不适的康熙帝，大概正是基于以往经验，才干脆驻跸畅春园养病，可这一次的希望最终落空了。

随着畅春园成为康熙帝最重要的生活空间，皇室家庭氛围也逐渐浓厚起来。清代的皇子分府制度规定，皇子成年后可以得到一处与身份级别相符的宫外府第，并享受相应的生活待遇。康熙四十六年（1707）初，康熙帝允准胤祺等7位皇子（不包括皇太子允礽）在畅春园北面的空地建造赐园。但因地方较为狭小，仅够建造4座赐园，即胤祺的圆明园，允裪的彩霞园，允禩和允䄉的赐园缺少明确记载，大致分别在后来的承泽园和澄怀园地界。另外几位皇子建园的地点，距离畅春园也不太远。皇子们聚居在畅春园的周围，当康熙帝长期驻跸畅春园时，一方面皇子们能够便利地随驾入园，另一方面康熙帝也经常前往各位皇子的赐园游览小憩，其乐融融。

皇太子允礽虽无赐园，但他可以在畅春园里居住和生活。位于园内西南角的无逸斋，是允礽的居室和书斋，也是众皇子的读书处所。康熙帝非常重视对皇太子和皇子的教育，"谆谆以典学时敏，勤加提命"。康熙二十六年（1687）六月初，康熙帝在畅春园召见尚书达哈塔、汤斌和少詹事耿介，允礽等4位皇子随侍，谕令达哈塔等3人

"训导东宫"。同时，他还在"祖宗家训"的名义下，要求允礽等皇子"既课以诗书，兼令娴习骑射"。允礽等人在畅春园内开始了艰苦而充实的学习生活。康熙帝强调，"非但皇太子功课寒暑不令间断，即诸皇子亦不令间断也"。除达哈塔等人外，康熙帝后来还选派了张英、熊赐履、李光地等大儒教导皇子读书。康熙帝非常重视督导皇子们读书，时常到无逸斋视察，还不时抽检学习情况。在这样的严格督促下，众皇子不仅都具有很高的文化修养，兼通满汉语言，而且骑射也有较高水准。但康熙帝无论如何也没有料到，正是他精心培养出多位能力出众的皇子，才有了后来惨烈的九王夺嫡局面。

畅春园也是康熙帝稽古右文的重要处所。康熙帝酷爱传统文化，也酷爱读书，自称"至于燕暇，未尝废书"，所以在园中打造了浓厚的文化氛围。园中的佩文斋、渊鉴斋、讨源书屋和清溪书屋等处，都有大量藏书，畅春园也成为一处重要的皇家藏书处。佩文斋除收藏古今典籍及著名书画作品外，还是康熙帝练习书画的工作室。在这里，康熙帝编纂了大量的诗文书画，其中最具代表性的有《佩文斋咏物诗选》《佩文斋广群芳谱》《佩文斋书画谱》《佩文韵府》等。渊鉴斋也是康熙帝的藏书处和读书室，正是在这里，张英、王士禛等人纂修了大型类书《渊鉴类函》。该书是用来检查文章典故辞藻的类书，在明代《唐类函》的基础上，扩大收书范围，在时间上贯通古今，内容更为丰富，体例更为精密。此书一出，《唐类函》基本失去了参考价值，后来再也没有重刊过。

宣召臣下入畅春园游赏、赐宴等活动，是康熙帝对某些臣子的一种优待，也是拉近君臣关系的一种手段。康熙三十四年（1695）四月，大学士陈廷敬被宣召入园，赐宴瑞景轩，并于园内泛舟游览。陈廷敬特地作《召赴畅春园，赐食瑞景轩，泛舟于苑中，恭纪二首》以记之，其中有云："凤掖风微漏点沉，雀罗门掩一春心。三年重续金闺梦，半夜惊传玉殿音。"同年六月，大学士张英奉诏入畅春园，"赐食于韵松轩，赐宴于渊鉴斋。宴毕，赐御笔书扇并红白千叶莲各一瓶，恭赋四章"。康熙四十二年（1703）三月，长期随侍康熙帝的高士奇告老还乡，康熙帝特意恩赏其在畅春园中"遍观园中诸景"。高士奇游览后，有《蓬山密记》一文专记园中胜景。康熙五十年（1711）底，大学士李光地因被宣召于畅春园慰问病情，感激涕零。

畅春园里最知名的庆典活动，当数康熙帝举办的两次千叟宴。康熙五十二年（1713），正值康熙帝六十寿辰，鉴于"自秦汉以下……享祚绵长，无如朕之久者"，康熙帝决定举办一次隆重的万寿庆典。庆典中的一项重要内容，就是在畅春园里举行千叟宴。康熙帝下令三月二十五日在畅春园大宫门前设宴招待来自全国各省的65岁以上老人，二十七日赐宴招待八旗所属的老人，二十八日于畅春园皇太后宫门前赐宴招待八旗年老妇人。当时从全国十几个省共有4000多位耆老来到京城，为康熙帝祝寿。康熙帝还命人将90岁以上的老人扶至御座前，亲赐御酒。此次千叟宴10年之后，即康熙六十一年（1722）正月，康熙帝再次在畅春园举办千叟宴。参与宴会者皆为65岁以上的官员与士庶人等，共计1000多人，其中80岁以上不到90岁者630人，90岁以上者40人。康熙帝这回命人将80岁以上者皆扶至御座前，亲视饮酒。这次千叟宴令康熙帝十分振奋，还特地赋诗《千叟宴》称："万几惟我无休暇，七十衰龄未歇肩。"然而，他却不知，这是属于他和畅春园最后的高光时刻了。

2. 雍正帝在圆明园的一生

与一生爱好出行的康熙帝相比，雍正帝要"宅"得多。雍正帝出京几乎都在皇子时期。康熙二十五年（1686），年仅9岁的胤禛首次随同康熙帝北巡塞上，后来的出京活动也都是陪同康熙帝巡行。尽管胤禛足迹所至，也几达半个中国，但都是陪同康熙帝出行。在有了赐园即圆明园后，胤禛就很少外出了。在登基之初，雍正帝便宣布不事游猎、不搞巡幸。的确，在身为皇帝的13年中，除了前往遵化东陵护送康熙帝和仁寿皇太后的灵柩外，雍正帝从未出过京城，踏足京城以外的地方，甚至连避暑山庄都没去过。在京城中，他的绝大部分时间又都是在圆明园中度过的，最终也是在圆明园内突然离世的。好在圆明园足够大，园内景色也深得雍正帝喜爱，雍正帝的生活才不显得单调。

雍正帝在登基之前，就非常喜欢待在圆明园，特别是在诸皇子激烈斗争的"九王夺嫡"时期，圆明园里的生活还是胤禛的保护色。在争位斗争的很长时间里，胤禛并无优势，所以大多时候他都采取了十分低调的策略，将自己打造成一个隐居在圆明园里面的富贵闲人。同时，为投康熙帝重视农耕的喜好，胤禛还营造出一幅恬淡的田园生活景象，在圆明园里精心经营农功，并邀请康熙帝莅临观赏。为了显示自己寄情山水、潜心耕读的志向，胤禛对圆明园的景观建设也极为用心。为营造世外桃源的意象而建造桃花坞，并赋诗表达了对出世生活的向往："水南通曲港，水北入回溪。绛雪侵衣艳，赪霞绕屋低。影迷栖栋燕，声杳隔林鸡。槛外风微起，飘零锦堕泥。"他还在福海西南岸建造了以草堂书屋为中心的深柳读书堂，并以"夜来窗月影，掩映简编香"的诗句来描绘自己田居读书的场景。

实际上，胤禛并不是真的置身争位斗争之外。只不过与其他人相比，胤禛的心思更缜密，手法更多样，对康熙的心理也把握得更准。圆明园内有牡丹台一景，春天，牡丹花开得绚烂。康熙六十一年（1722）春，康熙帝驾临牡丹台赏花。胤禛带着时年12岁的弘历随侍，这是康熙帝第一次见到这个孙子，问答之下，甚为喜爱，随即下旨将弘历带回畅春园，亲自培养。这次康熙帝来园赏花，康熙、雍正、乾隆三朝天子首次齐聚，实为一段佳话。后来康熙帝又一次前来圆明园时，还专门传见弘历生母钮祜禄氏，并连连称她是"有福之人"。后来有一种说法，认为正因为康熙帝极为喜爱弘历这个皇孙，才决定将帝位传给胤禛。不管这种说法确凿与否，乾隆帝对此次见面确实永志难忘。他不仅在诗中缅怀"犹忆垂髫日，承恩此最初"，还特地在牡丹台旁边题写了一块匾额——"纪恩堂"。

雍正帝在位期间居园理政十分勤勉，使得圆明园成为清代中央政务中心。在理政之余，雍正帝也多次在园中举行大规模的节庆赐宴活动。雍正四年（1726）正月上元节期间，雍正帝在圆明园正大光明殿举行大型宴会。十四日，雍正帝赐宴外藩蒙古王公及内大臣、侍卫和大学士等；次日又举行上元节赐宴。雍正五年（1727），在上元节赐宴外藩内臣之后，雍正帝又于正月十九日宴请了怡亲王允祥、庄亲王允禄和果郡王允礼等宗室。此后连续数年，雍正帝都在正大光明殿举办上元节赐宴。在赐宴的同时，还在园内燃放焰火。燃放焰火的主要地点在引见楼，因该楼前面是一处空旷的场地。到了乾隆时期，引见楼被改造为圆明园四十景之一的山高水长了。

雍正帝还喜欢在福海荡舟。福海水面甚阔，雍正帝经常在此举办端午节赛舟活动。雍正四年（1726）五月初九，外界传言王大臣等于端午节当日赴圆明园，觐见雍正帝后，便随雍正帝同登龙舟作乐，"由东海至西海，驾于申时回宫"。雍正帝听闻传言后十分恼怒，辩称当日自己仅向王大臣等赐馔于勤政殿侧之四宜堂，并未有登舟作乐游宴之事。言语中却也承认，先前确有端午节泛舟福海之举。另外，雍正帝还经常在月夜下泛舟赏月。他曾作《月夜平湖放舟》一诗，描绘了一次秋日月夜于福海内泛舟的景象："风卷平湖玉簟纹，沙汀落叶正纷纭。微微隔岸萤光隐，历历横空雁字分。碧浪载舟舟破浪，白云笼月月穿云。渺然秋爽超凡界，欲问西山鸾鹤群。"对于一生勤政的雍正帝来说，这也算是难得的休暇时光了。

圆明园里的道教建筑在三山五园中数量最多，这主要与雍正帝笃信道教有关。圆明园里不仅有多处龙王庙和关帝庙，更有堪比大型佛寺气派的道观，如供奉玉皇大帝的日天琳宇和供奉碧霞元君的广育宫。雍正帝早在争夺储位时期，就相信武夷山道士的算命。他继位之后，对道教的兴趣有增无减，与道士的交往也更为频繁和密切。雍正五年（1727），白云观道士罗清山去世，雍正帝不仅命内务府官员出面为之料理丧事，还追封为真人。雍正八年（1730），雍正帝患重病，李卫访得河南省道士贾士芳为之调治，很受雍正帝器重。在雍正帝的生活中，道教元素随处可见。在皇宫里，不仅有专门进行道教活动的钦安殿，太和殿、乾清宫等处还有道士们安放的神符板，其寝宫养生殿则安设斗坛。出于经常做法事的需要，雍正帝还多次从苏州定做道士们所穿的丝缎衣服，最多一次定制了60件。如今故宫中还保留有他身穿道袍的画像。

雍正帝不仅笃信道教，还长期沉迷于炼丹术，甚至在圆明园里建立了炼丹房。还在皇子时期，他就对丹药怀有强烈兴趣，他在《炼丹》诗中称："铅砂和药物，松柏绕云坛。炉运阴阳火，功兼内外丹。"登基后，雍正帝更加迷信道教的长生术和炼丹术，经常服食既济丹之类的丹药，甚至还赐给鄂尔泰、田文镜等近臣服用。为了就近炼制仙丹灵药，雍正帝选择较为偏僻的、位于福海东南隅的秀清村作为炼丹基地。根据专门记载内务府开支活动的《活计档》可知，从雍正八年（1730）冬天起，秀清村就开始了炼丹。在内务府总管海望和太医院院使刘胜芳的操办下，这一时期共运入4000多斤木柴煤炭，以及大量"矿银"和"化银"等物。截止到雍正十三年（1735），雍正帝下旨向圆明园运送炼丹物品共达157次，其中包括大量炼丹所需的矿银、红铜、黑铅和硫黄等。在秀清村主持炼丹的道士，主要是张太虚、王定乾等人。雍正帝服食这些道士炼出的丹药时，有一段时期大概感觉良好，甚至还特意恩赏给一些大臣服用。

迷信丹药的雍正帝，很可能也是因圆明园中炼出的这些丹药而突然离世。据《活计档》记载，在其去世前12天，又有200斤黑铅运进了圆明园。黑铅是炼丹常用的一种原料，也属于有毒金属。后世研究者认为，根据雍正帝经常服用丹药的情况，其死亡原因很可能与这次新炼丹药中毒有关。对于这种说法的一个旁证，是乾隆帝对圆明园道士的处置方式。就在雍正帝去世的第三天，乾隆帝便下令将张太虚等道士即刻赶出圆明园，并在上谕中强调，雍正帝不过将"炉火修炼之说"当作"游戏消闲之具"，视张太虚等人"与俳优人等耳"，既"未曾听其一言"，亦"未曾用其一药"。在雍正帝大丧期间，乾隆帝居然有心处置几个无足轻重的道士，还要强调未曾服食丹药，这番话也只能证明此地无银三百两了。

3. 乾隆帝在御园中的游赏

乾隆帝是三山五园建设的集大成者，与三山五园的缘分也最深。在清代诸位皇帝中，乾隆帝是唯一一位遍游三山五园且能够尽兴游赏的皇帝。康熙时期，香山和玉泉山仅建有小型行宫，康熙帝的园居生活只在畅春园。雍正时期，雍正帝对其他园林建设并不热心，终生坐守圆明园。与乃祖乃父相比，乾隆帝无疑是幸运的。依靠强盛的国力和稳定的社会局面，他不仅大肆扩建畅春园、圆明园和静明园，还完成了对静宜园和清漪园的修建。正是在乾隆时期，三山五园才成为世界级园林艺术瑰宝。我们翻阅一下乾隆御制诗文集便可看出，在乾隆帝60多年的皇帝生涯中，三山五园里的园居生活和游赏活动成为非常醒目的内容。在乾隆朝以后，因国力衰颓，维护庞大的三山五园园林群力有未逮，特别是畅春园在嘉庆时期便日渐衰败，所以其后清代诸帝无论如何也不能像乾隆帝那样可以往来五园了。

由于雍正帝长期居住在圆明园里，所以该园对于皇子时期的乾隆帝也非常有意义。雍正帝仿照康熙帝的做法，非常重视对皇子的教育。弘历年幼之时，雍正帝便为其制定了严格的读书学习规矩，诵经读史，吟诗作文，练习骑射，每日的学习内容都十分繁重。弘历在圆明园内的第一个读书处所是桃花坞，桃花坞内有两处书房，其一名为乐善堂，"盖取大舜取于人以为善之意也"。有趣的是，弘历非常喜爱乐善堂这一名称，将自己在皇宫内读书的崇敬殿亦命名为乐善堂。弘历在圆明园的另一个读书处是莲花馆，环境宜人，所以弘历有"秘阁冬宜燠，虚亭夏亦凉"的说法。乾隆帝对这两处读书地方很有感情，在登基之后，便将桃花坞改建为武陵春色，莲花馆改建为长春仙馆，皆在圆明园四十景之列。

继位后的乾隆帝与其父一样，继续将圆明园作为理政御园，他在该园里的生活时间远多于其他园林，生活内容亦最丰富。尤其是新春节庆活动中，圆明园总是不能缺席的一环。每逢春节，乾隆帝在皇宫举办例行节庆活动后，就会前往圆明园继续举办一系列娱乐活动。每年的正月十五上元节即元宵节，乾隆帝基本都会在圆明园四十景之一的山高水长举办庆祝活动。山高水长三面环水，正面地势平阔，是举行歌舞表演和燃放烟花的理想场所。慎郡王允禧在《圆明园召看烟火恭纪》一诗中描绘了这样的场景："银汉星河不动尘,斜飞火凤入勾陈。一声雷起地中蛰,万树花开天上春。太乙高楼灯似昼,未央殿前月移轮。君王行乐新年盛,先使恩光遍近臣。"乾隆帝举行的元宵节庆祝活动,在歌舞和烟火之外,还有同乐园听戏的节目。同乐园中的大戏楼清音阁是圆明园中最大的一座戏台,高3层,宽10丈,远大于长春园淳化轩的大戏台。乾隆帝素好戏曲,亦精通此道,圆明园里常年供养着大批伶人,正好在节庆期间大展身手。

乾隆五十五年(1790)八月十三日,是乾隆帝八十寿辰,五世同堂的乾隆帝决定举办一场隆重的万寿庆典。这次祝寿活动的总管大臣是和珅。按照规划,庆祝活动七月初于热河避暑山庄拉开序幕,但重头戏仍落在圆明园。七月底,乾隆帝一行返回京城,在圆明园内的同乐园大戏台开演《昇平宝筏》。这是一出连台本戏,共10本240出,连演七天方才演毕。八月十二日,乾隆帝从圆明园前往紫禁城。次日在太和殿接受百官及外国使臣朝贺。十六日便返回圆明园,再次于同乐园开演祝寿大戏。直到二十一日,这场万寿庆典方告结束。这场庆典的一大看点,是从皇宫到圆明园的御道上,布置了许多点景建筑,以及各种各样的表演和娱乐活动。特别是从西直门外到圆明园大宫门外这段道路上,沿途布置了10座戏台,分别演出《三星献瑞》《四方来贺》《万国来朝》《八仙上寿》等剧目,以及各种歌舞、杂耍等，观者如潮。据清宫档案统计，仅仅这段御道上布置各种点景及活动花费，就花费白银110多万两。在清代历史上，乾隆帝的这场万寿庆典可称得上是空前绝后了。

圆明园里还流传着一个故事，那就是乾隆帝与香妃的故事。香妃正式名称为容妃，是新疆回部台吉和扎麦之女。有传说称香妃是回部首领小和卓霍集占之妃，实则两人为远房堂兄妹。又有传说称香妃是在清军平定新疆时被掳回京城的，其实香妃家族是反对霍集占叛乱而配合清军作战的派别。香妃入宫时间为乾隆二十五年（1760），其寝宫便是位于长春园西洋楼景区的远瀛观。方外观大约也在此年被改造为清真寺形式的建筑，乾隆帝还命人将维吾尔文《古兰经》刻石镶嵌在两侧殿壁上，供香妃做礼拜之用。为了抚慰香妃的思乡之情，乾隆帝确实下了不少心思。在离方外观不远的谐奇趣主楼前，乾隆帝经常让乐队在五彩八角琉璃亭中演奏西域少数民族风情的乐曲，并陪同香妃一起欣赏。在远瀛观东边方河的对岸则修建了线法墙，命郎世宁等中外宫廷画家绘制阿克苏十景图，悬挂在线法墙上，展示香妃故乡情景。香妃于乾隆五十三年（1788）在圆明园病逝，并非自杀，终年55岁，被安葬于遵化清东陵。

乾隆时期，畅春园被定为奉养皇太后之所，乾隆帝又以力行孝道自居，所以经常到畅春园问安，留下了不少游赏记录。他在畅春园里有一处经常去的地方，即问安之后经常前往西花园里的讨源书屋。讨源书屋的得名来自康熙帝，悬额即为其御笔。关于这个名称，曾有"讨源即桃源"的说法，乾隆帝对此断然否认。他在《讨源书屋记》一文中宣称，讨源之意在于"我圣祖摛天文而垂璧奠也"，也就是康熙帝希望后人能继承其开创的功业，并非"骚人寓意所为武陵花源之比也哉"。乾隆七年（1742），乾隆帝在讨源书屋瞻仰康熙帝御笔，留下了第一首吟咏该书屋的诗作，诗中便有"心法从来含治法，讨源深愧未穷源"之句。乾隆十三年（1748）夏，乾隆帝再次瞻仰康熙帝御笔时，又有"佳景便教成即景，讨源终愧未穷源"的诗句。从这些诗句来看，乾隆帝坚持了自己对讨源的理解。乾隆帝最后一首吟咏讨源书屋的诗作，是在乾隆四十一年（1776）五月。次年初，孝圣皇太后去世，乾隆帝再也没有留下前往讨源书屋的记录了。

在乾隆帝的心目中，清漪园肯定是个特殊的存在。毕竟，其他4座园林的建设都有其祖或其父打下的基础，唯有清漪园完全是乾隆帝一手规划的结果。清漪园依托着得天独厚的自然山水，再现了乾隆帝的园林艺术理念，把皇家园林与江南私家园林有机结合起来，成为乾隆帝极为喜爱的胜景。乾隆十六年（1751）清漪园兴工后不久，乾隆帝就已忍不住前来昆明湖观赏，并一再称赞该处风景，写下了"何处燕山最畅情？无双风月属昆明"，以及"一字由来不曾著，风流尽得是昆明"等诗句。由于清漪园离圆明园很近，所以乾隆帝来清漪园多属半日游或一日游，没有留下在清漪园留宿的记载。然而，游赏清漪园的次数之多，难以计算。从乾隆帝御制诗来看，吟咏昆明湖的诗作有262首，吟咏万寿山的诗作有119首，涉及清漪园的诗作总数则达1500首以上。这也足以反映清漪园在乾隆帝心目中的地位了。另外，虽然每次在清漪园里待的时间都不是很长，但是乾隆帝都要满足自己听戏的爱好。位于万寿山前山西部的听鹂馆，就是乾隆年间建成的一座两层戏楼。乾隆帝在《听鹂馆》中写道："山馆因何名听鹂？梨园兹向奉慈嬉。"恰好后来慈禧也在颐和园里大兴听戏之风，乾隆帝的这句诗也算是一个谐音梗了。

虽然乾隆帝声称静宜园是"即旧行宫之基"，其实该园面积比康熙时期扩大了很多，绝大部分建筑也都是乾隆时期新建的。无他，乾隆帝确实非常喜爱香山一带的景致，故而大兴土木，并且游观次数亦非常频繁。据统计，乾隆帝在静宜园建成后，驻跸次数在70次以上，最后一次驻跸还是在乾隆六十年（1795），其时他已85岁了。位于永安寺西麓半山腰的栖云楼是香山二十八景之一，也是乾隆帝每次到香山时，必须先在此歇脚的休憩楼宇。仅仅以栖云楼为题的御制诗，就有30多首。栖云楼以南山坡上的驯鹿坡，亦位居二十八景之列。乾隆帝常常至此观鹿，并有多首诗作描绘了驯鹿的各种形态。另外一处乾隆帝游香山必至的景点，是碧云寺内卓锡泉边上的试泉悦性山房。

其有《试泉悦性山房》诗曰："曰声曰色两绝清，宜视宜听信无量。我游香山此必至，况复清和洽幽访。"

香山静宜园是三山五园中佛寺文化氛围最浓厚的园林。乾隆帝来此期间，入佛寺瞻礼的同时，与一些高僧也有很多交往，其中最为知名的高僧是十方普觉寺（卧佛寺）住持青崖禅师。青崖禅师曾于雍正末被举荐入宫，颇得雍正帝欣赏，令其为天童寺住持。乾隆帝登基后，命其转为十方普觉寺住持。乾隆帝前往香山之际，经常召见青崖禅师，与之讲经论道，还常常赋诗以赠。乾隆十一年（1746）春夏之交，青崖禅师圆寂，乾隆帝特地拨发内帑为其办理丧葬。又下令在行宫古意轩北侧建青崖禅师墓塔，塔前立一通汉白玉墓碑，正面镌刻《大清京都普觉寺青崖元日禅师塔铭并序》。碑文由保和殿大学士张廷玉撰写，碑额由文渊阁大学士史贻直题篆，翰林院内阁学士张若霭书丹，真可谓极尽哀荣了。

玉泉山静明园也是在乾隆帝时期得到了很大扩展，亦备受乾隆帝喜爱。静明园最引人入胜之处在于玉泉山之泉水，乾隆帝认为"凡出山下而有洌者，诚无过京师之玉泉"。西山地区纬度较高，冬季严寒，玉泉水却夏凉冬暖，终年不冻，且水量丰沛，成为清代宫廷用水的稳定水源。因其水质甘洌，乾隆时期还以玉泉水为原料制成玉泉御酒。清代宫廷酿酒活动由光禄寺良酿署负责，该署经反复试验后形成专用配方，终于酿造出了醇厚清香的玉泉御酒。乾隆帝留下了许多饮用玉泉酒的记载，且每逢宫廷用酒的场合，也都会用玉泉酒招待宾客。乾隆五十年（1785）在乾清宫举办千叟宴，一次性消耗玉泉酒竟达400斤。直到光绪年间，宫廷中仍然饮用玉泉酒。

乾隆帝在静明园虽不留宿，但至此"散志澄怀"的次数很多。特别是在乾隆二十一年（1756），一年中前往静明园达18次之多。在乾隆御制诗中，关于静明园的诗作总数为1200余首，最后一首甚至作于嘉庆三年（1798）。静明园诸景点中，乾隆帝最喜爱竹炉山房。乾隆帝南巡时就十分喜爱无锡惠山的竹炉茶舍，故而在静明园建竹炉山房以仿之。竹炉山房位于玉泉湖西南岸边，便于乾隆帝就近汲水烹茶。有了"天下第一泉"的加持，乾隆帝对静明园里的竹炉山房颇为自得，他在《玉泉山竹炉山房记》一文中不无得意地说："夫精舍、竹炉皆可仿，而惠泉则不可仿。今不必仿，而且有非惠泉之所能仿者焉。是不既握茗饮之本，而我竹炉山房之作庸可少乎！"言下之意，竹炉山房自有惠山茶室所不及之处。因为衷心喜爱，乾隆帝每次来到竹炉山房，必有题诗。到乾隆五十八年（1793），他又一次来到竹炉山房，因已经题写了50多首，墙壁上已经没有地方再续写新诗了，乾隆帝居然想出了在山房外石壁上摹泐的办法，为后来续写的10多首新诗找到了容身之地。

4. 慈禧在颐和园里的生活

咸丰十年（1860）秋末，原本是三山五园景色最为绚烂的时候，但是随着英法联军侵入北京后的大肆劫夺、破坏，三山五园的瑰丽风貌已成绝响。到了光绪年间，尽管清朝国力衰颓，却在清漪园基础上完成了对颐和园的建设，并在很大程度上再现了三山五园曾经部分风貌。颐和园的建造，主要是出于慈禧太后的强烈意愿。慈禧于咸丰二年（1852）入宫后，直到随同咸丰帝为躲避战火而逃往热河前，有很长时间都在圆明园里生活，亲身领略了这座"万园之园"的景色。因此，她在同治年间就要急于重修圆明园，但晚清时期的国力和局势都使得重修圆明园难以为继，这种情况下，她又把目光转向清漪园，通过奕𫍽等人千方百计地筹措经费和物料，终于完成了颐和园工程。慈禧太后在工程尚未全部完成时，就迫不及待地要入住颐和园了。

如今位于万寿山前山建筑群的排云殿，原址是乾隆时期大报恩延寿寺的大雄宝殿。该处位于万寿山的中轴线上，可谓风水宝地。规划颐和园工程时，慈禧本想将此处作为寝宫，然而宫殿尚未落成之际，她突患重病，于是认为是自己在此建设寝宫之举犯了冲，便放弃了原先的计划，将寝宫改设于乐寿堂，此处则作为庆典朝贺之用的排云殿，原先的天王殿旧址改建为排云门。"排云"之名，很可能来自晋人郭璞的游仙诗中"神仙排云出，但见金银台"之句。慈禧庆祝六十、七十寿辰的庆典，都在排云殿里举行了朝贺活动。

慈禧在颐和园里的生活，肯定比在紫禁城里要惬意得多。惇亲王奕誴之孙溥雪斋曾在慈禧七十寿典期间，被召入颐和园"会亲"而留居了一段时间，得以近距离观察慈禧的日常生活。根据他的见闻，慈禧在园内的生活内容还是相当丰富的。每天早晨，慈禧都会定时起床，梳洗完毕后，专供开帘的殿上太监将帘子打开，太监们齐呼"老祖宗吉祥"，慈禧随后到外屋批阅各处送来的奏折。看完奏折后，慈禧前往仁寿殿召见臣工，当时称为"叫军机"。处理完政务后，慈禧回到寝宫乐寿堂"传膳"，饭后照例要"进果盒"。用餐后，慈禧出去散步，她经常漫步于颐和园的长廊，一批宫眷、宫女和太监跟随左右，准备慈禧随时乘坐的小轿也在后随行。散步后回寝宫午睡。午歇之后，慈禧有时赴听鹂馆绘画消遣，有时命太医院的大夫跪在地上朗读四书，还有时命宫中太监戏班表演不上装的清唱，唤作"髦儿排"。这类消遣活动结束后，大致到了晚膳时间，进膳后到仁寿殿写大字，多为四尺的福寿字等。写完字后，照例还有一顿夜宵，宫中唤作"灯果"。直到慈禧晚间入了寝宫，颐和园里才能安静下来。

听戏是慈禧在颐和园里非常重要的生活内容，除了日常时不时地命太监戏班在午歇后清唱外，更是常常举行大型戏剧演出。慈禧对戏曲的喜爱，很可能是受到咸丰帝的影响。咸丰帝的戏瘾之大，就算逃到热河时，还不忘下令升平署戏班前往避暑山庄演戏。到了光绪九年（1883），因慈安丧期已满，慈禧开始恢复宫廷听戏活动，并重新建立管理机构。自道光年间起，清廷演剧机构统称为升平署，城内本署位于社稷坛西南侧，另外在清帝经常驻跸的圆明园、避暑山庄和张三营行宫等处设有分署。颐和园工程开始后，奉慈禧之命，升平署于光绪十四年（1888）在颐和园设立行署。颐和园升平署位于东宫门的东北侧，是一处四进院落，从北到南分别为后升平署、前升平署、堂档房和步军统领衙门，共有房间212间。这个机构负责管理颐和园的演戏事务，如安排演出、管理演员、记录剧务和保管服装道具等。

慈禧对于戏班子建设也十分上心。咸丰帝去世之后，升平署所属演戏太监和艺人都被大量裁撤，光绪初已所剩无几。光绪十年（1884）逢慈禧五旬寿辰，她借此挑选了大批民间伶人入宫承差，其中便包括谭鑫培、杨小楼等著名伶人。同时，慈禧还征召民间戏班入宫表演，称为升平署的外班。光绪十九年（1893），外班入宫表演成为定制，同春班、四喜班等著名戏班都多次被慈禧征召演戏。慈禧给予这些戏班的待遇非常优厚，除可以按月领取俸银俸米外，每次奉召演戏后都发放一份数百两的赏饭银。在民间伶人中，慈禧格外喜爱谭鑫培。谭鑫培女儿出嫁时，慈禧还特地赐予陪嫁品，以致民间戏称谭鑫培为"谭贝勒"。此外，为了听戏方便，慈禧还以自己寝宫内的太监为班底，组建了"普天同庆"戏班，也称"本宫班"或"本家班"。虽然这些太监的表演无法与升平署艺人相提并论，但可以随时随地演出，方便慈禧听戏。

慈禧还在颐和园内新修了德和园大戏楼。本来，乾隆年间所建的听鹂馆戏楼基址尚存，所以修建颐和园时也对听鹂馆进行了重建。然而，慈禧对听鹂馆很不满意。一是听鹂馆戏楼仅有两层，台面表演面积也很小，仅有10多平方米，不足以支持大型表演。二是听鹂馆戏楼位于万寿山西侧，慈禧的寝宫乐寿堂则在万寿山东侧，两者之间距离较远，往来不便。因此，慈禧决定在万寿山山脚下原先怡春堂旧址上修建德和园大戏楼。德和园大戏楼的开工时间是光绪十六年（1890），完工于光绪二十一年（1895）。德和园是一座四进院落，大戏楼坐落在二进院中。这座大戏楼高约22米，台宽17米，进深16米，从上到下分为禄台、福台、寿台3层，内设7个天井、6个地井，可供大型连台本戏的演出。大戏台对面是颐乐殿，是专供帝后观戏所在；颐乐殿两侧各建有14间的看戏廊，供陪同观戏的王公大臣、公主福晋所用。此外，德和园大戏楼离慈禧寝宫较近，所以从西侧看戏廊的北侧小门建有一条直达乐寿堂的暖廊，是慈禧专用的观戏路线。

光绪二十一年七月二十四日（1895年9月12日），正值《马关条约》签订4个月后，新落成的德和园大戏楼正式开演，第一出曲目是《灵官扫台》，接下来则是《芝眉介寿》，这是清宫庆典戏的必演剧目之一，目的是颂扬皇太后的德治之功。到慈禧去世的光绪三十四年（1908），德和园大戏楼为慈禧演出戏曲达300余次，演出时间最长的一天竟达10多个小时。慈禧每次来颐和园的第二天或第三天，必来德和园看戏，并且4次在此庆祝自己的万寿庆典。八国联军侵华战争后，慈禧返回北京不久，就恢复了德和园看戏的习惯。特别是在光绪三十四年（1908）正月初一到十五这段时间，慈禧在德和园观看戏目共119出。除了初四至初六这3天没有演出外，慈禧平均每天观戏近10出，可见看戏是慈禧新春节庆期间最主要的消遣内容。另外，本年六月末，在光绪帝生辰前3天，慈禧居然指定上演了一出《连营寨》。这出戏是一场哭灵戏，全场一派白盔白甲白旗。慈禧的这一安排，固然是借机发泄对光绪帝的厌恨，却未料到也成了自己的谶语。

5. 三山五园里的市井风情

帝王居所，历来与民间社会迥隔霄壤。在世人对宫苑生活有种种想象的同时，帝王亦有对市井生活的好奇之心。帝王们并不能像影视剧描绘的那样轻易出宫私访民间，因此，才有在宫苑里布置市肆，供帝王们体验市井之乐的做法。这种做法最早可以追溯到东汉灵帝时期。清代建设三山五园之时，市井文化也成为皇家园林的一道风景线，畅春园、圆明园、清漪园和静宜园中都有买卖街景观。市井文化在三山五园中占有一席之地，这与当时商品经济的长足发展有密切关系。16—18世纪，中国发生了一场"商业革命",形成了在当时世界上比较发达的市场经济体系。在这种情况下,尽管耕稼为本的重农思想依然占据主导地位,但是商品经济在社会发展中的地位也越来越重要。如此一来,三山五园中的田园风光与市井文化相映成趣,也是社会现实风貌的反映。

畅春园的买卖街是乾隆年间添建的。据考证,畅春园一带的买卖街应有两条。较大的一条买卖街,从二宫门外往南直到万寿寺。《日下旧闻考》称:"万寿寺之西,路北设关门,内有长衢列肆,北达畅春园,为万寿街,居人称为苏州街。"这是乾隆二十六年(1761)为庆祝孝圣皇太后七十寿辰而兴建的,起初约长三里,到乾隆末年扩展至十余里。因其建筑风格主要仿照江南市肆,因而称为苏州街。《天咫偶闻》称万寿寺"西城关为万寿街,俗称苏州街,两行列肆,全仿苏州。旧传太后喜苏州风景,建此仿之"。这里所说到的太后,是指乾隆帝生母孝圣皇太后。不过,到了嘉庆年间,这条苏州街已毁坏殆尽,逐渐成为公共市场。1946年有报纸报道,万寿寺西墙外旧街南口发现一座古坊,上刻"苏州街"3字,方知此街为畅春园买卖街。除了二宫门外的苏州街,畅春园还另有一条买卖街。据《日下旧闻考》记载,位于畅春园西路北端的集凤轩后河桥西为闸口门,"闸口北设随墙,小西门北一带构延楼",自西至东北角上下共八十四楹,自东转角楼再至东面楼共九十六楹,其中包括天馥斋、雅玩斋等。根据这些建筑形式和楼号，很可能是一条具有京城市井风格的街市，但建置年代不详。

圆明园里同样有两条买卖街。规模较大、地位也更重要的一条买卖街，位于圆明园舍卫城之南、同乐园之西，呈"T"形，通常被称为同乐园买卖街。该街主体为南北向的笔直通衢，约长130米，以双桥为界，又分为南街和北街，东西向街道则很短。该街在乾隆九年（1744）完成的《圆明园四十景图》上就已出现，其始建年代应当更早一些。街两边的建筑风格仿照江南市肆，《南巡秘记》一书中称，乾隆帝初次南巡后返京，"乃辟圆明园之东偏，仿苏杭列廛形式，建筑为市街，以资买卖……绝似苏州观前街及金陵三山街、杭州大街等处景象"。据清代内务府档案的记载，这条街市直到乾隆末年仍十分兴旺，开设了很多大型店面。例如，双桥北街东面的圃香馆楼一座三间，街西的富兴楼和万香楼共6间，街西临河有茂源号一座三间带后抱厦一座；舍卫城东西街、双桥南街亦有较大铺面、牌楼10余座，共计57间。不过，据说到嘉庆四年（1799），当乾隆帝驾崩、和珅被杀后，嘉庆帝立即下诏"罢同乐园买卖街"。同乐园买卖街的盛况也就戛然而止了。

圆明园买卖街全盛之时，店铺繁多，商品种类齐全，确是一派热闹非凡的街景。但凡街市应有的各种货店，诸如日用类的首饰楼、香蜡铺、纸马铺、颜料铺、文具店和木器家具店等，饮食类的粮食铺、南酒铺、干果铺、茶馆、酒馆、饭庄、油盐铺等，服饰类的估衣铺、丝绸店、布店等，金融类的当铺和银号，可谓应有尽有。另外还有售卖饮料、水果、零食和针线杂物的小商贩。《竹叶亭杂记》称，乾隆年间，每逢新春时节，便开设同乐园买卖街，"凡古玩、估衣以及茶馆市肆，一切动用诸物悉备，外间所有者无不有之，虽至携小筐卖瓜子者亦备焉"。法国传教士蒋友仁曾见过买卖街的场景，向欧洲的友人描绘道："园中亦有通衢，店铺夹列。每逢佳节，中国、日本、欧洲各国各种最珍奇之物，群汇于此，如市场然。"另一名法国传教士王致诚还记述了一段皇帝逛街的情景："皇帝临幸时，与其最下级臣民鲜区别焉。叫嚣兜售之中，俄而破口喧争，俄而挥拳奋斗。负弩之士，引肇事人至庭，公庭审理宣判，或加杖责，悉以游戏出之。有时取悦于皇上，则几伪乱于真云。"原来，这一切都是演给皇帝看的而已。

圆明园的另一处买卖街，位于长春园含经堂东侧。因含经堂建筑群完工于乾隆十二年（1747），估计这条买卖街大致于同一时期建成。根据现在尚存的样式雷图纸，含经堂东路建筑霞翥楼、渊映斋、戏台的东侧，有一排总计40间的铺面房，坐西朝东。其中，五开间的铺面房有6座，三开间和两开间的铺面房各有2座，均带有前廊。这些建筑比江南风格的建筑略大，该处考古发掘发现，这一排铺面房的基址总长度为135米多，宽6米有余。遗址中共发掘出28座炉灶，可能原先多为饭馆。清宫档案提及这些铺面房时，多使用楼房、牌楼等用语，均为京城里常见的店面形式。因此，笔者推测含经堂买卖街可能更多体现的是京城市井风情。然而，有关这条买卖街的历史记载非常有限，更多内容也就莫知其详了。

与畅春园、圆明园一样，清漪园里也设有两条买卖街。不过，前面两园里的两条买卖街分别呈现为两种风格，而清漪园里的两条买卖街均为江南风格。清漪园里先建成的一条买卖街，大约形成于乾隆十九年（1754）。该街位于万寿山西麓昆明湖与水周堂之间的弓形水域内，多称西所买卖街，有时也称万字河买卖街。该街西临万字河，北达宿云檐城关，街道随水势迂回曲折，店铺大多背面朝河，呈现出"前街后河"的格局。街上开设有集彩斋、鸣佩斋、致和斋和日升号等诸多字号的铺面房，经营内容十分繁杂。其中有拍子铺面42间，另有水柱殿。咸丰十年（1860），英法联军闯入清漪园大肆抢劫，西所买卖街亦遭焚毁。光绪年间修建颐和园时，仅修复了街上的个别建筑，临街店铺几乎都没得到修复，市肆景象亦不曾恢复。

清漪园里的另一条买卖街即后溪河买卖街，规模更大也更加知名。该街的建成时间略晚于西所买卖街，很可能是在乾隆二十年（1755）至三十年（1765）之间。后溪河买卖街位于万寿山后山脚下，以北宫门内三孔石桥为中心，沿着后溪河两岸东西展开，南北横亘白石桥，非常明显地模仿了苏州水乡市镇内"一河两街"的水街样式，故其苏州街之名，最名副其实。该街东起寅辉关，西到通云关，南抵须弥灵境，全长约270米，共计建有铺面房80余栋。其中，后溪河道南岸、北岸街道上各有将近40栋铺面房，湖心岛上还有9栋。据清宫档案记载，街上店铺经营种类甚多，有售鞋的履祥斋，经营绸布的经纬号，售文房四宝的云翰斋，售文玩的怡古斋，以及品泉斋茶馆、芳雅斋酒楼，等等。每逢开市之际，便由太监假扮商人，宫女假扮顾客，表演一番市井风貌。说到底，这条买卖街不过是乾隆帝为了满足孝圣皇太后喜爱江南风情之心，在清漪园里布置的一台大型布景罢了。其命运亦与西所买卖街一样，毁于英法联军之手。

与西所买卖街后来命运不同的是，光绪年间修建颐和园期间，后溪河苏州街曾被列入修复计划。现今尚存的样式雷画样显示，这次修复计划试图恢复原有的江南水街布局，以及水陆结合的游览路线。但因晚清时期国力维艰，修复工程只得一再收缩。苏州街上只有3个重要地点得到了修复，即位于街道中心的三孔石桥，以及东头的寅辉关和西头的通云关。随着清朝的覆亡，后溪河买卖街也彻底废弃。1962年，颐和园管理处疏浚后湖时，发现了北宫门南侧的后溪河买卖街遗址，部分铺面房的柱础、方砖尚保持原貌。1983年，管理处对整个遗址进行了勘察，根据历史文献和历史遗址，结合颐和园整体风格，拟订了复建计划。从1987年开始兴工，至90年代初，经过四期工程的建设，后溪河两岸总共重建了72栋铺面房，重现了乾隆时期买卖街的旖旎风光。

香山静宜园也在乾隆年间设有两条买卖街，其一在园内，其二则在园外。园内的买卖街位于香山寺门前，至知乐濠而止，称为"内买卖街"。有材料称，乾隆三十六年（1771），静宜园璎珞岩拆除立峰改为堆石，曾添盖点景铺面房及牌楼，或许与兴建这条买卖街有关。然而，有关内买卖街的记载十分稀少，并且在咸丰末年遭到英法联军焚毁，现已很难了解更多情况。园外的买卖街位于从山脚到静宜园东宫门的山路上，长约1000米，是前往静宜园东宫门的必经之地。始建年代不详。乾隆年间成书的《宸垣识略》和《日下旧闻考》中，均有关于"静宜园守备署在香山买卖街"的记载，并且静宜园又成于乾隆帝之手，据此推断，这条买卖街应为乾隆时期的产物。根据现存清代图样判断，乾隆年间的街景应为京城街市风格，店铺30余座。后来经过不断改造，至光绪年间已有小开间店铺90余间。与其他3座园子里的买卖街不同的是，静宜园外这条买卖街确实具有商业功能，为附近驻防八旗官兵购买日常生活物资提供了很大方便。

香山买卖街在民国时期还曾得到不错的发展。1912年，马相伯、英敛之等人创办香山静宜女校。1920年，熊希龄设立香山慈幼院。这些社会机构的建立，以及诸多社会名流、绅商大贾、军政长官纷纷在香山建造私家别墅，居住生活，买卖街的生意一时颇为兴盛。20世纪50年代，这条街市依然活跃着许多小店铺，自西往东，有周记果局子、王记理发铺、油盐店、鞋铺、屈记小铺、赵记肉铺、郑记煤铺、包子铺、赵记茶馆等。60年代初公私合营时期，这些商铺相继关张，此后再未开张。现在香山公园外名为买卖街的街市，并非清代买卖街的旧址，不过是为了招徕游客而袭用其名而已。

第四章　三山五园的园林文化

三山五园的首要属性是园林，堪称中国古典园林艺术的杰出代表。首先，三山五园继承和发扬了秦汉以来中国皇家苑囿的传统，并且借助后来者的优势，成为中国皇家园林文化的集大成者。清朝在稳固了对全国的统治后，不仅与中原历代王朝一样开始着意于皇家园林建设，而且沿袭了历代皇家园林文化的核心精神，这是清朝统治者接受和融合汉文化的突出表现。其次，作为皇家园林的三山五园，还大力借鉴了江南私家园林的特点，江南园林的审美完美融入北方皇家园林。明清时期是江南地区私家园林的大发展时代，也标志着私家园林建设的最高水平，甚受康熙、雍正和乾隆诸帝的喜爱，故而在皇家园林建设中多有借用。最后，在三山五园的园林景致中，还融入了当时西洋世界的建筑风格。明清以来，中国与西方世界之间的联系日益加深，除通商、传教等领域外，文化上也出现了更加丰富的交流，西方园林建筑文化也传入中国，并在皇家园林中得到鲜明呈现。因此，三山五园的建设，可谓多元化园林风格的融合，是中国园林史上光辉灿烂的一颗明珠，是我国古典园林建设的最高水平和杰出作品。

一、传统苑囿的典范

中国宫廷园林的萌芽，根据甲骨文资料，可以追溯到殷商时期。《周礼》《诗经》中关于"灵囿""灵台""灵沼"等内容的记载，表明周代可能已经出现了以苑囿为核心的宫廷园林体系的雏形。宫廷园林体系的真正成型，是在完成大一统国家构建的秦汉时期。随着大一统国家中皇帝体制的确立，大规模的皇家园林建设成为政治生活的重要内容，为历代王朝所沿袭。在皇家园林建设的传统中，一些被打上皇家文化色彩的特定内容长期延续。其中，深深渗入宫廷生活的神仙思想和神话系统，始终是皇家园林建设中的一项传统和鲜明特色。早在秦汉时期，皇家苑囿就开辟了以蓬莱神话系统为核心的"一池三山"格局，后世亦概相承袭。清朝入主中原后，无论在大内御苑还是在三山五园的建设中，都充分展现了对这种格局的继承。

1. 秦汉以降的宫廷苑囿传统

宫廷苑囿中的仙境格局，源自中国神话系统对皇家文化的深刻影响。早在先秦时期，中国神话大体形成了两大系统，其一是依托西部高原背景的昆仑神话系统，其二是依托东部海洋背景的蓬莱神话系统。蓬莱神话稍晚于昆仑神话，也因袭了后者的不少元素，但因地理环境及社会文化等方面存在的根本区别，从而形成了自成一体的系统。最早表达蓬莱神话的典籍，首推《山海经》。蓬莱神话在先秦时期已流传颇广，根据司马迁《史记·封禅书》中的记载，在战国时期的齐、燕等地，蓬莱神话就已兴盛起来，且形成了关于蓬莱、方丈和瀛洲"三神山"的说法。

西汉以降，有关蓬莱神话的内容更加丰富，流传亦愈发广泛。大约成书于西汉末、托名东方朔的《海内十洲记》对三仙山的描述，是对此前相关传说的归纳。该书细致描绘了三仙山的位置及特色，称"瀛洲在东海中，地方四千里，去西岸七十万里。上有神芝仙草……洲上多仙家"；"方丈洲在东海中心，西南东北岸正等，方丈方面各五千里……群仙不欲升天者，皆往来此洲，受太玄生箓，仙家数十万"；"蓬丘，蓬莱山是也。对东海之东北岸，周回五千里……唯飞仙有能到其处耳"。魏晋时期成书的《列子》一书中，对蓬莱等三仙山也有较为详细的描写，并称"所居之人皆仙圣之种"。类似内容还出现在东晋时期王嘉编纂成书的神话志怪小说集《拾遗记》之中。这些情况都反映了蓬莱神话在中国社会中具有长久的生命力。

在蓬莱神话的驱动下，战国时期的齐威王、齐宣王和燕昭王等就曾"使人入海，求蓬莱、方丈、瀛洲"，希冀找到"诸仙人及不死之药"。秦始皇求长生的愿望更为强烈，尤其是一统天下之后，他先后6次亲自前往东海，寻找仙人与仙丹。鉴于秦始皇渴望求仙及长生的意愿，许多方士都以蓬莱神话投其所好，徐福就是其中最知名的一位。据《史记·秦始皇本纪》记载，始皇二十八年（公元前219年），"齐人徐市（徐福）等上书，言海上有三神山，名曰蓬莱、方丈、瀛洲，仙人居之。请得斋戒，与童男女求之。于是遣徐市发童男女数千人，入海求仙人"。然而，徐福一去不复返，秦始皇只得退而求其次，把求仙意愿寄托在苑囿建设上，这就是兰池宫的来由。据《元和郡县图志》《历代宅京记》等书记载，秦始皇在咸阳东二十五里处，引渭河水为池，池中筑造象征蓬莱、瀛洲等山的景点，并"刻石为鲸鱼，长二百丈"。这是首次将蓬莱神话在园林建设中加以体现，也从此开启了宫廷苑囿的"一池三山"传统。

在秦末大动乱后建立的西汉，经过数十年的休养生息，到汉武帝时期，国力达到全盛。雄才大略也好大喜功的汉武帝，推动了西汉时期最大规模的皇家园林建设。他在扩充秦代宫苑的基础上，又在长安及其周边开展了大量造园活动，最终形成了规模宏阔的上林苑。根据《三辅黄图》的记载推算，上林苑占地之广令人瞠目，很可能是中国历史上最大的皇家园林。上林苑内共建有12处宫殿建筑群，其中，兴建于太初元年（公元前104年）的建章宫，鲜明反映了汉武帝对蓬莱神话的尊崇和信奉。建章宫的西北部凿为大池，称为太液池，汉武帝根据方士们的说法，于"池中立三山，以象蓬莱、瀛洲、方丈"。班固在《两都赋》中曾描绘其景象称："滥瀛洲与方壶，蓬莱起乎中央。"建章宫中太液池的规划，是对"一池三山"格局的首次完整体现，也成为后世皇家园林的范本。

即便是在大分裂大动荡的三国两晋南北朝时期，蓬莱神话的传统依然在宫廷苑囿建设中传承下去。在邺城，曹操自独揽朝政后，大力营建作为自己封邑的邺城，于城内建有御苑铜雀园，该园西北部筑造3座高台，即铜雀台、金虎台和冰井台，宛如三神山之姿。其后，北齐后主高纬在邺城之西兴建了规模更大的仙都苑，引漳河之水入园为四海之象，并于大海中筑连璧洲、杜若洲、麋芜岛、三休山，俨然仙苑气象。在洛阳，魏明帝曹睿所建华林园为御苑之始。北魏孝文帝迁都洛阳后，对全城大加改造，更对华林园大加扩建。《洛阳伽蓝记》称，华林园中有大海，即曹魏时期的天渊池，宣武帝元恪"在海内作蓬莱山，山上有仙人馆，上有钓鱼殿，并作虹霓阁，乘虚往来"。《水经注》述及华林园时，亦提及"御坐前建蓬莱山"的景象。在建康，东晋时期亦建有名为华林园的大内御苑，从任昉"别涧苑沧溟，疏山驾瀛碣"的诗句来看，其中不乏蓬莱神话的影子。据《南史》记载，刘宋元嘉年间，宋文帝欲于真武湖中"立方丈、蓬莱、瀛洲三神山"，为尚书右仆射何尚之所止。可见帝王求仙之心，无时或忘。

隋唐时期结束了长达几百年的大分裂状态，重新建立起了大一统国家，帝王们对蓬莱仙境的兴趣再度高涨。隋炀帝登基后，于洛阳兴建东京，同时于洛阳城西侧建西苑，又称显仁宫，其规模大概仅次于西汉上林苑。唐人杜宝所纂《大业杂记》对西苑情形记之甚详，称"苑内造山为海，周十余里，水深数丈，其中有方丈、蓬莱、瀛洲诸山，相去各三百步，山高出水百余尺"。《隋书》中所载大略相同，可见隋代西苑基本沿袭了汉武帝建章宫的"一池三山"格局。唐代在长安、洛阳皆建有蓬莱格调的苑囿。长安城内的大明宫，位于禁苑东南，又称"东内"，原为唐太宗时期的永安宫。据宋人程大昌所纂《雍录》记载，唐高宗年间于此"新修大明宫，改名蓬莱宫，取殿后蓬莱池为名也"。蓬莱池本名太液池，因池中建有蓬莱山，故有另名。尽管大明宫实为"一池一山"结构，但丝毫未减其蓬莱寓意。故而白居易在《长恨歌》中有"太液芙蓉未央柳""蓬莱宫中日月长"之句。洛阳城内的上阳宫，亦为唐高宗时期所建。唐宗室李庚《两都赋》中称，上阳宫"横延百堵，高量十丈，出地标图，临流写障……若蓬莱之真侣，瀛洲之列仙"。据此推断，上阳宫应当建有体现蓬莱意蕴的景致。

宋代皇家园林建设，在规模和气魄上虽不如隋唐时期，但宋代的文化艺术水平达到新的高度，其在园林规划设计方面的精致程度远超前代。宋代苑囿建设中不再简单模拟重现"一池三山"的格局，而是采用了巧妙化用蓬莱意境的造园手法。在东京开封，皇宫北部的后苑中有"象瀛山池"，池中有岛曰"象瀛山"；北宋杨侃之《皇畿赋》称，位于宫城北部的御苑瑞圣园中，有"十洲移景，三岛分春"的景象；宋徽宗时期兴建的著名皇家园林艮岳，虽然并非"一池三山"的经典布局，但是其中万岁山、寿山和万松岭等三山的筑造，以及雁池、大方沼等水体的布置，都折射出对蓬莱意境的参照。宋徽宗的《宣和御制宫词》中不断出现"叠山环水胜蓬宫""今见蓬瀛不夜天"等诗句，正是对这种园林意境的描述和体现。在杭州临安，宋高宗时扩建德寿宫，"宫内凿大池，引西湖水注之，其上叠石为山，象飞来峰"。宋孝宗有"蓬莱方丈渺空阔，岂若坐对三神山"的诗句，其中的蓬莱意象分明可见。

此外，与宋代并立的辽、金等少数民族政权中，其宫廷园林建设亦不乏对蓬莱胜景的体现。作为辽代五都之一的南京析津府，宫城西部有瑶池宫苑区，池中有小岛名瑶屿，岛上建有瑶池殿，颇具"一池一山"之貌。自金朝海陵王完颜亮改辽南京城为金中都后，金世宗、金章宗皆对辽代瑶池旧殿大加扩建，改名琼林苑，苑中建有蓬莱宫，瑶池与附近其他水面则统称为太液池。南宋张棣所著《金虏图经》中称,琼林苑等御苑内,"同乐园、瑶池、蓬瀛、柳庄、杏村,尽在于是"。故而金人师柘《游同乐园》诗中有"蓬丘沧海尽"之句。金代另外一处具有蓬莱意象的御苑,是坐落于中都东北郊的离宫——大宁宫(亦作太宁宫)。该宫始建于金世宗大定十九年(1179),基本采用"一池三山"规制,宫内水面辽阔,称白莲潭,其间堆筑琼华岛、瑶光台及长松岛,恰为三山景象。金人赵沨曾应金章宗之命,在大宁宫观景赋诗,其中有"蕊珠宫阙对蓬瀛"之句。

虽然元朝历来被认为是汉化程度最浅的少数民族王朝,但是元朝皇帝接受蓬莱意象的影响绝不亚于其他朝代。在蒙古灭金的过程中,金中都遭受严重破坏,唯有离宫区域的琼华岛保存尚好。元世祖忽必烈即位之初,便曾驻跸琼华岛之广寒宫。至元四年(1267),元廷以大宁宫为中心新建都城,是为大都。并对琼华岛及其周边水域大加开拓,亦称为"太液池",成为大内御苑的主体。元廷将琼华岛改名万岁山,改建金代瑶光台为瀛洲(又称圆坻),并在南面岛屿上新建犀山台,从而完整展现了"一池三山"的宫苑结构。对此,元代诗人薛玄曦曾有诗云:"万岁仙山耸碧空,广寒春殿最当中。桥连绮石通三岛,路绕银河接两宫。"

明代"靖难之役"后,永乐帝改北平为北京,并将国都从南京迁移至此。明代承袭了元代太液池的规模和布局，并在其基础上加以改建和扩建，成为明代大内御苑中最大的一处，即西苑。改建工程最主要的内容，是将圆坻从水中岛屿变成突出于东岸的半岛，改称"团城"；扩建工程最重要的部分是向南扩大太液池的水面，新增水面呼为南海，从此形成北、中、南三海的格局。此外，在南海之中修筑一座小岛，称为南台；元代的犀山台则改建为蕉园。这样一来，元代太液池中的"一池三山"布局被重新设置，在明代建设的西苑三海中，以琼华岛为核心的万岁山、从圆坻改建而来的团城和南海中的南台，成为新的三山结构。与元代相比，明代"一池三山"的空间构成显得更为舒展，仙山琼阁之象更为生动。在明代多位游历过西苑的官员笔下，以蓬莱、方丈、瀛洲的名号指称万岁山等三山景点，已是相沿成习。

2. 清代西苑的传统文化认同

明代西苑至嘉靖朝大体完备后，建设活动即陷入停滞。从隆庆到崇祯年间，不但少有新建殿所，甚至拆毁了不少建筑。明亡之际，天下大乱，北京城饱受兵燹打击，西苑亦遭逢劫掠，多有残破。清廷初入西苑时，以琼华岛为核心的万岁山宫苑内，仅存承光殿、大西天经厂、五龙亭及亭北斋馆等寥寥数处建筑而已。而在原属北海的区域内，大量民居占据了太素殿至玉熙宫一线以西的不少地区；在中海区域内，万寿宫于明末被毁而被夷为空地，亦多有为民间宅院所蚕食之处；南海区域内多处建筑已告无存。就整体而言，清初西苑三海的规模已较明代盛时缩小很多，当初的仙境意象所剩无几。但清廷经数代努力，对西苑三海不断加以修整、改建、扩建，特别是对三山皆大加整修，使之重现蓬莱胜境的风貌，延续了中国皇家园林的悠久传统。

象征着蓬莱山的琼华岛，是三海中面积最大的岛屿，也是清廷整治三海御苑的重中之重。早在顺治八年（1651），虽然当时国力未丰，清廷已有意着手建设西苑，其标志是在琼华岛顶部广寒殿遗址上修筑了一座喇嘛塔即白塔，同时又在南坡殿宇基础上兴建普安殿、圣果殿、宗镜殿等一组建筑。这组建筑与山顶白塔合在一起，统称为白塔寺，琼华岛自此亦有白塔山之名。琼华岛白塔是当时北京城内的制高点，从而巩固了琼华岛在三海中的中心地位，其后清廷对西苑的营建都是围绕着该岛及白塔来展开的。康熙十八年（1679），京畿三河一带发生八级强震，白塔受损严重，不得不拆卸重新修造。雍正八年（1730），北京西北郊发生六级以上地震，白塔再度遭受较大破坏。清宫档案显示，据当时查勘结果，塔身、塔座"彻底闪裂"。此次修复工程规模较康熙时期为大，直至两年后的雍正十年（1732）冬方才竣工。可能是担心地震的原因，康熙、雍正年间并未对琼华岛进行其他兴建活动。

进入乾隆朝，随着国力日盛，乾隆帝对西苑展开了大规模的建设，对琼华岛更是精心经营。乾隆六年（1741），将白塔寺改称永安寺，随即便以永安寺为中心在琼华岛南坡展开了一系列的营建工程。首先是改造堆云积翠桥，将堆云牌坊向东迁移，使其与永安寺中轴线对接，从而解决了原先的堆云牌坊与永安寺建筑群落不相协调的问题。其次是对永安寺建筑群落进行扩建。乾隆八年（1743），该处除新添法轮殿、钟鼓楼、山门等建置外，又增建悦心殿、庆霄楼等殿阁。其中更有一处新建筑被命名为蓬壶挹胜亭，可见乾隆对于蓬莱意境有非常清楚的了解。此后数年间，琼华岛没有再开展集中建设，仅在东坡添建慧日亭和振芳亭、西坡添建妙饔云峰亭等零星楼阁。

从乾隆十六年（1751）为始，大约到二十四年（1759）为止，可谓琼华岛乃至整个北海区域的建设高峰期。在此期间，北海区域内几乎年年大兴土木，琼华岛更是得到了前所未有的精心雕琢。乾隆十六年（1751）初，琼华岛上起建善因殿、引胜亭等建筑，永安寺白塔前新建一座佛坛，山下添建八方亭两座。同年五月，又于永安寺山后仿照镇江金山寺，开建延楼建筑群，包括碧照楼、漪澜堂等。与这项延楼工程同时上马的工程，还有位于琼华岛东坡的看画廊、交翠庭、智珠殿等，并在东坡山下竖立"琼岛春阴"碑，成为燕京八景之一。经过精心设计，东坡一带也形成了由陟山桥、半月城、智珠殿及白塔构成的中轴线。大约从乾隆十七年（1752）五月开始，经营琼华岛的重点转到了西坡，新建了琳光殿、甘露殿、揖山亭、小玉带桥等一大批景观。北坡则在延楼建筑群后又添加延南熏、一壶天地亭、小昆邱等景点。大约于是年底，乾隆帝仿汉武帝故事，于永安寺山后添建铜仙承露盘。经过此番整治，琼华岛上风光较之元明两朝全盛时期毫不逊色，而蓬莱仙境的意境亦得以复现。

象征着瀛洲的瀛台位于南海之中，是三海之内的第二大岛，也就是明代的南台。顺治年间，因避暑兼"避痘"即躲避天花之需，顺治帝选中环境清幽的南台为居所，传旨对之加以修葺。不过，此次修建规模不大，仅有迎薰亭及香扆殿等不多几处建筑。顺治十二年（1655），南台正式更名为瀛台。康熙时期对瀛台进行了更大规模的建设。据《金鳌退食笔记》记载，康熙十九年（1680）、二十年（1681），除对瀛台上的原有殿宇大加修缮外，还从北海琼华岛上移取奇石，在瀛台上布置叠山。此后，康熙帝又对瀛台进行了不少扩建。其中，在瀛台桥以北建有勤政殿，勤政殿以东则新建一座"蓬瀛在望"的小亭。康熙帝对蓬莱意象的会意，由此可见一斑。曾随侍康熙帝的名士高士奇称，康熙年间的瀛台景色已"不异三山瑶岛"。雍正初，作为皇子的乾隆帝著有《瀛台记》一文，更是盛赞瀛台"三面皆临太液，故自下视之，宫室殿宇，杂于山林之间，如图画所谓海中蓬莱者"。

基于皇子时期的深刻印象，乾隆帝即位之后，对瀛台进行了更大规模的扩建。在乾隆十五年（1750）前后，瀛台上已经添建了包括翔鸾阁及延楼、海神庙、镜光亭等建筑，并对香扆殿等旧有殿宇进行了翻修。在这次营建工程中，瀛台南部建有一座名为蓬莱阁的阁楼，其中意味不言自明。另外，乾隆帝又对原本较为单调的南海南岸一带进行了建设，其代表性建设为同豫轩、茂对斋和宝月楼的兴修。同豫轩和茂对斋分别位于南海东南隅和西南角的土山上，皆大约建成于乾隆二十二年（1757）。乾隆二十四年（1759）告竣的宝月楼则位于瀛台正南方，乾隆帝亲自撰写《宝月楼记》，称从此向北眺望瀛台等处，"若三壶之隐现于镜海云天者"。无疑，通过南海南岸的这番建设，更为瀛台增添了琼楼玉宇的景象。

象征方丈山的团城虽然面积最小，并且于明代被改建为半岛而削弱了其仙山意味，但经过清代的建设而别具特色，重新焕发了生机。明永乐年间曾在团城修建了承光殿，至清初大约已荒废不堪，更因遭逢康熙十八年（1679）特大地震而毁塌。康熙帝在修复白塔的同时，也重建了承光殿。该殿为"井"字形方殿，中间呈正方形，四面各有抱厦一间。乾隆十一年（1746），于承光殿南建造玉瓮亭一座，专门放置元代宫廷遗物渎山大玉海。清代在保持团城的圆台式建筑外貌的同时，将亭阁建筑与古树假山等景物互相配合，成为一处浑然一体的景观。团城规模虽小，但是仍给人胜景之感，并非是西苑三山中可有可无的一山。尤其值得一提的是，明代在团城修建的排水工程，在清代也得到了良好的修复和维护，至今仍发挥作用，令人叹服。

清代对西苑三海的经营，不仅仅是皇家逸乐之举，而是带有极强的政治文化意味。对于因明清易代而毁坏殆尽的大内西苑，经过顺治、康熙、雍正和乾隆等数代清帝的努力，竟然重现了"一池三山"格局的全盛风貌，其细致性和丰富性较明代犹有过之。而从蓬莱阁、蓬瀛在望等景点名称也可看出，清帝们对于秦汉以来汉人文化中的蓬莱意象有非常清楚的认知。虽然不能将清代统治者对蓬莱意象的接受完全说成是汉化的结果，但可以肯定，清代西苑三海的建设是对中国皇家苑囿传统的延续、继承和发扬。

3. 三山五园的皇家园林气象

从清廷大力恢复西苑"一池三山"格局的活动可以看出，清朝皇帝们很快就领悟了秦汉以来盛行于宫廷的蓬莱意象，也很好地传承了中原王朝皇家苑囿文化的悠久传统。在位于西郊的离宫别苑——三山五园中，蓬莱意象同样是园林造景的重要主题。西苑的"一池三山"主要是在前代遗留的基础上加以扩建和改建，三山五园里的"一池三山"则完全是新建，按照清帝的设计谋篇布局，规划园景。

三山五园中，首先采用"一池三山"结构的宫苑，是五园中规模最大的圆明园。圆明园原本是胤禛作为皇子时期的赐园,当其继承皇位后,立即进行了大规模扩建,将之改造为离宫别苑。圆明园里的"一池三山"造景,也正是从雍正时期添置的。作为一个信奉神道的皇帝,雍正帝的求仙之志大概是清帝之中最为强烈的,所以他对蓬莱意象有浓厚的兴趣。或许也由于在九子夺嫡之争中成为最终赢家,使其对作为潜邸的圆明园多了一份珍爱之意,扩建后的圆明园恢宏大气,风景秀丽,宛若蓬莱仙境。其后,乾隆帝对圆明园进行改建和增建的过程中,同样对"一池三山"景致十分倾心,圆明园的皇家气象愈益凸显。

圆明园中的"一池三山"景观位于福海景区。在雍正帝尚为皇子时,圆明园的主体为前湖和后湖景区。雍正帝登基不久,便着意扩大园区,位于东部的东湖成为重点建设目标。东湖扩建以后更名为福海,成为圆明园内面积最大的一块水域。福海景区的规划极为完整,水面近方形,长约500米、宽约550米。环流于福海的外围河道,通过10个水口与福海相连,这些水口又将水岸分为大小不等的10个段落,从而构成了10个不同形状的洲岛景观,隐喻海内十大部洲之意。福海四周及外围分布景点共20余处,景区总面积达50多万平方米,约占圆明园总面积的30%。福海景区既与前后湖景区毗连,又相对独立,恰如太液池一般。

在福海中央设置的3个小岛,是烘托蓬莱意境的点睛之笔。3座岛屿从西北向东南方向排列,中间的岛屿为主岛,是为"蓬岛瑶台",西北位置的小岛是为"北岛玉宇",东南的小岛是为"瀛海仙山"。三岛的格局和建筑是仿照唐代画家李思训画作的意象而设计的,中岛"蓬岛瑶台"的面积最大,岛上楼阁悬有雍正帝题写的匾额"神州三岛"。对于雍正帝向往蓬莱仙境的强烈意愿,作为儿子的乾隆帝显然非常理解,故而在御制诗《蓬岛瑶台》的序言中点明:"福海中作大小三岛,仿李思训画意,为仙山楼阁之状,岩岩亭亭,望之若金堂五所、玉楼十二也。真妄一如,小大一如,能知此是三壶方丈,便可半升铛内煮江山。"为更好地烘托福海及三岛的仙山气象,乾隆帝在续建圆明园的过程中,又在福海东北湾岸边兴建了"方壶胜境"殿阁,殿前的汉白玉基石座呈"山"字形伸向水面,宛若琼楼玉宇。乾隆帝在御制诗《方壶胜境》的序中称:"海山三神山,舟到风辄引去,徒虚语耳……即境即仙,自在我室,何事远求?此方壶所为寓名也。"可见,乾隆帝对福海的神仙境界是颇为自得的。

圆明园区域内的蓬莱意象,不止福海景区一处。尽管不如福海完整,但在圆明三园的另两座园林即长春园和绮春园里,亦不乏颇具蓬莱意味的景观。在长春园西部水面的中心岛上,建有一座名为"海岳开襟"三层楼宇,极具气势,其下层南檐匾额题为"青瑶屿"。乾隆帝在御制诗《海岳开襟歌楼名上有扁曰乘六龙》中有言:"周裨瀛海诚旷哉,昆峤方壶缩地来。"可见此处亦是拟方壶昆峤之意。绮春园里的蓬莱意象，主要隐寓于该园东湖之中的凤麟洲。凤麟洲由东、西两岛组成，岛上建筑在嘉庆年间大加改建，是嘉庆帝颇为喜爱的景点。凤麟洲之名来自《海内十洲记》。虽然东湖和凤麟洲并不符合蓬莱意象的经典格局，但嘉庆帝在游览凤麟洲时有关于蓬莱仙境的感慨，可见凤麟洲的园林景观亦给人蓬莱仙境之感。如嘉庆帝在《凤麟洲十二韵》中称"秦汉求无已，蓬瀛孰见之"，在《游凤麟洲即景》中又称"蓬莱何有原寓意，一念宵旰图郅治"，在《凤麟洲》中则称"惟愿安澜朝四海，不求炼药访三山"。尽管这些感慨都是伴随着对昔人求仙之志的反思而出现的，但不难看出嘉庆帝对蓬莱意象的熟稔。

作为颐和园前身的清漪园，是三山五园中又一完整呈现蓬莱意象经典格局的皇家园林。西山水系经过乾隆年间的大规模整治，昆明湖水面大增，成为一块风景宜人的待开发水域。烟波浩渺的昆明湖，占据了清漪园总面积的75%，为乾隆帝再现"一池三山"场景提供了绝佳处所。由于昆明湖被西堤及支堤分成了西湖、养水湖和南湖3块水域，每块水域里都有一个湖心岛，形成鼎足而立的三仙山之势。与西苑三海里的"一池三山"相比，昆明湖里的"一池三山"更加错落有致；与圆明园福海景区里颇为狭小的岛屿相比，昆明湖中的三山在规制和形态上都更加宏阔。在乾隆帝的擘画下，蓬莱景观的艺术魅力在昆明湖得到了淋漓尽致的发挥。与传说中汉武帝所建的建章宫太液池相比，大概唯有昆明湖最为接近了。

　　昆明湖三岛中名声最著的是位于南湖中的南湖岛。该岛原本是西湖老堤岸的一部分，其地原有建于明代的龙王庙。乾隆年间拓宽昆明湖水面之际，这地方被保留为一个湖中岛屿，龙王庙则改建为广润灵雨祠，位于该岛东部。每年春秋两季，皇帝或亲临，或遣大臣至广润灵雨祠举行祈雨仪式。经改造后的南湖岛近似于椭圆形，面积约为1公顷。岛的北半部为山林区，南半部为建筑区。但是，该岛的主体建筑望蟾宫则位于岛的北部岸边，恰与其北面万寿山上的佛香阁遥相呼应，成为对景，再配合位于岛南的月波楼，可见其隐寓月宫仙境之意。乾隆帝亦有《题望蟾宫》诗云："隔湖飞睇者，望此作蟾宫。"后因基址沉降，嘉庆年间将高阁改建为一层的厅堂，更名为涵虚堂，但无损于该岛的观景视野。

　　位于西湖之中的岛屿在昆明湖三岛之中面积最大，其核心建筑为一栋名为藻鉴堂的两层楼阁，该岛即以之为名。关于藻鉴之名的由来，乾隆帝有诗云："虚明涵万象，名之曰藻鉴。"藻鉴堂南面临湖，有两座钓台对称地延伸至水中，堂后土山上建有一座二层小楼，名为"春风啜茗台"，堂西侧的山坞中则建有烟云舒卷殿。总体而言，藻鉴堂风格类似于圆明园中的方壶胜境。位于养水湖中的岛屿为昆明湖第三岛，该岛以其上中心建筑治镜阁为名。治镜阁与北海团城相仿佛，为一座圆形城堡式三层楼阁，有内外双层城墙，四面皆有门，内外城之间贯通湖水，四对城门之间又分别有石桥相通。置身阁上，可以环眺四周景色。隔湖而望，治镜阁又宛若海市蜃楼，起到了强化蓬莱景象的效果。

除圆明园、清漪园外，三山五园中的静明园也有蓬莱景象。静明园中收纳西山泉水而成5个小湖，其中的玉泉湖便有"一池三山"的布局。该湖大体为方形，东西长约150米，南北宽约200米。玉泉湖中部偏南设置了3个岛屿，正是沿袭"一池三山"的传统意境。三岛有桥梁连通，位于中心的岛屿面积最大，其上建有一座两层楼阁，正厅题名"乐景阁"，其内檐匾额题为"芙蓉晴照"。乾隆帝御制诗《题静明园十六景》中专门有《芙蓉晴照》一诗，其辞曰："秋水南华趣，春光六月红。羞称张氏面，不断卓家风。无意峰光落，恰看晴照同。更传称别殿，旧迹仰睎中。"东岛上建有一座名为"漪锦"的十字亭，西岛上楼阁之正殿为虚受堂，堂边小亭为漱烟亭。尽管在总体规模上远逊于福海和昆明湖，但玉泉湖中的蓬莱景象也展现得相当完整。

清帝们对蓬莱神话传统的接受和认可，在远处塞外之地的离宫——避暑山庄中也有所反映。山庄中的湖泊面积其实并不大，但是通过洲岛桥堤的布置，曲尽其妙。湖中象征三仙山的环碧岛、如意洲和月色江声岛，通过位于如意洲的"芝径云堤"得以相通。该堤将湖面分隔开来，大体构成如意、灵芝的形状，使得三岛分置其间，大有一径分三枝的景象。对于此中隐寓的蓬莱意味，康熙帝在其御制诗《芝径云堤》的序中便称："夹水为堤，逶迤曲折，迳分三枝，列大小洲三，形若芝英，若云朵，复若如意。"半圆形的环碧岛紧紧依附于灵芝上，岛北端连接游廊处有一草亭，名为"采菱渡"。大体呈圆形的如意洲为湖区最大的岛屿，岛上有12组建筑，其主殿为延薰山馆。月色江声岛为湖区第二大岛，岛上有一组四合院式建筑群，多有康熙、乾隆二帝亲题匾额。避暑山庄对"一池三山"手法的运用，师其意而不泥古，给人别具匠心之感，可见清代皇家园林中对蓬莱意象体现既广泛又灵活，因地制宜，可谓凡有皇家园林处皆有蓬莱仙境。

二、北国的江南风采

以三山五园为代表的清代皇家园林，之所以能够成为中国园林史上一个新的高峰，原因之一是其吸收了江南私家园林的诸多特色元素。江南私家园林的发展自成一体，并且在中国古典园林史上占有非常突出的地位。自三国两晋南北朝时期，北方士族衣冠南渡，中原文化开始在南方扎根发展，江南地区的园林建设水平亦随之大为提升。其后随着南方经济文化实力的持续提高，江南官方和私家园林艺术都得到了很大的发展。特别是到了明清时期，江南私家园林建设更是进入了一个空前繁盛的阶段，形成了自身鲜明的艺术格调与特色。早在明代，包括北京在内的不少北方地区，就在园林建设中着意模仿江南私家园林。清朝的康熙、乾隆二帝数次南巡，亲睹江南多处私家园林景色，亦十分倾心，着力于将江南造园艺术和技术引入皇家园林建设，并取得了不菲的成果。在这种意义上，三山五园可谓宫廷园林与民间园林相结合的产物，也为中国古典园林艺术开辟了一个新境界。

1. 明清江南私家园林的兴盛

（1）江南私家园林的历史传统

从先秦到两汉时期，江南地区园林的整体发展水平十分有限。春秋时期吴王阖闾在苏州所建姑苏台、西汉年间吴王刘濞在扬州兴建的长洲苑虽然具有较高知名度，但显然无法与上林苑比肩。至于这一时期江南地区的私家园林，更是无足称者。这是因为当时江南地区社会经济发展水平落后于中原和北方地区。

到了三国两晋南北朝时期，江南地区园林艺术迎来了第一个大发展时代，其整体水平迅速提高。特别是西晋灭亡后，随着晋室南迁，大批北方士族云集江南，中原文化与当地文化深入融合，造就了新的文化格局和精神气质，中国历史上前所未有地出现了一个艺术的自觉时代。中国古典园林正是在这一时代进程中出现了大发展，由士大夫阶层引领的私家园林异军突起，以玄学思想为造园理念的文人园林，打破了此前宫苑园林一家独大的局面。谢安的江宁东山别墅园、谢灵运的会稽始宁庄园，都是这一时期古典私家园林的杰作。

隋唐大一统时代的来临，为江南私家园林提供了一个新的发展契机。除了社会经济发展水平的大幅提高，极大促进了社会对精神文化的需求外，还有一个重要原因是官僚政治出现的新局面。随着科举制的推行，官员群体不再局限于门阀士族，来源更加广泛，形成了官僚士大夫阶层。在隋唐时期新型官僚政治群体的推动下，私家园林中逐渐形成了一种新的园林类型——士流园林。这种士流园林为官僚士大夫阶层在出世与入世之间提供了情感和生活上的缓冲，很快成为这一时代私家园林的主流。士流园林的集中区域，除了以长安、洛阳为中心的中原外，就是江南一带了。特别是扬州借助大运河之利，成为当时最繁华的城市，出现了如裴堪"樱桃园"等许多声名远播的私家园林。此外，平江（苏州）、越州（绍兴）也都出现了不少名园，在唐代许多诗作中被屡屡提及。

两宋时期的物质文明和精神文明都达到了中国历史上空前的高度，以至于陈寅恪称"华夏民族之文化，历数千载之演进，造极于赵宋之世"。江南地区在两宋时期经济和文化都有大发展。宋朝以来，中国经济重心南移的大趋势已不可逆转，江南地区在社会、经济、文化诸方面都领先于国内其他地区。更兼南宋偏安之后，中原文化再一次与南方文化进行了深度融合，进一步增强了江南社会的生命力。在此背景下，江南私家园林艺术的发展水平，明显超出其他地区，且体系更加完备。尤其是在临安（杭州）、吴兴（湖州）、平江（苏州）等经济文化发达的区域，私家园林蓬勃发展，遍布于西湖、太湖、瘦西湖周边以及会稽山麓等山水名区。例如，韩侂胄的南园、叶梦得的叶氏石林别墅园、苏舜钦的沧浪亭和沈括的梦溪园，都是广为人知的名园。

元明鼎革之际，江南地区园林一度颇为萧条。明中叶以后，随着江南地区社会经济水平的复苏与繁荣，文化事业再度兴盛起来。明清时期江南地区的大批官僚富豪、文人学士，充分继承了两宋士大夫阶层的造园传统，在扬州、苏州、杭州和南京等城市中，兴建了大量的私家园林。从明中叶到清中叶，江南地区的造园热潮、日益精进的造园技艺、精湛系统的造园理论，以及涌现出来的大批园林理论家和造园名匠，使得明清时期的江南私家园林成为中国古典园林发展史的又一高峰，也因此被同时期的皇家园林大力借鉴和模仿。

（2）明清江南造园理论的发展

在明清江南私家园林众多杰出的艺术成就中，以江南经验为核心的造园理论是最耀眼的成就之一。一方面，江南地区蓬勃兴起的造园活动，为钻研、总结造园理论提供了丰富的实践经验；另一方面，这些造园理论反过来也被广泛用于指导园林建设活动。在明清时期的江南一带，许多文士与匠师都对造园理论颇有研究，理论与实践的深入结合，大大提升了造园理论的理论性和系统性。代表中国古典园林艺术理论最高水平的多部著作，都带有鲜明的江南地域色彩。这类著作中，成就最高且最知名的3部都成书于明末清初，即计成的《园冶》、文震亨的《长物志》和李渔的《闲情偶寄》。

计成是江苏吴江人，生于明万历年间，早年游历北方及两湖，中年定居镇江开始从事造园生涯。他初试身手之作，是为武进吴玄筑造的环堵宫东第园（又名五亩园），被盛赞独得"江南之胜"。其后为扬州郑元勋建造的影园，被誉为明末江南四大名园之一。计成后半生主要在江南地区从事园林规划与设计，成为专业造园家。他在造园之余，潜心钻研，于崇祯初年出版《园冶》一书，是全面论述江南私家园林各项建设的综合性著作。该书既是计成对自己造园实践活动的心得体会，也是对明末私家园林建设的系统总结。书中关于"巧于因借，精在体宜"和"虽由人作，宛自天开"的观念，皆系独到之论。因是之故，《园冶》被公认为是中国古典园林理论方面最重要的一部著作。

文震亨是苏州人，也是著名书画家文徵明的曾孙，生于明万历年间，卒于清顺治初年。其早年为官期间，因声援东林党人及黄道周之事而获罪，遂于晚年归隐，以经营园林为乐。其所居住的香草垞，是在苏州高师巷冯氏废园基础上改建而成，是其造园理论的典型代表，"阛阓中称名胜地"。《长物志》一书则集中体现了文震亨的园林艺术修养，其中室庐、花木、水石、禽鱼等卷关涉造园之事甚详。他对园林建筑设计提出了很高的审美情趣和标准，特别强调要"随方制象，各有所宜；宁古无时，宁朴无巧，宁俭无俗"。在论及禽鱼时也特地指出，造园应注意对自然生态的维护，才能使园中动物与其生活环境之间相适应。即便放在现代，这些观念也是毫不过时的。

李渔原籍浙江兰溪，出生于江苏如皋，生于明万历晚期，卒于清康熙年间。李渔不仅是文人，更是一位多才多艺的通才，于造园尤有心得，自称为生平两绝技之一。他兼具造园理论家和造园艺术家的身份，为自己打造过3座虽然朴实却独具特色的小型园林，即分别位于兰溪的伊园、金陵的芥子园和杭州郊外的层园。此外，他还为清初兵部尚书贾汉复营构了著名的北京半亩园，曾被誉为冠绝京师。李渔关于园林理论的见解，集中体现在其所著《闲情偶寄》的居室部、器玩部和种植部。他开宗明义地提出，造园之事"不得以小技目之"，因其"另是一种学问，别是一番智巧"。他坚决反对造园时墨守成规，提出"创造园地，因地制宜，不拘成见，一榱一桷，必令出自己裁"。李渔的这些论述继承了宋明以来文人园林的传统，对其后的园林建设也产生了积极影响。

（3）明清江南名园的艺术魅力

明清时期，江南地区的社会经济发展水平领先国内其他地区，因此，无论是在扬州、苏州、南京、杭州、湖州和镇江等诸多名城，还是在大批中小市镇之中，兴建私家园林的活动成为潮流。规模化的产业催生了更高的艺术追求，随着计成等人对于造园理论的提炼，江南私家园林在明清时期的发展达到了新高度。其中，扬州和苏州两地既得风气之先，又擅交通地利，成为园林建设的精华荟萃之地，在明清两代名园迭出，在江南乃至全国范围内都居于领先地位。康熙、乾隆二帝南巡期间，皆在该两地驻跸，并游览当地名园，于是就有了清代皇家园林对江南私家园林的借鉴和模仿。

扬州在明清两代皆因运河和盐业之利而繁华一时，富商大贾云集，城市文化极为发达，知名园林不胜枚举。明代盐商暨扬州望族郑氏兄弟所建休园、影园、嘉树园和五亩之园，在当时最负盛名。其中，休园为郑元侠所建，是一座占地50亩的大型宅园，以山水之景取胜；影园为郑元勋所有，出自计成擘画，董其昌以园中柳影、水影、山影而名之，成为扬州园林的代表作。入清以后，扬州私家园林更是名作迭出、百花齐放。康熙年间，马园、卞园、员园、贺园、冶春园、南园、郑御史园、筱园，号称扬州八大园林。乾隆年间，扬州城内宅园密布，东关街、花园巷一带的小玲珑馆、寄啸山庄等园林，均为时人所推崇。城外西北郊保障湖一带，历经康熙至乾隆年间的建设，发展成为长达数十里的瘦西湖带状园林集群。乾隆年间亲睹瘦西湖园林集群的沈复，在《浮生六记》中感叹："即阆苑瑶池，琼楼玉宇，谅不过此。"

苏州园林之盛，不输扬州。还在宋元时期，苏州就已出现了不少名园，如沧浪亭、狮子林等。明清苏州仍是众多官员、文人及商人会聚的大型都市，兴建私家园林的传统长盛不衰，城内宅园密布。明代兴建的诸园中，声名最著者为建于正德至嘉靖年间的拙政园。园主王献臣自官场退隐，于苏州娄门内购得大弘寺遗址，筑造了一座天然格调的园林，并引西晋潘岳《闲居赋》中"此亦拙者之为政也"之句，以为园名。江南名士文徵明为之作《王氏拙政园记》，并绘《拙政园图》，遂使该园名动天下。明代苏州的另一名园，为太仆寺卿徐泰时于万历年间建造的东园。该园以宋代花石纲遗物瑞云峰等五峰为中心，营造出浓郁的山林意趣。该园于清初一度遭废弃，后屡经易手重建，更名留园。康熙帝、乾隆帝下江南期间，游幸的苏州园林主要有拙政园、狮子林、沧浪亭、寒山别业、天平山高义林等等。乾隆年间资料显示，当时苏州城内园林总数要多于扬州。因此，康熙年间进士沈朝初曾有"苏州好，城里半园亭"之辞，殆非虚语。

扬州、苏州之外，南京、杭州、无锡和上海等江南其他城市的私家名园亦在在皆有。如徐达后裔于明正德年间在南京所建东园，又称太傅园，被文坛领袖王世贞赞为"其壮丽遂为诸园甲"。杭州附近海宁县盐官镇西北隅有安澜园，初为明万历年间陈与郊所建，其后人于清代大加扩建，广至百亩，园内有景点30余处，乾隆帝南巡时曾驻跸于此，名声大噪。无锡寄畅园属于中型别墅园林，原为明正德年间兵部尚书秦金所建的"凤谷行窝"，万历年间秦燿大加改建，改名"寄畅"。该园经著名叠山家张南垣族人堆筑假山，又引惠山"天下第二泉"之泉水入园，成为江南文人园林的代表作。王世贞在太仓城内所造的弇山园，占地70余亩，是与当时造园名家张南阳合作的精品，被称为"东南第一名园"。王世贞称该园有宜花、宜月、宜雪、宜雨、宜风、宜暑之胜，故而成为许多名人留迹的雅集之所。上海豫园为潘氏私园，整体设计亦为张南阳手笔，广袤70余亩，建有轩榭亭台30余处，董其昌盛称其足以媲美苏州拙政园、太仓弇山园。

2. 清代西苑中的江南印记

明清时期，江南园林的艺术成就已经成为其他地区模仿学习的对象。还在明代中后期，北京便出现了明显模仿江南园林风格的名园，如李伟的清华园、米万钟的勺园等。入清以后，北京地区的官僚士大夫阶层兴建宅园之风超过明代，文人园林又成为主流，江南造园家多被延聘至京，主持建造了多所私园，如王熙怡园、冯溥万柳堂等。不仅如此，康熙帝和乾隆帝在多次南巡的过程中，足迹还遍历扬州、苏州、镇江、杭州等江南名园荟萃之地，对江南园林亦十分欣赏和喜爱。尤其是乾隆帝，每每遇到喜爱的园林，均命画师绘图以归，以便作为建园参考。因此，康熙、乾隆年间京城皇家园林建设对江南园林的吸收和借鉴随处可见，江南园林与北方风物的结合达到新高度。

清初当战乱之余，宫室建设不足，康熙早年便以南海中的南台为日常处理政务、御前进讲及耕作御田的处所，因之对南台进行扩建、改建，并更名为瀛台。具体操持此次扩建改建工程之人，正是江南造园名家、以善于叠山而闻名的张然。张然为江南叠山名家张南垣之子，此前应京城公卿士大夫之邀，在京主持了多所私家园林的建造，声名鹊起。此次瀛台的兴建，叠山工程确实是一大亮点。如勤政殿以西有一座名为"静谷"的小园，其中叠石假山即出自张然之手，堪称上品。另外一处显著带有江南园林格调的建筑，是位于勤政殿以东的淑清院。该院规制较小，但是内部自成一体，极具江南小园的幽静意味。并且，院中东、西两小池之间以叠石为假山，巧妙地利用水位落差制造出了宛如乐声的水声，真可谓匠心独运。

西苑中的北海，是三海园林建筑最为丰富之区，也是写仿江南之意体现得最多之区。特别是乾隆年间建成的镜清斋（光绪年间改名静心斋），是一座完美再现了江南园林风格的园中园。镜清斋位于北海北岸大西天东侧，是一座典型的园中园，既可以视为一座相对独立的小园林，又与整个北海大园林融为一体。镜清斋的主景区是以假山和方池为主的山池空间，展现了小中见大、咫尺山林的境界，而无论假山还是方池的设计，都能看出江南园林的色彩。镜清斋后院以"池上理山"为主体景观，整组假山仿佛真山一角，被公认为是张南垣一派叠山风格的余绪。方池理水早已是明代江南园林中的常见形式，乾隆帝在镜清斋中对方池的运用，是在皇家园林建设中对江南园林的再创造。另从乾隆帝御制诗可知，镜清斋中的镜池塔影，也是对苏州灵岩山行宫紧邻灵岩寺的仿写。

画舫斋是又一处具有江南情调的小园林。该园位于北海东岸，在先蚕坛和濠濮间之间。前院为春雨林塘，正厅为画舫斋，斋后为古柯庭，该景区由山水、丘陵和建筑依次构成，富于变化之趣。画舫斋得名于欧阳修《画舫斋记》，乾隆帝在《画舫斋》一诗中称："画舫名自古今，爱仿欧阳室趣。"有人根据御制诗和御赐匾联中的线索考证，画舫斋的造园意向大体借鉴了杭州小有天园、苏州寒山千尺雪、扬州平山堂和无锡寄畅园等园林的特点，可谓广采江南名园之长。画舫斋建筑群整体坐北朝南，前临方池，犹如行舟水乡之中。乾隆帝在另一首《题画舫斋》的诗中，有"斋似江南彩画舟，坐来轩槛镜光流"之句，明确点出该景区对江南水乡的借资之意。此外，画舫斋以院墙隔绝外部视线，内部空间布置既丰富又安静，也完全符合江南私家园林的幽静取向。

位于琼华岛北坡的漪澜堂建筑群，是师法江南园林意境的另一景区。漪澜堂的建设是乾隆帝南巡的产物。乾隆十六年（1751），乾隆帝正月间从京城出发，开始了第一次南巡。此次南巡期间，乾隆帝先后两次到达镇江金山和无锡惠山漪澜堂，也激发了他建设园林的热情和灵感。返京后不久，乾隆帝便参照镇江北固山"江天一揽"之景以及无锡惠山漪澜堂的造景模式，在琼华岛北坡采用"屋包山"手法建造漪澜堂建筑群。建在漪澜堂建筑群后坡的延南薰，其选址意向则师法镇江金山的留云亭。就整体而言，漪澜堂建筑群的建造，使琼华岛北坡形成了"南瞻窣堵，北俯沧波，颇具金山江天之概"的景色。乾隆帝多次在诗文作品中点明了琼华岛漪澜堂以镇江金山为原型的意旨，如"金山图画张京国，白帝权衡御水官""写照金山景，溪堂镜治同""远山取号学金山，具体而微想向同"等。

3. 三山五园中的江南形象

相对而言，大内西苑毕竟受制于元明时期所营造的格局，使得清廷开展建设的空间较为有限。而几乎留白的北京西山一带，给清代诸帝充分发挥自身创意兴建园林留下了广阔的空间。在三山五园的建设中，江南私家园林的诸多元素更多也更加深入地被纳入了清代皇家园林的风貌之中。三山五园引进江南私家园林艺术的程度，在北方园林中无出其右，三山五园是北方地区最充分体现江南风采的园林建筑群。

总体而言，三山五园对江南园林技艺的引进有一些明显的共同特点。首先是充分运用江南的造园手法，大量运用游廊、水廊、拱桥、亭桥等江南园林中的常见形式，模仿江南各流派的叠石为山技法，此外还借鉴江南园林关于水体的开合变化和水面空间的划分，等等。其次是对江南园林的著名景色进行艺术再现，三山五园中的不少著名景点，其原型都来自江南景点，这并不是简单地仿造，而是一种经过艺术加工的变体，也就是乾隆帝所说"略师其意，就其自然之势，不舍己之所长"之意。除了这些整体特点，三山五园对江南私家园林的借鉴又各有侧重，从而展现了不同的园林风貌，并非千人一面。

三山五园之中，于康熙年间落成的畅春园，是明清以来第一座较多引进江南园林风格的皇家园林。该园起建时间，大约在康熙帝完成首次南巡后不久；而全园告竣的康熙二十九年（1690），又正值康熙帝完成第二次南巡之后。因此，以往有人认为康熙帝兴建此园的动机，与其南巡之际对江南园林的秀美风景产生深刻印象有关。而该园浓厚的江南底色，更与其设计者有很深关系：当时供奉内廷的江南籍山水画家兼造园艺术家叶洮、江南叠山名家张然都受命参与了该园的策划和动工。园中的叠山工程繁复，大小共计50多座土山，充分体现了"水以石为面""水得山而媚"的江南园林的传统韵味。为了让畅春园实现"开花如南土"的效果,康熙帝还在园中移植南方植物,其中就有江南地区的梅花和南京清凉山的松树。此外,据高士奇随同康熙帝游园所见,其于园中登舟时,"棹船二女皆红衫石青半臂,漾舟送至直庐"之景象,绝类苏杭等地游船画舫之上的船娘。康熙帝对江南水乡风光的深刻印象,由此可见一斑。

圆明园经过雍正、乾隆两朝的建设,规模宏大,其中体现江南园林风格之处更称繁多。园中突出体现江南风情的景点群落,是乾隆年间对杭州西湖十景的全面仿建。十景中首先建成的是苏堤春晓、花港观鱼、雷峰夕照、双峰插云、南屏晚钟、三潭印月、曲院风荷和平湖秋月,其后又在福海岸边添建了柳浪闻莺、断桥残雪。其中,乾隆帝对曲院风荷的仿建最为称心,甚至认为较西湖原景更有胜之。他在为曲院风荷题咏时,称:"西湖曲院,为宋时酒务地,荷花最多,是有曲院风荷之名。兹处红衣印波,长虹摇影,风景相似,故以其名名之。"其诗曰:"香远风清谁解图,亭亭花底睡双凫。停桡堤畔饶真赏,那数余杭西子湖。"同样在为园中平湖秋月题咏时,乾隆帝也表达了类似意思:"倚山面湖,竹树蒙密,左右支板桥,以通步屐。湖可数十顷,当秋深月皎,潋滟波光,接天无际,苏公堤畔,差足方兹胜慨。"其诗中则称:"不辨天光与水光,结璘池馆庆宵凉,蓼烟荷露正苍茫。白傅苏公风雅客,一杯相劝舞霓裳,此时谁不道钱塘?"

圆明园对江南风格的另一种呈现，是对江南名园的创造性移植。其中最著名者，是对江南4个名园即海宁安澜园、苏州狮子林、南京瞻园和杭州小有天园的仿建。乾隆帝6次南巡中，有4次驻跸海宁安澜园，乾隆帝对之欣赏之情有加无已，遂将圆明园福海对岸的四宜书屋，按照安澜园的结构和样式加以改造，建成无边风月之阁等景观，也命名为安澜园，并作《安澜园记》和《安澜园十咏》以志之。乾隆帝临幸此园时，曾满意地称："吾不知为在御园在海宁矣！"圆明园中的狮子林位于长春园的东北角，是仿照苏州狮子林营建的。乾隆帝南巡时曾3次游赏苏州狮子林，并将江南画家倪云林绘制的《狮子林图》与实景进行细致的对照。长春园中的狮子林由两部分组成：西部是以敬修斋、华邃馆、横云轩等为主体的建筑群，东部则是以叠石为主体，用太湖石砌成一座狮形峰峦。此园虽是仿建之作，但是在景点布局、花木配置等方面皆有青出于蓝之处。圆明园中仿照南京瞻园的小园林，为位于长春园宫门东侧的如园，其园墙之南为熙春园。如园之内以湖池与假山相配合，将全园分为东、西两个部分，东部山顶的观丰榭可以俯瞰园景。对于如园与瞻园之间的关系，乾隆帝有诗为证："如园本是肖江南，今日江南肖实堪。"圆明园中对杭州西湖汪氏小有天园的借景，在长春园西南角茜园对面小岛上思永斋东侧别院。该园以假山叠石和流水飞瀑为主体，规模虽小却极为精致。乾隆帝曾为之题诗曰：

"激水飞来雪瀑，叠峰耸出云根。壶里绝无尘处，窗中小有天园。"

清漪园对江南风情的借景更加恢宏壮阔，因为乾隆帝的本意就是将昆明湖打造为杭州西湖的翻版。在首次南巡的前一年，乾隆帝即命供奉内廷的江南画家董邦达绘制《西湖十景图》长卷，并透露了在京畿一带模仿西湖景观打造皇家园林的意向。从清漪园建成的面貌来看，也确实是以杭州西湖为蓝本的。昆明湖的水面划分、万寿山与昆明湖的位置关系，以及西堤在湖中的走向，都与杭州西湖十分类似。乾隆帝御制《万寿山即事》一诗，也明确点出了这一点："面水背山地，明湖仿浙西。琳琅三竺宇，花柳六桥堤。"这里提到的"六桥堤"，是指西堤上自北往南纵贯昆明湖的6座桥梁，也正是对西湖苏堤上六桥的模拟。清漪园前湖景区的总体布局，也在很大程度上借鉴了杭州西湖的环湖景观。杭州西湖景观的一大精华，是一系列环湖建筑的点缀形成了犹如风景长卷的烟波画面。昆明湖师其意而用之，以南湖岛为始，经十七孔桥过东堤北段，再折而向西经万寿山前山，再转而向南沿西堤直至绣漪桥，同样构成了一个漫长的山水画卷，堪称皇家园林中模拟江南风景最成功的事例。

清漪园中另一个显著仿建江南名园的园林区域，是位于东北部的惠山园。该园原型为著名的无锡秦氏寄畅园，据考证，乾隆帝南巡6次，游览寄畅园至少达11次之多，还命画师将景致绘制成图，并"携图以归，肖其意于万寿山之东麓，名曰惠山园"。该园建成后，乾隆帝御笔题写"惠山园八景"，以之为题的组诗竟写了15遍之多。其中，最为直抒胸臆的一首诗为《惠山园即景》："偶称寄畅景，因涉惠山园。台榭皆曲肖，主宾且慢论。"比照两园景点，可知乾隆帝此诗所言非虚：惠山园的正堂载时堂对应着寄畅园的嘉树堂，惠山园的知鱼桥对应着寄畅园的七星桥，惠山园的澹碧斋对应的是寄畅园的先月榭，惠山园的就云楼对应的是寄畅园的天香阁，等等。乾隆帝仿照寄畅园来建设惠山园时，有取有舍，更有出新之处，成为清漪园中最富江南情调的一座园中园。

玉泉山静明园虽然整体规模较小，但其中的江南格调亦颇有可观。静明园中的竹炉山房，乃以无锡惠山听松庵竹炉茶舍为摹本。乾隆帝游览惠山时，对竹炉茶舍的茗茶大加赞赏，返京后即在玉泉山兴建竹炉山房，为品茶之用。静明园中的圣因综绘阁，则是仿照杭州西湖圣因寺行宫而建。乾隆帝有诗曰："圣因综绘以何名？志在西湖述在京。"静明园中的玉峰塔影景观，核心是玉泉山上兴建的佛塔，而此景的原型取自镇江金山寺妙高峰。静明园内的特色景观溪田课耕，位于垂虹桥以西濒河一带，该地临近玉泉山南麓的迸珠泉，附近河道迂曲萦回，乾隆帝命人于此开辟水田甚多，水生动物亦较多，营造出一派江南水村野居的景色。另外，静明园内就5个小湖打造的5个小型水景园，又构成了一条连续的环山水景带，泛舟水路，五园相连而下，境迁而景异，与江南丘陵地区的水网地貌亦颇为神似。

位于香山东坡的静宜园，因山形地貌与江南相差较大，所以对江南园林的借用，相对其他各园略少，但也不乏仿建之作。园中的洗心亭系仿照浙江云栖寺洗心亭而建。乾隆帝曾题《洗心亭》一诗云："缁衣窃得羲经语，亭子云栖额雅名。我亦于斯每留什，为儒为释漫分明。"并于诗中注明："此亭即仿云栖为之。"静宜园中的胜亭，则再度模仿了乾隆帝念念不忘的杭州西湖小有天园。乾隆帝在《胜亭纪事》一诗中称："戊子构胜亭，巧仿江南式。"并同样在诗注中说明了该亭的缘起："是亭在超然堂之上，为方胜形，盖肖杭州西湖小有天园之式构之者。"乾隆帝对于营造南方景色似乎有某种执念，虽然静宜园处于较为寒冷的北方山地，他还是尝试培植来自南方的竹、梅等植物。当闻知玉华寺内有桂树成活时，乾隆帝甚至兴奋地在诗中称："地灵夺天工，神妙乃若斯。指似江南人，为我别然疑。"只不过，此类努力大多是徒劳。

三、中西结合的经典

清代皇家园林能够在中国园林文化史上独树一帜，还有一个不能忽视的元素，那就是引入西洋园林文化后形成了中西结合的经典。而最能体现这种中西结合风格的建筑群，主要就位于三山五园中的圆明园。明末清初，中西文化交流活动频繁，以耶稣会教士利玛窦于明万历十年（1582）到达中国为开端，到18世纪晚期，是中国与西方之间以平等地位进行文化交流互动的时期。一大批欧洲传教士先后来到中国，在力图扩大基督教影响的同时，也带来了当时西方世界流行的许多科学及文化知识。对于这些异域知识，清代帝王们远比明代帝王们有更大的热情。康熙帝对于西方自然科学非常感兴趣，知识渊博，乾隆帝虽然在自然科学方面的造诣远不如其祖父，但是整体上对西学传播仍然是包容的。依靠来华欧洲传教士的技术引进，乾隆时期的皇家园林中建成了欧式园林建筑群，这是中国和欧洲两大园林体系相结合的创造性尝试，无论是在世界园林史上还是在中西文化交流史上，都写下了令人惊叹的一页。

1. 传教士与西洋楼的建造

西洋园林文化能够出现在清代皇家园林之中，首要原因是在宫廷内任职的来华传教士群体。从明代起，来华传教士便意识到从中国宫廷入手，是打入中国社会、在中国产生影响的重要渠道。因此，明清易代之后，仍有不少传教士愿意继续服务于清代宫廷。同时，顺治帝、康熙帝亦对传教士采取优容之策，征召有一技之长的传教士进入宫廷任职。因此，活跃于清代宫廷机构中的传教士数量可观，很多人都有渊博的学识、专精的技艺及很高的艺术修养。与康熙帝关注自然科学和实用科技不同，乾隆帝对西学的兴趣主要集中在文化艺术方面。雍正时期建成，位于圆明园内的如意馆，是清代内务府造办处的一个重要办公场所。参与圆明园西洋楼建设的传教士，大多都在这个机构中任职。其中最重要的人物，是来自意大利的耶稣会传教士郎世宁。

郎世宁于1688年生于意大利米兰，19岁加入热那亚耶稣会。他极具艺术才华，在绘画方面尤为突出。18世纪初，欧洲社会中兴起了一股"中国热"，郎世宁也深受这股风潮影响，主动向教会请求前往中国。康熙五十四年（1715），郎世宁搭载西洋商船抵达澳门。在先期来华的意大利传教士马国贤（Matteo Ripa）的引荐下，郎世宁觐见了康熙帝，凭借绘画才能得以供奉宫廷。此后又历经雍正、乾隆两朝，官至正三品，总共在京生活达51年之久，乾隆三十一年（1766）去世，葬于京师阜成门外葡萄牙墓地。郎世宁在华期间，潜心钻研中西绘画技法的融合，创造了一种中西合璧新体画，其成就超过了众多中国本土画家和其他来华传教士画家，为前近代中西文化交流做出了贡献。更加令人惊讶的是，基于在绘画中领略的建筑、园艺等知识，原本并非建筑设计师的郎世宁居然承接了乾隆帝交付的建设圆明园西洋楼的任务，并最终圆满完成。

任命郎世宁等传教士在圆明园中兴建西洋楼，反映了乾隆帝对外来文化具有开放和包容的心态。乾隆时期，清朝国力达到鼎盛，在世界贸易体系中也处于优势地位。在这一背景下，乾隆帝对于外部世界并无忧惧之心，反而有了解的意愿。引入大量传教士为宫廷服务，在皇家园林中加入西洋建筑样式，为西洋建筑而进口大批西方物料，都体现了乾隆帝对异国事物有浓厚兴趣。此外，兴建西洋楼之举还反映了乾隆帝在艺术鉴赏方面的极高水平和广阔视野。乾隆帝在诗词书画各方面都有很好的造诣，培养出了很高的艺术鉴赏力。对于园林艺术，乾隆帝亦造诣不凡，本着"移天缩地在君怀"的思路，独具匠心地将"一池三山"为代表的传统宫苑文化与江南园林文化、寺观建筑和西洋建筑相结合，这才成就了圆明园作为"万园之园"的恢宏气象。

  郎世宁成为西洋楼建设的主持人，是偶然之中的必然。乾隆十二年（1747），乾隆帝从西洋画册中看到一幅喷泉图，遂让郎世宁解说，听完解说之后，遂有让其主持建造西洋楼之意。中外材料的记载都表明，无论是西洋楼建筑的设计，还是楼内外装饰与陈设的设计与制作，郎世宁都担任了重要角色。西洋楼最重要的几座建筑如谐奇趣、方外观和海晏堂，都采用了郎世宁绘制的不少样稿。西洋楼的内部陈设，大多都是由郎世宁先行画样呈送乾隆帝审阅，得到允准后再交由造办处照做。郎世宁基于在故乡意大利所领略的、以巴洛克艺术为代表的艺术，以及来华后对中国传统文化的深入钻研，在西洋楼建设中将中西文化和艺术风格有机融合起来，为18世纪清代皇家园林建设增添了中国园林史上前所未有的新意。西洋楼建筑群在突出体现巴洛克和洛可可样式的同时，也包含了中国传统建筑工艺手法。西方园林的几何构图与中国园林的自然景观融为一体，成就一件中西合璧、恢宏大气的园林杰作。

当然，为西洋楼建设做出重要贡献的传教士并不止郎世宁一人。另外一名发挥了重要作用的传教士，是来自法国的耶稣会神父蒋友仁（Michel Benoist）。当初乾隆帝问询喷泉制作之法时，郎世宁因并不精通相关原理，遂向北京城内各教堂求访能够实际制作喷泉的人士。蒋友仁恰好到达北京不久，是传教士中堪比康熙年间白晋等人的科学家，有较高的天文、数字和物理知识，能够制作引水机器，遂被郎世宁推荐进入内廷工作。蒋友仁由此从神父一变而为水利工程师，并在当年秋天造成一台喷水机，成为宫廷中一大奇闻，甚得乾隆帝欢心。建设西洋楼计划启动后，蒋友仁一方面协助郎世宁设计欧式宫殿图样，另一方面负责宫殿前喷泉的设计与督造。在蒋友仁的努力下，谐奇趣前的海棠式喷泉成功建成，成为中国的第一座欧式喷泉。此后，蒋友仁又相继建造了海晏堂、远瀛观等建筑前的喷泉。另外，蒋友仁还受命参与了乾隆时期的舆图测绘活动，制作了当时世界上最完备的亚洲大陆全图。

为了与西洋楼建筑相匹配，乾隆帝在其内部安置了大量西方器物，其中最引人注目的是西洋钟表及其他一些西方机械制品。维护和修理这些钟表和机械的人员，也主要是传教士。其中，作用最突出也最知名的人士，是来自法国的耶稣会教士汪达洪（Jean Mathieu De Ventavon）。汪达洪于乾隆三十一年（1766）来华，因"熟谙天文，兼习钟表等技艺"，被两广总督杨廷璋推荐入京。次年，乾隆帝即命汪达洪进入如意馆工作。汪达洪在稍后给欧洲的一封信中，叙述自己承担的主要任务是："我到北京以后就被皇帝召去维修钟表，更确切地说我是作为机械师被召去的。事实上，皇帝不仅需要我们维修钟表，还需要维修一些有趣的机械。"汪达洪为圆明园设计和制作了一批西洋风格的奇器，如一统万年双自行人、自行鹅、自行船、鱼浮水陈设、浮水娃娃陈设等；还负责维修西洋楼里安装的诸多西洋器物，如谐奇趣、海晏堂、远瀛观里的自行人、风琴钟、打钟人儿等。直到乾隆五十二年（1787）去世，汪达洪一直是圆明园如意馆中最重要的技术骨干。

另外一些为西洋楼建设服务的传教士，其作用虽然不比郎世宁、蒋友仁和汪达洪等人，但在乾隆后期圆明园内部装饰绘画及维护等方面也做出了很多贡献。例如，法国耶稣会教士王致诚（Jean Denis Attiret）为长春园澄观阁、新建水法、玉玲珑馆后殿和盘山引胜轩西洋水法等多处作画或补画，内容亦多种多样。来自波希米亚的耶稣会教士艾启蒙（Ignatius Sickeltart）来华后，曾跟从郎世宁学画，技艺精湛。乾隆二十八年（1763），因谐奇趣大殿棚顶画渗漏，便由艾启蒙"找补见新"。乾隆三十九年（1774），他又受命为谐奇趣东平台洋漆九屏峰画"西洋各国人脸像"。法国耶稣会教士贺清泰（Louis De Poirot）既是精通语言的学者，又以绘画供奉内廷，在谐奇趣、远瀛观等处都留下了画作。意大利耶稣会教士潘廷璋（Fr. Joseph Panzi）具有很高的绘画才华，故而受命为圆明园内谐奇趣、远瀛观等处绘制了大量装饰画。这些传教士凭借自身的艺术文化素养，为圆明园增添了许多风情，也在中西文化交流史上留下了独特的印记。

2. 西洋楼群的风貌与风格

乾隆年间在圆明园里建造的这组西洋楼群，位于长春园的北景区，沿着北宫墙呈带状展开，与其南部的中式园林之间有土山相隔。这组楼群自乾隆十五年（1750）起开始兴建，大约于乾隆四十八年（1783）才完成全部工程。楼群的占地面积约为80亩，总共包括11座欧式建筑和22组喷泉，11座主要建筑自西向东一字排开，其次序为谐奇趣、万花阵、养雀笼、方外观、五竹亭、海晏堂、远瀛观、大水法、观水法、线法山、线法画。这些建筑皆为18世纪流行于欧洲宫廷的巴洛克式样，采取承重墙结构，其立面上的柱式、基座、门窗和栏杆扶手均表现出明显的欧洲古典风格，但是屋脊上的花饰采用了中国的传统形象，外檐的雕刻细部也以中式纹样为主。整个景区既有欧式的宫殿、迷宫、喷泉，也有中式的叠石假山和竹亭。当然，就总体而言，西洋楼群还是迥异于中国古典园林风格，而是凸显了欧洲勒诺特式（Le Notre style）园林特点，即控制轴线、均齐对称。这是个富有创造性的尝试，也保持了圆明园的整体性和一致性。

西洋楼群最西端的南部，是最先落成的一座建筑——谐奇趣。该建筑平面呈半圆弧形，主楼为3层，第一、二层各有7间，顶层为3间。一层大殿向左右两个方向各伸出一条9间的弧形游廊，继而各自又连着一座两层由五色琉璃瓦装饰的八角楼厅，这两座楼厅是专门为皇帝演奏中西乐器的地方。谐奇趣整座楼坐落在汉白玉基座上，中式庑殿楼顶铺盖着紫色琉璃瓦，门窗装饰则为欧式彩绘。楼南面正对着的便是蒋友仁督造的那座大型海棠式喷泉，水池中心是一只用细石精雕而成的翻尾石鱼，鱼口即为喷泉水柱出口，水柱最高可达10余米。水池周边环绕着18只铜雁、4只铜羊，以及铜鹿、铜鸭、铜鹅及石刻花瓶等造型的喷头，一齐向池中喷水。楼北面则有一座精致小巧的菊花式喷泉，池中喷水台分为3层，最下层是4只尾部喷水的铜猫，中间层是4个小型喷水塔，最上层是一个喷水管。喷泉的供水楼即蓄水楼，位于谐奇趣西北向，用水车将水提上蓄水楼，再以铜管下注至各喷泉机关。乾隆十八年（1753），葡萄牙使臣访华时，乾隆帝曾经特旨允许其至谐奇趣前观赏该处水法。

谐奇趣之北为万花阵，也称黄花阵，其原型是仿照欧洲园林中流行的迷宫式建筑。万花阵中心筑有高台圆基八方西式亭，外砌长方形迷阵，方阵南北长89米、东西宽59米，阵墙总长1600余米，墙高平均约1.2米，墙面皆用雕花砖砌成。万花阵四面均设门供进出，南面为正门，该门为西洋座钟形，门内有西洋石桥一座。位于阵中心高台上的八方西式亭皆用汉白玉雕拼而成，亭内设有西洋式座椅，供皇帝观景之用。万花阵从入口到中心亭的直线距离仅有30余米，但是其间用一道道绿植灌木组成纵横曲折、似通非通的夹道，人行其中很容易迷失方向，犹如进入一座迷宫。据传当圆明园全盛之时，每逢中秋之夜，乾隆帝常常会坐在中心亭里观景。皇亲国戚的命妇们在宫女的簇拥下走进迷宫，先到者可接受皇帝的赏赐。同时，宫女们还会手持黄丝绸做成的睡莲灯在阵中游走，就像"无数颗金星在绿松中闪耀"。"黄花阵"之名即源出于此。另外，万花阵东侧为饲养进贡珍禽而建造的养雀笼。养雀笼规模不大，朝西的大门为中式牌楼，朝东的大门则全然是西洋风格，中间券洞是铁花门，两边券洞则为壁龛式，同样突出体现了中西结合的风格。

在养雀笼东门外南北两侧，分别是方外观和五竹亭。方外观是一座长方形三开间两层楼建筑，为砖墙承重结构，砖墙中夹立石柱，表面形制为壁柱。其主体为4根石雕方柱，下层明间券门带平台式灯罩，两次间有椭圆形石券窗，楼上3间为石券花窗，东西两边各开有一座角门，两侧均有半环形楼梯连通上下层，楼梯栏杆为西洋式"S"形透雕栏杆。下层中部开间的壁柱明显凸出，大门有厚重的石套，门楣处有贝壳形浮雕，两侧窗子为椭圆形，窗套亦为浮雕式。方外观屋顶采用中式庑殿的重檐，屋顶以下却再也难寻中式建筑元素。据传方外观于乾隆二十五年（1760）被改为清真寺，系乾隆帝安置来自维吾尔族的香妃之处。而方外观的主体建筑贴面上，也确实刻有阿拉伯文、维吾尔文组成的几何图案。五竹亭正对着方外观的南面，是5座西洋竹式重檐亭。5座竹亭的枋、梁、檩为木构，其他皆为竹构，并用彩色玻璃镶嵌，用贝壳装饰，各个竹亭之间都用长廊连接。这些竹亭起初位于谐奇趣的北面，因其过于高大而有遮挡风景之嫌，故于乾隆三十五年（1770）迁移至此。

  位于方外观东面的一组较大的建筑群，即为西洋楼群堪称标志性建筑之一的海晏堂，共包括两座建筑和一个大水池。该堂正楼朝西，对着椭圆形水池，堂后建筑为蓄水楼。正楼高两层，上下均为11开间。楼体为砖砌，西立面中部楼上设大门，门前左右有弧形叠落石阶数10级，沿石阶可由一层上至二层。二层中央铜门两侧有两根凸出的立柱，柱头采用变体爱奥尼式。堂前水池大致为菱形，中央有一座圆形喷水塔，池东则有一座石雕牡蛎形番花。在牡蛎形番花两侧，分别排列12尊人身兽头青铜雕像，象征十二生肖。每尊雕像都手捧玉笏，北面6座由内往外分别是丑牛、卯兔、巳蛇、未羊、酉鸡、亥猪，南面6座由内往外依次为子鼠、寅虎、辰龙、午马、申猴、戌狗。这些生肖铜像按照时辰规律排列，轮流自口中喷水一个时辰，正午时则一齐喷水，根据喷水动物即可知大概时间，所以又有"水力钟"之称。另在水池最西端，还有一处花盆状喷泉。正楼后面的"工"字形平台楼，是作为附近喷泉水源的蓄水楼。这座蓄水楼的外观仍是一座西式洋楼，下部为走廊，上部建有阳台，楼上中心是一个蓄水池。为防止渗漏，池边皆用锡板包装，故而该水池又被呼为"锡海"。不过，在喷泉结构的设计者蒋友仁去世后，宫内无人能够修理提水机械，所以该蓄水池早就改为人力戽水了。

在海晏堂之东，乃是西洋楼群中最长的一组建筑，即大水法、观水法和远瀛观。大水法本义就是大喷泉，它是一座用汉白玉石材雕刻而成的大牌坊。牌坊中心是一个巨型石龛，中券之前是狮子头形喷水瀑布，形成七级水帘。瀑布下方是一个椭圆形菊花式喷水池，水池正中有只铜鹿，角分八叉，可由角顶喷出8道水柱。两侧共有10只铜铸猎狗，每只都从口中喷出水柱，直射鹿身。这一"猎狗逐鹿"景象，很可能是郎世宁基于罗马神话中戴安娜与阿特泰恩的故事而做出的设计。因为同时期意大利卡塞塔宫喷泉中的猎狗数量，与大水法完全一致。大水法的正南面是观水法。这是皇帝欣赏大水法的平台，全部用白色大理石砌成，台子正中设有御座，左右两边各有一只展翅欲飞的铜鹤。御座后面有一座半圆形的石屏风，上面刻有兵器及甲胄图案的浮雕。石屏风两侧各有一座汉白玉方塔，方塔两侧又各有一座巴洛克式西洋门。

远瀛观是建在大水法和观水法北面高台上的一座建筑，为五开间大殿。其两端的两间稍向前伸出，故而整座建筑的平面呈倒置的"凹"字形。远瀛观整体由数十根汉白玉大石柱组成，中间部分为3层重檐庑殿顶，两边是双层檐钟刻亭式楼顶。当中三开间装有三樘铜门，以白色大理石柱隔开；各间皆有壁柱作为装饰，檐口上每逢壁柱所在部位皆有凸起的花饰；门两侧有壁柱式门套，发券门楣也有精美雕饰。所有这些装饰风格都属于晚期巴洛克样式。远瀛观殿上装有24个中式龙头状铸铜出水口，每当下雨时，雨水可由龙头流出。远瀛观殿内挂有乾隆帝御笔所书"远瀛观"西洋花边玻璃心匾，四周则有大量西洋人物及风景通景画。据记载，远瀛观内陈设了许多西洋物件，尤以法国国王赠送给乾隆帝的土耳其挂毯、英王乔治三世赠送的天体运行仪最为知名。

从大水法往东，经过一座四柱三间西洋牌楼，即进入线法山景区。线法山占地6500平方米，是一座人工堆成的圆形土山，高约8米。山体四面均有可直达山顶的盘山道，道旁砌有黄绿两色琉璃矮墙。因盘山道迂回曲折，故而又被俗称为"转马台"。山顶建有一座双檐八角四券西式凉亭，站在亭内可俯视大水法及远瀛观。线法山东面也有一座西洋牌楼，名为"螺蛳牌楼"。这个牌楼由3个弓形门构成，中间大门为圆券式，两旁小门为方券式，券上各有纹饰，皆用镶嵌着珐琅的瓷砖制成。螺蛳牌楼东面是方河，东西长144米，南北宽50米。方河沿岸用条石砌成，河水通过暗管从狮子林接引而来。方河南北两岸砌有线法墙，为西洋楼南北界墙。方河东岸的线法墙，又称线法画，是由7道左右对称的八字状断墙组成，墙面所挂油画的内容为威尼斯水乡街景。并且，这些油画如同舞台一样，还可以根据需要随意更换。线法山、线法墙和线法画中所谓"线法"，其实是指这些景观都是按照线法亦即透视学标准布置的，可使平行线都朝向中央消失点，使人产生立体与深度的感觉，为圆明园增加了奇幻的色彩。

3. 西方世界对圆明园的认知

在三山五园之中，圆明园最为富丽堂皇，早在18世纪中后期，欧洲社会各界就对圆明园有所了解，并极度赞美这座东方园林。当时，参与建设圆明园的传教士，如王致诚、蒋友仁等人，不仅参与了圆明园建设的许多具体工作，而且有很多时间也是在圆明园中工作和生活。作为最早一批近距离接触圆明园的人士，他们也被圆明园的东方神韵和优美的园林景致深深吸引，并将这种感受传达回了欧洲世界。他们所传递的关于圆明园的信息，吸引了许多欧洲人士的注意，成为欧洲正面认知中华文化的重要载体。咸丰末年火烧圆明园的英法联军，作为圆明园的破坏者，他们也是最后一批亲睹圆明园美景的人，而其留下的关于圆明园的各类记载，在某种意义上，不啻是步入地狱前的最后忏悔。

最早向西方较为全面描述圆明园的人，是当时在造办处任职的法国传教士王致诚。乾隆八年（1743）秋天，他给一位名为"达索先生"的朋友写了一封长信，详细披露了圆明园里面的种种园林景观及其艺术特色，还描述了园内包括节庆活动和日常起居在内的皇家生活。这位在法国和意大利接受过正宗西方艺术教育的画家和学者，目睹圆明园之后，深深地为中国园林美学所折服。他在信中不吝各种赞美之语，称赞圆明园"真是一个人间天堂"。他还一再将中西艺术形式进行对比，并由衷地赞叹中国艺术之美。他直言不讳地说："我很欣赏中国人在这方面及他们的建筑上表现出来的丰富想象力，相比之下，我真觉得我们在这方面太贫乏了。""说老实话，公正地说，我很喜欢中国的建筑艺术。自从我来到中国以后，我的目光、我的趣味都有点中国化了。""只有像中国这样大的国家才能在短时间内造得起这样奇妙的工程。"他的这封信于乾隆十四年（1749）在法国以书信集的形式发表后，迅速引起广泛注意，随之又被全部或部分译成英文和德文出版，成为欧洲人了解中国古典园林最重要的资料之一。

蒋友仁也在写给欧洲友人的信中介绍了圆明园在园林艺术上的高超成就。与王致诚一样，他也特别注意到中国园林中强调师法自然的倾向："盖华人雅擅装饰园林，使天然景色，愈增完美，其技艺卓有成功。"蒋友仁还细加描摹了中西园林存在着一览无遗和曲径通幽的风格差异。在他看来，欧式园景"大都一望无际，浓阴掩荫之夹道，且平台毗连，人可登临其上，瞭望远处，伟大之景物，渺无穷尽，历历在目，然累累者若是之多，缥缈之幻想力，不得有所逗滞而专注于任何景物也"；而"华人庭苑，景色层出不穷，更新迭异，人游其中，从无厌倦之时，因其中面积，广袤长短，均有比例。游人既见其中各种景色，惊叹赞美，迷恋不已，但行不数武，复有新奇之景物呈现于前，而使人油然新兴爱慕之感觉也"。另外，同样在圆明园里工作过的法国传教士汤执中（P. Pierre d'Incarville）、韩国英（P. Pierre-Martial Cibot）等人也通过书信或论文等渠道，向欧洲社会各界人士介绍了圆明园的不少信息。

除了传教士们在言辞中的描绘，圆明园画像也在18—19世纪传入欧洲。王致诚在前述给达索先生的信中就提道："此后若我有时间，定当向欧洲寄去几幅精心绘制的图画。"王致诚很可能没有时间来完成画作。但是，乾隆九年（1744）中国画师唐岱、沈源完成了圆明园四十景水彩绢画。王致诚大概在18世纪60年代便将这幅画作寄往了法国，后被法国皇家画院的主管收藏。另有一些传教士则于1770年将《圆明园四十景图》寄给了法国国务大臣亨利·柏丁（Henri Bertin），柏丁去世前又将之赠交法国国家图书馆收藏。至今在画册扉页上，还有用铅笔标注的"fonds Bertin, 1795"（"柏丁遗赠，1795"）字样。而以这些画册为底本进行翻刻或摹绘的作品，在18—19世纪流传到了更多的欧洲国家，加深了欧洲各界对圆明园和东方文化的认知。

王致诚的那封描述圆明园的信件被法国著名启蒙思想家伏尔泰看到，信中的内容引发了伏尔泰在哲学层面的深入思考。1764年，伏尔泰出版了《哲学辞典》一书，全书贯穿了百科全书派的理性主义精神，对当时法国的政治、社会和宗教进行了犀利的批判。在论"美"的词条中，伏尔泰首先指明，"美常常是相对的，因为在日本认为合乎礼貌的事在罗马却又不合乎礼貌，在巴黎风行一时的东西在北京又未必合时宜"。为了具体论述这种观点，伏尔泰援引了王致诚关于中西园林对比的例子。根据王致诚信中描绘的景象，伏尔泰这样形容圆明园，作为清朝皇帝离宫的圆明园"比第戎城（位于巴黎和里昂之间的一座城市）还大，宫室千院，鳞次栉比；风光旖旎，气象万千；殿宇间雕梁画栋，金碧辉煌"。伏尔泰最后还戏谑地写道："阿提莱神甫（王致诚）从中国回到凡尔赛，就觉得凡尔赛太小太暗淡无光了。德国人在凡尔赛树林子里跑了一圈看得出神，便觉得阿提莱神甫也未免太刁难了。"伏尔泰固然是在论述学理，但无意之间也把圆明园置于欧洲园林之上了。

圆明园以及其他中国园林艺术在欧洲的传播，导致了"英中式园林"（亦称盎格鲁－中国式园林）的流行。17世纪末18世纪初，中国园林艺术逐渐传入欧洲，其后随着避暑山庄和圆明园等皇家园林被介绍进来，一种与欧洲古典园林全然不同的园林形式，首先在英国兴起。这种园林形式一反欧式园林注重对称的传统风格，以溪流、曲径和浓荫为特征，更加符合中式园林那种师法自然的原则。1774—1782年，凡尔赛宫里的一座植物园也被英中式花园所取代，还增建了一个中式亭子构成的彩色游廊。此外，在德国、意大利、俄国等诸多地方，也都出现了对中式园林建筑的模仿。法国大革命前夕，法兰西皇家地理学家乔治·路易斯·勒鲁热（Georges Louis Le Rouge）出版了《时尚的英中式园林》一书。勒鲁热不仅在该书第15、16册中专门介绍了圆明园四十景，还在第15册扉页上评论说，来自北京园林的这些图像在欧洲的出版，推动了18世纪欧洲"园林艺术的进步"，因为"众所周知，英国园林不过是中国园林的复刻"。

然而，令人感到无比讽刺的是，圆明园留给世人的最后印象，居然是以强盗面目来到圆明园的英法联军留下来的。咸丰十年（1860），侵入北京的英法联军来到圆明园。虽然这时的圆明园景象已较乾隆朝全盛时期逊色不少，但是其富丽堂皇的程度，仍然使这些外国侵略者大受震撼。法国海军上尉帕律（Leopold Pallu）用夸张的笔调写道：

"看见夏宫后,联军中的所有人,虽然学历、年龄和思想各不相同,所得出的印象都是一样的:再也找不到可与之媲美的花园了。人们全都震惊了,都说,法国所有的皇家城堡也抵不上一个圆明园!"法国军官穆特雷西(Charles De Mutrecy)描述自己的感觉时,称这是一座"神奇的园林,那简直是《一千零一夜》中的宫殿",以至于"我们简直不知道看什么好"。英军随军牧师麦吉(M'Ghee)抒发自己的感触是,"假若你能幻想,神仙也和常人一般大小,此处就可算是仙宫乐园了。我从未看见过一个景色与我们想象中相合的仙境,今日才算大开了眼界";"即使我写一整本书,我也描写不尽,你也还不能想象到实在的情景"。英军随军医生伦涅(D. F. Rennie)也不由得感叹:"这块地方,在我眼界中,成为最奇特和最美丽的景色之一。"而在他们燃起的一场大火之后,圆明园的仙境永远在人世间消失了。

英法联军火烧圆明园的反人类文明暴行,在当时的欧洲社会也遭到了有识之士的谴责。1861年2月23日,巴黎土伊勒里宫(Les Tuileries)内举行了一场展览,展出内容是法国远征军从圆明园劫掠的珍品。闻知此事的法国大文豪雨果(Victor Hugo),在一封公开信中无比愤慨地指出,"历史的结晶是属于全人类的。世界上的艺术家、诗人、哲学家都知道有个圆明园……尽管有人不曾见过它,但都梦想着它。这是一个震撼人心的、尚不被外人熟知的杰作";但"这个奇迹现已不复存在",因为"两个强盗走进了圆明园,一个抢掠,一个放火……当初在帕特农所发生的事情又在圆明园重演了,而且这次干得更凶、更彻底,以至于片瓦不留"。仗义执言的欧洲知名人士不止雨果。法国著名科幻小说家凡尔纳(Jules Verne)在1879年出版了小说《一个中国人在中国的遭遇》,他在书中谈及北京时写道:"在欧洲,甚至哪个城市,哪个首都能提供这样的物品清单?而在这个清单上,还得加上万寿山,这个离北京数里远的夏宫。夏宫已于1860年被焚毁,但人们在废墟中隐约还可见到她那'圆明'的花园、'玉泉'的丘壑、'万寿'的山。"显然,凡尔纳也对火烧圆明园事件印象深刻。而雨果和凡尔纳的反应也表明,圆明园早已成为一个具有世界意义的文化符号。

第五章 三山五园的传统文化意蕴

中国历代的皇家苑囿，从来都不是仅供帝王们赏玩的自然景观，而是富含着对深厚传统文化积淀的寄寓和表达。作为清代皇家园林重要组成部分的三山五园，也同样继承了中国传统文化的意蕴。本来，满洲贵族在入关前的很长一段时期里，接触中国传统文化的层次并不太高，如清太祖努尔哈赤只能大体阅读《三国演义》而已，所以也谈不上在皇家苑囿中展现文化底蕴。然而，在定鼎中原之后，清朝统治者大大加深了接受汉文化的程度。自顺治帝开始，清代统治者的文化水准飞速提高。特别是康熙帝和乾隆帝的文化素养，足以跻身文化精英之列。因此，主要在康熙和乾隆时期完成的三山五园，充分展示了清朝统治者对传统文化的理解与把握。众所周知，中国传统文化的核心内容主要包括3种成分，即儒家文化、道家文化和佛家文化。在清帝们的精心规划下，三山五园对这3种文化成分都有十分鲜明的体现，甚至还包括了许多民间信仰的文化元素。三山五园既是中国传统文化的形象化表达，也是中国传统文化史中不能忽视的组成部分。

一、儒家文化的体现

起源于春秋时期的儒家思想，是汉文化的重要内容。自汉武帝时期将儒家思想确立为基本治国理念后，无论后世的朝代和统治者怎样变化，儒家思想都牢牢占据了意识形态的主导地位。在统治者的大力推动下，儒家文化也成为社会文化的主流，成为日常社会生活中最重要的伦理规范。清军入关后，统治者为保障实现国家大一统，决定将崇儒重道作为稳定社会秩序的基本国策。顺治帝之后的几代清帝，在力倡儒学的同时，也不断提高自身的儒学素养，儒家文化在社会生活的许多方面都得到了极大推广。作为皇家居所的三山五园，同时也是国家政治与文化中心的所在地之一，对儒家文化的弘扬也体现在园林文化中，集中表现在3个方面：勤政为先、耕稼为本和孝治天下。

1. 勤政为先

勤政为先是儒家政治思想历来强调的一项内容，在传统王朝时代被普遍认为是明君贤臣的基本素质。与其他朝代相比，清代帝王对于勤政理念更为关切，这种关切在园林中处处有体现。康熙帝在西苑南海瀛台旁边兴建勤政殿，并亲自题写"勤政殿"匾额。雍正帝在养心殿书写"四箴"，即"敬天、法祖、勤政、亲贤"，后被奉为"圣训"。圆明园里的勤政殿匾额，亦为雍正帝亲笔书写。乾隆帝更是时刻以勤政为标榜，清漪园、静宜园、静明园和避暑山庄等御园中皆有勤政殿，其匾额皆为乾隆帝所题。对皇家御苑中遍设勤政殿之举，乾隆帝还在一首御制诗中描述为"御园及山庄，殿胥勤政名"，并在此句下注解称："是处檐额皇祖所御题，其圆明园、万寿山、清漪园、香山静宜园及避暑山庄，凡听政之所，均以勤政名之，实数典于此。"清朝统治者代代强调勤政的风气，以致嘉庆帝颇为自豪地宣称"诚以我朝家法，勤政为先"。而三山五园之中专门建造的各类听政处所，与清代这种勤政风气相呼应。

畅春园里虽然没有以"勤政殿"为名的建筑，但是并非没有以听政为主要功能的处所。康熙帝自己在《畅春园记》中就声明："其轩墀爽垲，以听政事；曲房邃宇，以贮简编。茅屋涂茨，略无藻饰。"可见，"听政"是畅春园的主要功用之一。畅春园中最显著的听政处是九经三事殿。从畅春园正门即大宫门进园向北，位于中路的正殿就是九经三事殿。该殿面阔五间，是畅春园里规模最大的一处单体建筑。殿堂正面悬挂康熙帝御书的匾额，殿内有康熙帝题写的联语："皇建有极，敛时敷锡，而康而色；乾元下济,亏盈益谦,勉始勉终。"殿名的"九经",是指9部儒家经典,即"三礼"——《周礼》《仪礼》《礼记》,"三传"——《春秋左氏传》《春秋公羊传》《春秋榖梁传》,"三经"——《易经》《书经》《诗经》。所谓三事,一说是指司徒、司空和司寇,另一说则指《尚书》所说的立政三事,即"任人、准夫、牧作"。但无论如何,都表明该殿作为治国理政处所的性质。

九经三事殿虽然相当于其他御苑中的勤政殿,但是康熙帝在畅春园中更多用来听政的地方,其实是澹宁居。澹宁居在九经三事殿之东,位于整座园子的东南角。从九经三事殿一路往北抵云涯馆,再由云涯馆的东南角门出来,绕至剑山东面的河堤,向南抵达朝向西方的广梁门,门内即为澹宁居。澹宁居整体坐北朝南,共三楹,装饰极为朴素,匾额亦为康熙帝亲自题写。有幸游览畅春园的朝鲜来华使臣徐有素,在《燕行录》中记载,澹宁居前殿为"御门听政、选官、引见之所"。康熙末年,康熙帝初见皇孙弘历,便非常喜爱这个孙子,常带其同住畅春园,并赐居澹宁居,澹宁居后殿就成为弘历居住和读书的地方。乾隆帝登基后,感念祖孙情深及祖父对他的培养和关爱,在修建清漪园时,特意将园内后山东部一处建筑命名为澹宁堂,并赋诗曰:"忆昔垂髫岁,赐居曰澹宁。"

圆明园四十景的第二景为"勤政亲贤",在这组建筑群中,核心建筑正是勤政殿。该景区初建于雍正初年,位于圆明园第一景"正大光明"景区之东，南临园墙，东、北两面以土山合围，东山之后为洞天深处景区，北山后隔河遥望九洲清晏景区。勤政亲贤建筑群整体近似方形，大体由东、中、西三路院落组成。东路为五进院落组成的吉祥所，前院设宫门和莲花门，后四进院落均为5间正房加东西厢房各3间的样式。中路设前后三殿：前殿为5间敞厅构成的芳碧丛；中殿为主殿，即由9间歇山围廊大殿组成的保合太和殿；后殿为富春楼，楼东侧跨院中又有一座名为竹林清响的殿阁。西路为四进院落，依次为值房、飞云轩、怀清芬、秀木佳荫、生秋庭，飞云轩西南向西连接的一座跨院就是勤政殿。总体来看，勤政亲贤景区虽然是理政场所，但是与正大光明景区的庄严肃穆气象截然不同，呈现出一派庭院园林的景致。

勤政殿是圆明园理政区的核心殿宇。该殿为南向五开间建筑，前后各接抱厦三间，整体上呈东书房、中礼仪、西休憩的空间格局。殿内悬挂雍正帝亲笔题写的"勤政亲贤"匾额，正中御座后面的屏风上则有乾隆帝手书的《尚书》之《无逸》篇，后楣高悬雍正帝题写的"为君难"匾额。东壁陈列乾隆帝所作《创业守成难易说》，西壁陈列御制《为君难跋》。整座殿宇以方便实用为主，不甚讲求宫廷礼制和排场，空间也并不大。另外一座具有重要理政功能的殿宇是中路的保合太和殿。该殿规制大体仿照紫禁城中的养心殿，也分为中部和东、西暖阁3个部分。殿内照壁上有乾隆帝亲笔题写的《圣训四箴》，西暖阁内则再次高悬"勤政亲贤"匾额。其后，嘉庆帝在西暖阁内增添了"养心室"匾额，更加鲜明地体现了保合太和殿与养心殿的关系。另外，为体现自己绳其祖武的意愿，嘉庆帝在兴修绮春园时，也在园内建造了一座勤政殿，并亲自题写了匾额。

圆明园的理政场所是三山五园中最具代表性的一处。特别是雍正帝和乾隆帝，不仅长期在此处处理政务，而且多次强调圆明园的理政功能。雍正帝在其所作《圆明园记》中说，园中建造勤政殿的目的，就是用于办理政务："惟建设轩墀，分列朝署，俾侍直诸臣，有视听之所。构殿于园之南，御以听政。"继而描述了自己在勤政殿中的辛苦工作："晨曦初丽，夏晷方长，召对咨询，频移昼漏，与诸臣相接见之时为多"，"昼接臣僚，宵批章奏，校文于墀，观射于圃，燕闲斋肃"，可见皇帝这种工作一点也不比今天的打工人轻松。雍正帝如此勤政，正是效法康熙帝"之勤劳也"。雍正帝还特地赋诗一首，题为《夏日勤政殿观新月作》，诗云"勉思解愠鼓虞琴，殿壁书悬大宝箴。独揽万机凭溽暑，难抛一寸是光阴。丝纶日注临轩语，禾黍常期击壤吟。恰好碧天新吐月，半轮为启戒盈心。"乾隆帝在继位后所作的《圆明园后记》中，也为其父在圆明园勤政的说法做了背书："昔我皇考因皇祖之赐园而修葺之，略具朝署之规，以乘时行令，布政亲贤……我皇考之先忧后乐，一皇祖之先忧后乐。"其后，嘉庆帝又为祖、父做了背书，称雍正帝、乾隆帝两人在位期间，皆"驻跸御园，与宫内办事，无一日少闲"。

清漪园的宫廷生活区位于昆明湖东北岸一带，以勤政殿为中心的理政建筑群便坐落于此。勤政殿位于大宫门内正西，是一座高大的七楹殿宇。殿门悬挂乾隆帝所题"勤政殿"匾额，内额为"海涵春育"。第一副楹联是"念切者丰年为瑞，贤臣为宝；心游乎道德之渊，仁义之林"。第二副楹联为"乂制事，礼制心，检身若不及；德懋官，功懋赏，立政惟其人"。所有这些匾额楹联，皆具点题之用。然而，乾隆帝在清漪园中办理朝政时，在勤政殿其实较少，更多时候是在勤政殿西面的玉澜堂。该堂西临昆明湖，是一座坐北朝南的三合院式院落。其正殿为玉澜堂，东配殿为霞芬室，西配殿为藕香榭。正殿面阔三间，带东西耳房各二间，东西配殿都是面阔五间的穿堂殿，院内四周建有抄手游廊共18间，连接起3座建筑。乾隆帝每从圆明园至清漪园，因玉澜堂离宫门较近，所以常先在此处理政务。他在《题玉澜堂》诗中云"坐此先咨政，敕几敢懈吾"，并注称："向每至清漪园，必先坐此堂传餐咨政。"

乾隆年间在清漪园中建造的、寄寓勤政之意的建筑，除勤政殿建筑群外，还有鉴远堂、藻鉴堂和治镜阁3处。鉴远堂在南湖岛的南岸，南面临水，面阔五间。关于该堂得名，乾隆帝解释说，由此处"开窗纵目，一碧万顷，因题曰鉴远堂"。乾隆帝有诗云"临湖构虚榭，万顷一窗前……触绪契神解，理诠复政诠"，表现了该处的勤政之意。藻鉴堂位于西湖水域的岛屿上。该岛东、西、北三面皆砌有假山，中部山坳处建筑为藻鉴堂，面阔五间。乾隆诗云"我有用人责，贤否应勤勘"，用"藻鉴"二字表达了对用人与勤政的思考。位于养水湖中小岛上的治镜阁，也是对治国和用人理念的寄寓。乾隆二十六年（1761），乾隆帝在《治镜阁八韵》一诗中点明："求贤惟硁硁，勤政要孜孜。无易由言鉴，君难勉力为。"其后，他又在乾隆五十年（1785）所作《题治镜阁》诗中再次指明其两重理政寓意："一曰镜古治，善政与恶政；一曰镜今治，敬胜及怠胜。敬则其政善，民安而俗正。怠则其政恶，君骄而臣佞。"

乾隆年间建造的勤政殿，在咸丰年间英法联军入侵北京时被毁。到了慈禧太后主政的同治、光绪年间，清廷将清漪园改造为颐和园时，也把勤政殿加以整修改建，更名为仁寿殿。改建后的仁寿殿与南北配殿、南北九卿房和仁寿门一起构成宫廷政务活动区，也是晚清时期三山五园中唯一具备完整理政功能的建筑群落。仁寿殿外观类似金銮殿，坐西朝东，面阔七间，进深五间，四周带回廊。明间外檐柱间悬挂满汉合璧的匾额"仁寿殿"，内檐匾额为"大圆宝镜"。殿内明间正中有地平床，上方悬挂"寿协仁符"匾。仁寿门为仁寿殿入口，清漪园时期名为"二宫门"。该门为牌楼、衙署仪门和寺庙棂星门三结合的样式，门簪上有满汉合璧"仁寿门"额。仁寿殿群落于光绪十四年（1888）建成，慈禧太后以归政名义从紫禁城移居于此。实际上，慈禧居园期间仍牢牢把握着权柄。因此，晚清时期朝廷处置维新变法、庚子国变等诸多重大政治事件时，都是在以仁寿殿为中心的朝政场所展开的。只不过，这些政务活动已不是雍正、乾隆二帝所期许的那种"勤政"了。

在三山五园之中，香山静宜园和玉泉山静明园的政治功能较弱，并非清帝理政的常住之处，但也不乏体现勤政意象的建筑。

香山静宜园中的勤政殿为二十八景之首，以勤政殿为中心的建筑群构成了静宜园的宫廷区。勤政殿位于东宫门附近，坐西朝东，紧挨宫门，构成一条东西向中轴线。该殿由正殿、南北配殿、朝房、牌楼等构成，正殿面阔五间，两厢朝房各5间。源出碧云寺的月牙河从殿前流过，殿后为丽瞩楼，也位于宫廷区中轴线上。勤政殿和丽瞩楼构成的这组建筑布局规整，整体又名横云馆，相当于宫廷区的内廷。勤政殿正殿外檐悬挂乾隆帝御笔"勤政殿"匾额，内外檐彩画均采用金龙和玺。正殿内额为"与和气游"，此额与紫禁城乐寿堂内额相同，语出自《汉书·王褒传》里的"恩从祥风翱，德与和气游"。殿内大柱上有乾隆帝题写的一副楹联："林月映宵衣，寮寀一堂师帝典；

松风传昼漏,农桑四野绘豳图。"显而易见,该联所传达的正是勤政理念。

静宜园中具有理政功能的处所,还有致远斋和虚朗斋。致远斋位于勤政殿北面,坐北朝南,面阔五楹,前后抱厦各三楹。斋东为供皇帝用膳的膳房院,膳房院东则为军机处临时办公的小院。乾隆帝来静宜园时,常于致远斋听政和批阅奏章。乾隆帝写过多首以致远斋为主题的诗作,都提到了致远斋的理政功能。其一曰:"静宜理事处,颜曰致远斋……致远恒在近,宵旰遑徘徊";其二曰:"庶官斯引见,几务此畴咨。便是游山处,无非勤政时";其三曰:"静宜园中咨政处,驻兹清晓所必临。致远讵为玩山景,九州四海在一心。"位于中宫区域的虚朗斋,也是乾隆帝理政的场所之一。该斋坐北朝南,斋前有曲水流觞,斋南为画禅室,北为学古堂,东为郁兰堂,西为伫芳楼。关于斋名由来,乾隆帝解释说:"虚则公,公则明,朗之为义,高明有融。异夫昭昭察察之为者,要非致虚极不足语此。"帝王理政之心术,由此可见一斑。

虽然乾隆帝前往静宜园游驻之际,理政活动并不频繁,但是大概出于对勤政家法的敬畏,他一再在关于静宜园的诗文中强调理政问题。对此,除了前述题致远斋诗作以外,还有一些更为鲜明的表述。在《静宜园二十八景诗》的第一首《勤政殿》中,乾隆帝就强调勤政乃为家法:"悦心期有养,好乐励无荒。漫拟灵称囿,偏宜山号香。问农频驻跸，咨采喜同堂。家法传勤政，孜孜敢暂忘。"并在诗序中解释了对康熙帝、雍正帝所传勤政家法的尊奉："皇祖就西苑跃台之陂，为瀛台以避暑，视事之所，颜曰勤政。皇考圆明园视事之殿，亦以勤政名之。予既以静宜名是园，复建殿山麓，延见公卿百僚，取其自外来者近而无登陟之劳也。晨披既勤，昼接靡倦，所行之政即皇祖皇考之政，因寓意兹名，昭继述之志，用自勖焉。"在记述建园宗旨的《静宜园记》中，乾隆帝也说理政是建造该园的初衷之一："殿曰勤政，朝夕是临，与群臣咨政要而筹民瘼，如圆明园也。有憩息之乐，省往来之劳，以恤下人。"

玉泉山静明园中相当于勤政殿的建筑，是作为静明园十六景之首的廓然大公。圆明园内也有一组名为廓然大公的建筑，位于福海西北角。不过，圆明园的廓然大公是仿照无锡寄畅园而建的山水园林，而静明园的廓然大公则是宫廷区主建筑。该院落位于静明园正门即南宫门内，宫门外牌坊上石刻匾额为"月渚""雪澜"。主体建筑共分两进：第一进为七开间廓然大公殿，悬挂乾隆帝御书匾额，东西各有五开间配殿，为临殿听政之所；第二进为五开间后殿，额曰"涵万象"，西北有临玉泉湖的月台，是书房之所在。廓然大公建筑群与玉泉湖中的乐景阁、南面的南宫门形成一条南北中轴线，属于清代皇家行宫园林的标准样式。关于廓然大公的理政属性，乾隆帝在《题静明园十六景》组诗中称："沼宫时燕豫，召对有明庭……敷政真堪式，宁惟悦性灵。"并在诗注中说明："听政之所，虚明洞彻，境与心会，取程子语颜之。"事实上，因静明园正门朝南，从圆明园来此往南绕路颇远，所以乾隆帝从不走南宫门，也就很少到廓然大公殿听政理事。

乾隆帝在静明园中真正听政理事的场所，是含晖堂和清音斋。含晖堂正对东宫门，属于园内南山景区。东宫门外玉河设有码头，乾隆帝从清漪园坐船而来，可由此下船入静明园，所以含晖堂是最便捷的落脚点。乾隆帝也多次宣称自己将含晖堂作为理政之处。如在乾隆三十四年（1769）所作《题含晖堂》诗中便注称："堂门东临玉河，驻舟必至。此为视政之所。"其后又称："入园门率憩此堂，披阅章奏，引见人员，虽游览之顷，未尝废政务也。"乾隆五十三年（1788）在一首诗注中称："堂近园之东门，每于此召见臣工，披阅章奏，一切政务期协大公。睹兹堂额，奉无私照之义，益觉昭然。"位于玉泉湖东北岸的一座园中园"翠云嘉荫"，其西侧院落中的五开间正殿为华滋馆，因乾隆帝经常在此进膳，也常作为视政之所。他在该处有题诗称，"每到传餐率于此，遂教敕政问何其"，"传餐常取便，敕政亦斯间"。

2. 耕稼为本

中国是农耕文明的主要发源地之一，农业发展也是中华文明得以绵绵不息的重要因素。从农耕文明中生长出来的儒家文化，自然也就形成了源远流长的重农思想。与"民为邦本，食为民天""衣食者民之本也，稼穑者民之务也"等说法相呼应，崇本抑末或农本意识成为中国历代王朝都尊奉的传统。原本以游牧渔猎起家的满族，建立政权后便开始向农业社会转化。入关后的清朝统治者，更在儒家文化的深刻影响下，迅速树立了重农理念。康熙帝对于农耕的关切程度，是历代帝王中少见的。他下令重绘《耕织图》，在撰写的序文中还表达了浓厚的农本思想："念生民之本，以衣食为天……且欲令寰宇之内，皆敦崇本业，勤以谋之，俭以积之，衣食丰饶，以共跻于安和富寿之域。"雍正帝、乾隆帝也效仿康熙帝，绘制《耕织图》，在很多场合都表达了重农意识。清帝对农业的重视，在三山五园的园林风光中也处处有体现，三山五园中的大片田园风光就是最好的证明。

康熙帝建造畅春园时，浓墨重彩的田园风光就成为非常突出的景观，这与康熙帝对农耕的重视与偏好密切相关。康熙帝曾表示自己"自幼喜观稼穑，所得各方五谷菜蔬之种，必亲种之，以观其收获"，因此，康熙帝亲政后，就在西苑南海的瀛台以北建造了丰泽园。该园是以农桑田园为主题，除建有知稼轩、秋云亭等景观外，园中还有稻田数亩，供康熙帝培育、试种御稻之用。不过，丰泽园面积有限，康熙帝没法一展宏图。因此，康熙帝在起意兴建畅春园之初，就已有心在园中打造更大的耕稼之区了。他的这番心迹，在《畅春园记》里有明显披露："当夫重峦极浦，朝烟夕霏，芳荑发于四序，珍禽喧于百族。禾稼丰稔，满野铺芬。寓景无方，会心斯远。其或穮秱未时，旸雨非时，临陌以悯胼胝，开轩而察沟浍。占离毕则殷然望，咏云汉则悄然忧。宛若禹甸周原，在我户牖也。"不难看出，康熙帝并不将畅春园仅仅视为消闲逸乐之处，还希望通过该园来体验民生稼穑的实情。

畅春园内的田园主要位于西部，从无逸斋旁的土山向北，直到位于园西北的大西门，总面积有上百亩，该地不种花卉，全部用来种植水稻和蔬菜。这块稻田称得上是康熙帝的御稻"试验田"。原来，康熙帝在丰泽园中选种培育出的新稻种，正是在畅春园里做了大面积的推广。康熙三十九年（1700）秋，康熙帝至畅春园察看稻田，对御稻生产情况很满意，特地赋诗一首——《畅春园观稻时七月十一日也》，诗云："七月紫芒五里香，近园遗种祝祯祥。炎方塞北皆称瑞，稼穑天工岁乐穰。"康熙帝试种御稻之举并不限于畅春园内，园外邻近地区也多有种植。康熙年间，除玉泉山山麓外，六郎庄、万泉庄、黑龙潭、高粱桥等处都开辟了不少稻田，因此，御稻又称京西稻。每到秋天，稻浪翻滚，金灿灿一片。稻米色微红，粒长，气香而味腴，口感很好，这是康熙帝躬耕南亩实践出来的成果。为管理京西稻田，康熙五十三年（1714），内务府奉宸苑在玉泉山东的青龙桥专门设立稻田厂。据《日下旧闻考》记载，稻田厂廨宇"前后四重，房六十有四楹"，"仓廒及官署、碾房具备焉"。畅春园内外的稻田生产发展到如此规模，的确可以成为康熙帝了解农事的一个窗口了。

雍正帝作为雍亲王的时候，就非常上心地以农功来投父皇所好。康熙帝颁布《御制耕织图》画册后，胤禛立即参照图册，延请宫廷画师绘制了《雍亲王耕织图》进呈康熙帝，图中人物面相与胤禛及其福晋极为相似，其用意不言自明。因康熙帝对此图册颇为赞赏，激发了胤禛对农功的进一步留意。从胤禛于康熙末年所作《圆景十二咏》中可知，此时的圆明园里已有体现耕读文化的景观了。如《菜圃》一诗云："凿地新开圃，因川曲引泉。碧畦一雨过，青壤百蔬妍。洁爱沾晨露，鲜宜润晚烟。倚亭间伫览，生意用忻然。"此外，还有《耕织轩》诗云："轩亭开面面，原隰对畇畇。禾稼迎窗绿，桑麻窣地新。檐星窥织火，渠水界田畛。辛苦农蚕事，歌谣可系豳。"

雍正帝继位后，一方面扩建圆明园，另一方面也扩大了园内的田园景区。该景区位于圆明园北部，在西北部最高处紫碧山房所在的山下有一菜圃，菜圃东、南两面皆为桑林。紫碧山房东南方向建有观稼轩，是田园景区主要观景点，往东经过鱼跃鸢飞、北苑山房，往南经过耕织轩、多稼轩、田字房，是观赏田园风光的两条主要路线。田字房是雍正帝颇为中意的一处建筑，乾隆帝为皇子时所撰《田字房记》中写道："皇父万几之暇，燕接亲藩游豫于此。是地也,西山远带,碧沼前流,每当盛夏,开窗则四面风至,不复知暑。其北则稻田数亩,嘉禾生香,蔼闻于室。盖我父皇重农之心,虽于燕闲游观之所,亦未尝顷刻忘也。"乾隆帝的这番话甚得其父欢心,雍正帝在《圆明园记》中就表露了自己的重农之意:"园之中或辟田庐,或营蔬圃,平原膴膴,嘉颖穰穰,偶一眺览,则遐思区夏,普祝有秋。至若凭栏观稼,临陌占云,望好雨之知时,冀良苗之应候,则农夫勤瘁,稼事艰难,其景象又恍然在苑囿间也。"

登上皇位的乾隆帝,效法其祖其父,在皇家苑囿中继续大力推广田园景观。在省视圆明园时作《御园亲耕》一诗,便点明了这层用意:"我朝得天下,马上搴旗帜。创武守以文,耕稼尤留意。皇祖绘为图,种获编次第。皇考耕藉田,岁岁禾双穗。谓是御园中,朝暮便亲视……民天念在兹,敢懈肯播志。"乾隆帝即位不久,便对圆明园里的田园景区进行了大规模的改建扩建。雍正时期的观稼轩,于乾隆初年被改建为"多稼如云",成为圆明园四十景之一。该处前临荷花池,后有溪河,宜于观稼赏荷。乾隆帝描述该景点道:"坡有桃,沼有莲,月地花天,虹梁云栋,巍若仙居矣。隔垣一方,鳞塍参差,野风习习,被襏襫笠往来,又田家风味也。盖古有弄田,用知稼穑之候云。"其诗称:"稼穑难为尚克知,黍高稻下入畴谘。弄田常有仓箱庆,四海如兹念在兹。"

雍正时期的北苑山房，被改建为"北远山村"。乾隆帝在《北远山村》一诗序言中称："循苑墙度北关，村落鳞次，竹篱茅舍，巷陌交通。平畴远风，有牧笛渔歌与春杵应答。读王储田家诗时遇此境。"原先的田字房被改建为"澹泊宁静"，乾隆帝解释其主要用意是："仿田字为房，密室周遮，尘氛不到。其外槐阴花蔓，延青缀紫，风水沦涟，蒹葭苍瑟，澹泊相遭，泂矣视之既静，其听始远。"原先的多稼轩改为"映水兰香"。该处"在澹泊宁静少西，屋傍松竹交阴，翛然远俗。前有水田数棱，纵横绿荫之外。适凉风乍来，稻香徐引，八百鼻功德，兹为第一"。其诗曰："园居岂为事游观，早晚农功倚槛看。数顷黄云黍雨润，千畦绿水稻风寒。心田喜色良胜玉，鼻观真香不数兰。日在豳风图画里，敢忘周颂命田官。"而雍正时期的耕织轩被改称为"水木明瑟"后，农功意味已经不浓了。

除改建外，乾隆帝也新建了一些田园景观。北远山村东边的新建景点若帆之阁，该阁东部为耕云堂，其主要功能就是供皇帝登高观阅园外农稼。乾隆帝多次以耕云堂为题抒发对农事的关切之情，其中一诗云："山堂近北墙，俯视见墙外。墙外复何有，水田横一带。绿云蔚芃芃，怒长雨既霈。耕耘忙农夫，胼胝力诚惫。所以廑祈年，斯实苦之最。"另外一处新建景观为位于杏花春馆西北的春雨轩，也是观稼知农的重要地点。春雨轩建成后不久便连逢喜雨，乾隆帝高兴地赋诗称："春雨名轩果是奇，自兹春雨每逢之。最优渥者为今岁，未烂漫兮恰好时。彻日彻宵还莫间，或疏或密总相宜。凭栏却幸何修遇，喜共东郊农父知。"在若帆之阁之东的天宇空明，为了满足乾隆帝观耕的需要，特地在院墙外开挖稻田64池，又加宽旧有稻田26池，并新建澄景堂、清旷楼以便凭栏观赏园外稻浪及村野景象。乾隆帝曾于此处赋诗曰："拾级高楼旷且清，非夸画栋与雕甍。石墙以外见墟里，为忆民艰及物情。"

清漪园内最体现农耕文化的场景，是位于清漪园西部偏北的耕织图景区，这里也是三山五园中最富特色的田园景观。乾隆帝即位后，为表示效法乃祖乃父的重农理念，命宫廷画师参照《雍亲王耕织图》，也绘制了一套《耕织图》，并亲自为每图配诗一首。出于对《耕织图》传统的重视，乾隆帝别具匠心地在清漪园内打造了一处耕织图景区。该处利用昆明湖与玉泉山之间水网密布的自然条件，布置了河湖、稻田和蚕桑等农事元素，真实再现了耕织劳作生产的田园风光。景区建筑群坐落在玉带桥西北的玉河北岸，临河为玉河斋，西为蚕神庙，北为织染局，织染局后为水村居。玉河斋前所立石碑正面御题"耕织图"，石阴则有乾隆帝诗云："玉带桥边耕织图，织云耕雨肖东吴。每过便尔留清问，为较寻常景趣殊。"乾隆帝对此景区颇为满意，所以于此处一再有吟咏农功诗作。例如，乾隆三十年（1765）题《水村居》诗云："茅屋竹篱象水村，水村幽事略堪论。棹舟见则耕还织,绕舍孳惟鸡与豚。"乾隆三十四年(1769)再作《水村居》云:"舟往仍须舟与还,沿缘棹过水村湾。竹篱茅舍春增趣,蚕事农功时尚闲。墙外红桃才欲绽,岸傍绿柳已堪攀。蓄鸡放鸭非无谓,借以知民生计艰。"

清漪园中另外两处与农耕文化有密切关系的景点,当为绿畦亭和畅观堂。绿畦亭是位于万寿山前山西部半山腰的一座观景方亭,在连接云松巢和邵窝殿的回廊中间。此亭看起来是个配景,但是在此观赏耕织图景区颇为便利,故而乾隆帝有多首以绿畦亭为题吟咏农功的诗作。其一云:"鱼鳞俯瞰野村道,蓄水图将资稼功。虽是怀新时伺远,几多绿意在其中。"其二云:"观稼因之筑小亭,春冰铺泽满畦町。漫嫌绿意其中鲜,会看良苗熨眼青。"其三云:"依山亭以绿畦名,春稚犹然未起耕。虽曰拈吟非即景,何时可忘重农情。"畅观堂坐落在清漪园西南角,建在昆明湖西岸的一座土山上,地方清静,登高而望,是观赏农稼的绝佳之处,乾隆帝曾在此传召词臣举行"观稼诗会"。他本人亦因此处景致而共题诗72首,基本都与农功有关。例如,"畅观岂为观佳景,都在水田陆亩间","便有荷锄事耘者,何时不我系农辛","左俯昆明右玉泉,背屏镜治面溪田","是时吾所廑,农务那能忘","诗聊说情性,图以阅耕桑",等等,不一而足。

另外,万寿山景区内的绮望轩和霁清轩也具有观稼功能。绮望轩位于万寿山后山中御路西头、后溪河西端南岸。其主体建筑面阔三间，坐落于距离北面院墙不远的临河假山上。该处地势较高，便于观望园外田地中庄稼生长状况。乾隆帝有《绮望轩》诗云："高下黄云一色同，西成今岁幸绥丰。秋郊端胜春郊望，惟是闲花间紫红。"霁清轩位于万寿山东部、惠山园之北，建在清漪园东北角的一座土山上，正殿面阔三间。此处自成丘壑，高出清漪园院墙甚多，登轩可以临眺园外禾田。乾隆帝多次在此观稼，亦有诗云："北方春雨艰，自无喜霁时。霁清今来喜，雨既渥可知……凭阑生遥欣，新耕争力为"；"山顶虚轩堪骋望，野无隙地大田耕。雨落麦穗正宜晒，今日方知喜霁清"。

玉泉山静明园中最著名的田园风光，为十六景之一的"溪田课耕"。该景区位于玉泉山南麓之西，在水城关以西的院墙内，是一片河泡和水田交织之区。按照当时制定的规程，水田的耕作由内务府委派一名四等庄头管理，每年所获稻米交纳内大仓。在河道北岸山麓、绣壁诗态西边，建有一座三楹轩室，额名"课耕轩"。课耕轩北倚玉泉山山峦，面向湖田，视野开阔，水乡风貌历历在目。乾隆帝修建该景区及课耕轩的主旨，正是为了表达问农观稼之意。其于乾隆十九年（1754）所作《课耕轩》一诗称："疏轩倚秀岩，俯畅名课耕。溪田带左近，引水艺稻粳。墙外即高田，禾麦千畦呈。向者偶凭窗，欣闻叱犊声。今来再骋目，绿刹已滋荣。及时好资雨，庶可希西成。岂辞欲速讥，惟是先忧并。浓云看渐徂，惜哉心怦怦。"不过，乾隆二十四年（1759）以后这片水田挖成高水湖，稻田风光消失了。

　　静明园中与农功相关的其他景点，基本都属于间接关系了。位于清凉禅窟西北部的犁云亭，本来是一座寺庙园林的组成部分，但是便于乾隆帝在此眺望园外农田，其所题《犁云亭》一诗亦云："绿甸高低绘麦禾，犁云锄雨较如何？一年最是关心处，忧为兹多乐亦多。"位于崇藟轩西边的一处山间平台，名为倚晴楼，本为观山景之处，但是乾隆帝在此常常念及晴雨变化对农事的影响。如其于乾隆四十年（1775）题《倚晴楼》云："山楼拾级倚晴空，每度登临意不同。旱畏晴霖喜晴好，所同仍祇在农功。"乾隆五十三年（1788）复有诗云："近看麦陇穗抽密，遥接稻塍苗吐齐。额庆田功遇此鲜，戒盈惟益励兢兮。"另外，乾隆帝前往静明园途中，也经常关心庄稼长势。如其在《首夏玉泉山》中称："雨余一览玉山容，实欲因之历阅农。麦吐穗含风气爽，稻舒秧泛露华浓。"因类似诗句甚多，由此可见乾隆帝游园兼观风之意。

　　相形之下，香山静宜园因地处山中，难以打造特点鲜明的田园景区，乾隆帝却也努力赋予其农耕元素。在乾隆十年（1745）所撰《静宜园记》一文中，他便将观农问稼之意作为建园的主旨之一："山居望远村平畴，耕者、耘者、馌者、获者、敛者，历历在目。杏花菖叶，足以验时令而备农经也。"乾隆帝的这番话，其实是指静宜园外而非园内而言。因为欲至静宜园，必然经过青龙桥西和玉泉山西的大片农田，所以乾隆帝几乎每过此地，必有关乎农功的诗作。特别是在乾隆六十年（1795），他曾3次登临香山，皆以农事为念。在春天前往香山途中，见青龙桥等地秧苗已经长出水面数寸，欣然吟出"簇簇稻秧争发长，森森麦穗待成坚"之句；随后到达玉泉山麓，又见风吹麦苗景象，便在《玉泉山北》一诗中写道："高低无麦不青葱，含气结浆远近同。露润晶晶辉晓日，浪翻叠叠度轻风。"重阳时节，乾隆帝再度来到静宜园，在《重阳日香山静宜园即事三叠壬子诗韵》中，表达了自己一贯"较雨量晴，殷心农务"的心情。就此而言，静宜园中虽然没有真正的田园景观，却也并未疏离农耕文化。

3. 孝治天下

孝道文化是儒家伦理道德体系的核心内容，随着儒家思想成为中国社会的主导性规范，孝道观念也逐渐成为一项影响深远的中国文化传统。作为儒家经典的《孝经》称："夫孝，德之本也，教之所由生也……始于事亲，忠于事君，终于立身。"从对父母之孝推演出忠君意识，是所谓"孝治天下"的合理性所在，故而深受历代统治者青睐。清代立国之后，在崇儒重道的背景下，清帝也很快认识到"自古平治天下，莫大乎孝"的道理，所以大力提倡孝道文化和孝悌观念。自顺治帝以下，清代诸帝皆以尊奉孝道为标榜，康熙帝更是"首崇孝治"，竭力推行"孝治天下"的理念及实践。在这种潮流下，三山五园也成为清帝奉行孝道的重要场所。一是这些园林中建造了不少诸如皇太后行宫、祭祖寺庙等用以奉孝敬亲的建筑，二是清帝通过在这些园林中所作的各种联额、题咏，以及举办的各类祝寿活动，来表达对孝道文化的推重。这样一来，孝道文化也就构成了三山五园的突出文化元素之一。

最早落成的畅春园中就处处体现了孝道文化。康熙帝在《畅春园记》里宣称，该园主要功用之一是"祇奉颐养，游息于兹，足以迓清和而涤烦暑，寄远瞩而康慈颜。扶舆后先，承欢爱日，有天伦之乐焉"。这一说法绝非虚言，园中所建澹泊为德行宫甫一落成，康熙帝便将太皇太后孝庄文皇后和皇太后孝惠章皇后迎养于此。孝庄文皇后居园不到一年便告去世，所以长期驻跸园内的是孝惠章皇后。除澹泊为德行宫外，闲邪存诚殿、谦尊堂、雅玩斋、镜峰等处也是皇太后时常驻跸之所。康熙帝还多次在园内为皇太后举行祝寿活动，以示孝心。康熙五十二年（1713）三月，当康熙帝六旬寿辰之时，为报答慈母恩情，康熙帝特命八旗满洲、蒙古、汉军70岁以上妇人，"齐集畅春园皇太后宫门前"，按年龄等差列坐，并由"皇太后、皇上亲视颁赐茶果酒食等物"。康熙五十六年（1717）春，园内梅花盛开，康熙帝恭请皇太后于雅玩斋进膳赏花，并于诗中表示此举纯属一片孝思:"敬上乔松祝,欣瞻王母仪。捧觞称寿句,进酒问安词……承欢同永日,孝思莫违时。会庆思经义,千秋古训垂。"

乾隆帝即位后,将畅春园正式定为奉养皇太后之所。乾隆三年(1738)颁布谕旨称:"朕孝养皇太后,应有温清适宜之所,是以奉皇太后驻跸于此,不忍重劳民力,另筑园囿。朕即在圆明园,而敬葺皇祖所居畅春园,以为皇太后高年颐养之地。"为此,乾隆帝对畅春园进行了较大规模的翻修。很可能在这一时期,康熙年间的澹泊为德行宫被改造为皇太后寝宫春晖堂。该堂正殿五楹,东西配殿亦各五楹。殿后为垂花门,门内向北的第三进院正殿为寿萱春永殿,面阔五楹,左右配殿亦各五楹,并带东西耳殿各三楹。所有联额均为乾隆帝御书。乾隆帝生母孝圣宪皇后从乾隆四年(1739)就住进寿萱春永殿,直至去世。乾隆帝亦明言:"寿萱春永,皇太后所居园中寝殿也。"皇太后在世时,乾隆帝频频前往畅春园内请安,也经常接她前往圆明园等处游赏。乾隆四十二年(1777)初,孝圣皇太后去世,乾隆帝悲伤之余,决定将畅春园永为奉养皇太后的居所,颁发谕旨称:"朕恭奉圣母皇太后颐和养志,四十余年,于畅春园神御所安,最为怡适……若畅春园,则距圆明园甚近,事奉东朝,问安视膳,莫便于此,我子孙亦当世守勿改。著将此旨录写,封贮尚书房、军机处各一分,传示子孙,以志勿忘。"但到了道光年间,畅春园已荒废不堪，乾隆帝的谕旨再也无法遵守了。

畅春园中体现孝道文化的地方，还有恩佑寺与恩慕寺。这两座建筑虽然以寺为名，但并非是普通的佛寺，还是寓含孝思之意的庙堂。恩佑寺的缘起是雍正帝为纪念康熙帝的举措。康熙帝去世后，雍正帝在畅春园东北隅院墙内起建恩佑寺，为皇父荐福之用。据说，雍正帝此举仿效了康熙帝为纪念孝庄文皇后而在南苑建造永慕寺的做法。乾隆四十二年（1777），孝圣皇太后去世后，乾隆帝效仿康熙帝和雍正帝的做法，在恩佑寺之右建造了一座恩慕寺，以寄托哀思，并为皇太后广资慈福。对于自己的这番孝思，乾隆帝在《御制恩慕寺瞻礼六韵》一诗中写道："尊养畅春历卅冬，欲求温清更何从？天惟高矣地为厚，慕述祖兮恩述宗。圣德宁资冥福报，永思因启梵筵重。阶临忍草韶光寂，庭列祥枝慧荫浓。忾若闻犹僾若见，耳中音与目中容。大慈本悟无生指，渺息长怀罔极恭。"

圆明园中的孝道文化，首先体现在雍正帝所作《圆明园记》："园既成，仰荷慈恩，锡以园额，曰圆明。朕尝恭迓銮舆，欣承色笑，庆天伦之乐，申爱日之诚。"不过，雍正时期并未在园内兴建体现孝道文化的建筑，直到乾隆帝扩建圆明园时，才将这一主题落实在具体建设之中。最明显表达孝道的建筑，是圆明园四十景之一的"鸿慈永祜"。这组建筑又名安佑宫，是仿照景山寿皇殿建造的大型皇家祖祠，也是圆明园中规格最高的建筑。整个建筑群位于圆明园西北角，占地6000多平方米，恰好处在圆明园内的祖山上，体现了宗庙与山水相称的原则。主体建筑又可以分为两大部分，北半部以安佑宫大殿为主，南半部以牌坊和华表为主。鸿慈永祜是清代皇家园林中唯一一座具有家庙性质的建筑，按照乾隆时期规制，正殿神龛内供奉康熙帝、雍正帝御容，每年四月初八，皇帝"率领诸皇子近侍拜谒，其朔望荐熟彻馔，一如生时礼"。逢清明节时，皇帝"在园则展拜安佑宫，亦旧例也"。由此可见，鸿慈永祜的一大核心内容，就是为了彰显清廷的孝行。

圆明园中另一处用来体现孝道的地方是长春仙馆。该馆初名莲花馆，为圆明园四十景之一。正殿面阔五楹，后殿为面阔五楹的绿荫轩，正殿西廊后为面阔三楹的丽景轩。雍正七年（1729），尚为皇子的乾隆帝被赐居于此读书。雍正十一年（1733），雍正帝赐弘历"长春居士"雅号。乾隆帝登基后，即将此馆更名为长春仙馆。因需要迎接皇太后来圆明园行节庆游赏之事，乾隆帝特命将长春仙馆作为皇太后专用休憩之区。他在《圆明园四十景诗》之《长春仙馆》的序中说道："今略加修饰，遇佳辰令节，迎奉皇太后为膳寝之所，盖以长春志祝云。"其诗亦云："常时问寝地，曩岁读书堂。秘阁冬宜燠，虚亭夏亦凉。欢心依日永，乐志愿长春。阶下松龄祝，千秋奉寿康。"乾隆四十二年（1777），孝圣皇太后在长春仙馆去世，乾隆帝遂将此处改为佛堂，"以时瞻礼，恪遵家法，不敢奉神御也"。并多次在此处写下孝思之作，如"昨春大故忽于此，今岁重来望已空。未敢频兴神御屡，因之洁治佛筵崇"；"释服归来意如失，改余旧寝梵王宫。未安神御存心曲，原睹慈容泪眼中"。

此外值得一提的是，圆明三园中的绮春园也一度是皇太后的特定居所。原来，自孝圣皇太后去世后，嘉庆年间并无皇太后，所以畅春园长期闲置。至道光帝即位时，畅春园业已不堪居住，道光帝不得不变更乾隆帝旨意，另觅居所。鉴于"绮春园在圆明园之左，相距咫尺，视膳问安，较之畅春园更为密迩，且系皇太后夙昔临莅之区，居处游览，罄无不宜。于此尊养承欢，当与近奉东朝之旨尤相契合也"，道光帝"将绮春园相度修整，敬奉慈愉"。绮春园由此也被称为"太后园"。嘉庆时期所建正殿即勤政殿，被道光帝改名迎晖殿，皇太后于万寿节在此接受群臣朝贺。正殿北面原为敷春堂，后改为永春堂，作为皇太后寝宫。此外如清夏斋、四宜书屋等处，也先后改为太妃、太嫔们的寝宫和寝院。孝和皇太后居住绮春园长达27年，病逝后，梓宫亦在迎晖殿暂安祭奠。绮春园毁于兵燹后，孝钦皇太后于同治年间曾有修复之议，但因国力不济而中辍。

某种意义上，清漪园本身就可以被视为孝道文化的体现。因为乾隆帝建造该园的一个主要理由，就是向孝圣皇太后六十寿辰表达孝行。虽然这一说法有为大兴土木之举掩饰的意味，但是清漪园中的确建造了很多体现孝道的建筑群，那就是位于万寿山前山景区的大报恩延寿寺。该寺原址为明代圆静寺，乾隆帝在此修建大报恩延寿寺，是效法明成祖在江宁为母祝寿兴建报恩寺之举。他在乾隆十六年（1751）亲撰的《御制万寿山大报恩延寿寺碑记》中云："粤乾隆辛未之岁，恭遇圣寿六秩诞辰。朕躬率天下臣民，举行大庆礼，奉万年觞，敬效天保南山之义。以瓮山居昆明湖之阳，加号曰万寿，创建梵宫，命之曰大报恩延寿寺。"并在此文中反复申明报孝之义，称"朕惟人子之于亲恩罔极，则思报之心与为罔极，而报恩之分恒不能称其思报之愿"，是故"藉兹山之命名，申建寺之宏愿，春晖寸草之心与俱永焉"。乾隆帝将此举说成是践行孝道的典范，也算是苦心孤诣了。

按照乾隆帝起初的规划，要在延寿寺后修建一座"浮图九级"的延寿塔。此塔自乾隆十五年（1750）兴工，乾隆帝对其进展始终十分关注。乾隆二十年（1755），他在诗注中记："山前建延寿塔，今至第五层，已高出山顶矣。"两年后又在另一诗注中记下："时构塔已至第八层，尚未毕工。"然而，这项工程后来出现了意外，以至于"工作不臻而颓"。乾隆帝鉴于"《春明梦余录》历载京城西北隅不宜高建窣堵，乃罢更筑之意，就基址改建佛楼"，并有诗云："宝塔初修未克终，佛楼改建落成工。诗题志过人皆见，慈寿原同山样崇。"就延寿塔基址改建的这座佛楼就是佛香阁，其用意仍然不脱为皇太后祝寿之心。乾隆四十一年（1776），因5年后即为皇太后九旬寿辰，乾隆帝又一次来到延寿寺，为皇太后表达预祝之意。其《礼大报恩延寿寺》诗云："祇园辛未建，延寿祝慈宁。忍草三春绿，禅枝万古青。空空即色色，物物自形形。将复涂丹臒，九旬庆大龄。"岂料皇太后次年去世，乾隆帝的九旬祝寿计划也就落空了。

香山静宜园内的清寄轩，是乾隆帝专为皇太后游览香山时建造的寝宫。乾隆二十六年（1761）和三十六年（1771），乾隆帝两度于静宜园内为皇太后举行了颇具创意的祝寿活动，这就是两次"三班九老会"。乾隆帝称这一活动的缘起是"恭值圣母七旬庆辰，命举九老之会，用晋万寿之觞"，"将届圣母八旬、九旬期颐以至若干寿，则我朝臣之登眉梨耆鲐者，必亦蒙麻近光，与年并增。朕当十年一举省会，其欢喜庆幸，曷其有极哉"！可是，第二次三班九老会之后，乾隆帝和朝臣们终于没能等来皇太后的九旬寿辰。乾隆四十四年（1779），也就是皇太后去世后两年，乾隆帝再次来到清寄轩，睹物思人，不禁感喟："此处为向年构筑，以备圣母游山来此驻宿之所，逮今将二十载矣！"其诗中亦感怀不已："触目感相关，云轩廿载间。惟深增痛志，那复侍愉颜。飒飒阶松籁，依依坡鹿斑。向年祝釐景，挥泪对苍山。"

玉泉山静明园因距离清漪园很近，游览方便，园内并未专门建造供皇太后所用寝宫。不过,乾隆帝在此也留下了专门奉母游赏的足迹。乾隆帝曾4次亲自陪同皇太后至玉泉山,在乾隆五年(1740)第一次奉皇太后游幸静明园时,乾隆帝写下《夏日奉皇太后幸静明园》一诗,以表孝思:"雨后园林景物闲,六龙时幸奉慈颜。花迎步辇饶生意,峰入窗棂濯宿鬟。隔院疏钟偏得得,会心好鸟亦关关。亲承色笑忘烦暑,多少欢欣柳外还。"另外,道光帝也曾于道光九年(1829)专门陪同孝和皇太后游幸静明园,但仅一次而已。

二、道家文化的寄寓

起源于先秦时期的道家文化,长期与儒家文化相提并论,也是中国传统文化的一项重要内容。道家思想的成型,以老子《道德经》的问世为标志,老子也由此被视为道家学派的创始人。战国时期,道家学派出现了另一位重要人物庄子,《庄子》一书也将道家思想和道家文化的影响推上了一个新的高峰,对后来中华文明的发展产生了深远影响。"道"是道家学派的核心观念,《道德经》云"道生一,一生二,二生三,三生万物",又云"人法地,地法天,天法道,道法自然"。庄子进一步发挥了道家崇尚无为和自然的思想,强调"虚己以游世""乘物以游心""游乎尘埃之外",与儒家文化积极入世的取向截然相反,成为后世隐士和隐逸文化的滥觞。道家文化顺应自然、推重出世的观念，在东汉以降的士大夫阶层中得到越来越多的认同。园林建设中渗入道家思想，以期实现儒道互补，是中原文化中长期流行的做法。深受中国传统文化影响的清代皇帝，也继承了中国古典园林中的这一重要传统。因此，三山五园中也处处体现了道家文化的神韵。此外，与道家文化关联甚深的道教，因其属于宗教性质，故而在寺庙文化中加以介绍，此处不赘。

1. 沉潜自然

隐逸自然成为一股文化潮流，约始于东汉中期。在外戚宦官交替专政，政治愈发黑暗的情况下，许多文人士大夫为了逃避政治斗争的灾祸，远离都市生活，成为隐士。正如张衡在《归田赋》中所说："游都邑以永久，无明略以佐时……超埃尘以遐逝，与世事乎长辞。"不过，与先秦道家所描摹的遁迹深山野林的情况不同，东汉以后发展起来的这种隐逸文化，是建立在大庄园经济基础上的"归田园居"。也就是说，以隐士为标榜的这些文人士大夫所向往、所托身、所寄情的山林之境，不是原生态的山野之区，而是那些田园牧歌式的、向园林转化的庄园。东汉末年隐士的代表人物仲长统，较早地描摹了这一意象。他在自述隐逸情怀的《乐志论》里，给自己规划了一座具有园林面貌的庄园："使有良田广宅，背山临流，沟池环匝，竹木周布，场圃筑前，果园树后。"在此基础上，方可实现"踌躇畦苑，游戏平林"及"逍遥一世之上，睥睨天地之间"。这很可能就是将隐逸文化融入园林的初始构思。

仲长统描绘的、体现隐逸文化的山水园林,到了魏晋时期真正成了士大夫阶层竞相追求的目标。三国两晋南北朝是中国历史上前所未有的大分裂大动乱时期,汉代儒学独尊的状况被彻底打破,对现实社会的严重不满情绪,促成了士大夫对道家和佛学的极大兴趣。老庄思想中提倡无为和顺应自然的观念,使得寄情山水、雅好自然的社会风尚,盛行于魏晋名士之间。与此风尚相呼应,建造山水式园林为门阀世族所热衷。特别是东晋以后,文人士大夫几乎造园成风、爱园成癖。例如,东晋名相王导、谢安,皆有"果木成林"或"林竹甚盛"的私园。东晋名士孙绰更将道家思想作为自己营建园林的初衷:"余少慕老庄之道,仰其风流久矣……乃经始东山,建五亩之宅,带长阜,倚茂林。"这种沉潜自然的园林风格,也从魏晋时期开始渗入了皇家宫苑之中。如东晋简文帝认为大内御苑华林园最值得称道的地方,便是能够给人以超然物外的感觉:"会心处不必在远,翳然林水,便自有濠濮间想也。觉鸟兽禽鱼自来亲人。"这意味着道家文化已在皇家园林中有了一席之地。

唐宋时期文人园林高度发达,蕴含隐逸意味的山居、园居蔚然成风。唐代,士人们的避世企望之心,大多转化为对园林幽境的向往之情,而不必真的"归田园居"或是遁迹山林。正如白居易《中隐》诗中所描摹的那样,"大隐住朝市，小隐入丘樊。丘樊太冷落，朝市太嚣喧。不如作中隐，隐在留司官……君若好登临，城南有秋山。君若爱游荡，城东有春园"。唐代以白居易为代表的一批文人造园家，将儒、道、禅的哲理融会于造园理念之中所形成的园林风格，又在宋代文人园林那里得到了继承。到了宋代，文人士大夫更是通过园居生活来追求"仕隐合一"的精神境界。苏轼在《灵璧张氏园亭记》中就抒发了这种思想，称张氏"筑室艺园于汴泗之间"，可以"使其子孙开门而出仕，则跬步市朝之上；闭门而归隐，则俯仰山林之下。于以养生活性，行义求志，无适而不可"。由此亦可以理解，简远、疏朗、雅致、天然何以成为宋代文人园林的突出风格了。

　　与文人园林相呼应的是，唐宋皇家园林同样不乏对自然情境的追求。如"锦绣成堆"的骊山、"诸峰历历如绘"的天台山、"重峦俯渭水"的终南山，都成为唐朝建造诸多行宫、离宫的处所，为宫廷生活提供了充分体验天人合一的自然环境。宋代最鲜明体现自然取向的皇家园林，当推宋徽宗时期在开封建造的艮岳了。宋徽宗建造艮岳的主旨，就是为了"放怀适情，游心赏玩"。这座皇家园林将叠山、理水、花木、建筑有机结合起来，对自然生态和山水风景进行提炼、缩移，营造了浓郁的诗情画意。因此，宋徽宗在《艮岳记》中不无自得地写道："真天造地设，神谋化力，非人力所能为者。"

进入明清时期，随着社会经济的发展和社会结构的分化，园林艺术也涌现出了新兴市民园林等颇受瞩目的新类型。不过，以隐逸雅致为取向的文人园林仍然占据园林艺术的中心位置。尤其是在江南、京师等经济文化发达地区，文人园林风格在士绅阶层中依然备受推崇。自然风致对于文人园林的重要性，也成为当时造园理论的一项核心内容。计成在《园冶》中就明言，"凡结林园，无分村郭，地偏为胜，开林择剪蓬蒿……结茅竹里，浚一派之长源；障锦山屏，列千寻之耸翠。虽由人作，宛自天开"。并且强调，"园地惟山林最胜……自成天然之趣，不烦人事之工"。李渔也一再提倡造园应当追求"贵自然"的境界，并阐明了"用以土代石之法"所寓含的"天然委曲之妙"。正是在这种造园思想的影响之下，江南地区出现了一大批以自然风致为突出特色的名园。如沈复在《浮生六记》中自述游览海宁安澜园情景时，就盛称该园中"鸟啼花落，如入深山。此人工而归于天然者"。

　　清帝们对于江南文人园林的倾心，也包含了对自然朴质、清新素雅的风格的欣赏。如康熙帝就表明自己的造园理念是，"度高平远近之差，开自然峰岚之势。依松为斋则窈崖润色，引水在亭则榛烟出谷，皆非人力之所能，借芳甸而为助。无刻桷丹楹之费，喜林泉抱素之怀，静观万物，俯察庶类"。乾隆帝同样也对造园的自然境界孜孜以求："若夫崇山峻岭，水态林姿，鹤鹿之游，鸢鱼之乐，加之岩斋溪阁，芳草古木，物有天然之趣，人忘尘世之怀。"清帝们在日理万机之暇，也会寻求超然物外之感，道法自然的文化也就融入了皇家园林之中。况且，诸如三山五园这样大面积、大规模的园林景观，本来就以极为良好的自然环境为基础，相比小型化的江南文人园林，更加能够使自然风光与人工造景有效结合。这种师法自然的意象是如此鲜明，就连在内廷服务的西方传教士都很容易辨识出来，并将之作为中国园林的一个显著特征，特地向欧洲介绍。

就三山五园而言，道家文化留下的印记，除了园林整体浓郁的沉潜自然的风格外，还往往配合着一些指向鲜明的特定景致。圆明园中的突出代表就是位于四十景之一武陵春色景区内的"壶中天"。"壶中天"往往也被称为"壶天"，此语源出《后汉书·方术传下·费长房》，本义指道家所谓仙境、胜境，复引申为道家逍遥无为的生活境界。在中国文人士大夫的精神世界里，壶天境界历来被用以表达出世之思。李白在《赠饶阳张司户燧》一诗中称"蹉跎人间世，寥落壶中天"，在《下途归石门旧居》中又云"何当脱屣谢时去，壶中别有日月天"。白居易《酬吴七见寄》中云："谁知市南地，转作壶中天。"陆游《壶天阁》一诗曰："乃知壶中天，端胜缩地脉。"显然，雍正帝对"壶中天"一景的道家寓意十分了解，其所题咏的《壶中天》一诗云："洞里春长驻，壶中月更辉。"另外值得一提的是，圆明园里有近半景点都种植了竹林，除了作为景观搭配之需外，也包含了对魏晋名士风流的景仰之意。如雍正初年在圆明园西北部所建的重檐流杯亭，乾隆时改称"坐石临流"，并于亭外种植修竹数丛，其意显然在于重现"茂林修竹"情境下的兰亭修禊之景。

　　清漪园内的写秋轩，原本所在的自然条件并不优越，却被园林设计者创造性地建设为山地园林的典范之作，实现了计成所说"虽由人作，宛自天开"的效果。写秋轩位于万寿山前山东麓，北倚山脊，南临昆明湖，原先地貌呆板，缺乏《园冶》所谓"有高有凹，有曲有深"的变化。建成后的写秋轩包含两层台地院，西、北两面有假山环护，成为意境丛生的景观，故而乾隆帝登临此处后有"依然山水间"之句，表达了寄情山水、物我合一的感觉。二层台地院西亭名为"观生意"，体现了此处生机盎然的生态园境。写秋轩的假山完全依照地形变化而自然错落，顺应山势的同时，又营造出更为理想的自然环境，实现了李渔关于造山之法所提倡的"天然委曲之妙"。

　　香山静宜园的自然条件，极为符合计成所期望的"自成天然之趣，不烦人事之工"。乾隆帝在《静宜园记》里也称："而峰头岭腹，凡可以占山川之秀，供揽结之奇者，为亭、为轩、为庐、为广舫室、为蜗寮……非创也，盖因也。"静宜园二十八景中，径直以山林地貌命名的竟达十三景之多，另有结合山景水景命名的景观8处，其顺应自然的强烈意象可见一斑。无怪乎乾隆帝至香山时，会产生出世之念，生发"无那林泉兴，匪耽山水居""游心竹素园，匪慕须弥芥"之类的感慨了。同样拥有优越自然环境的静明园，在结合天然风景与造园设计方面亦多有独特之处。其山地景观中的"峡雪琴音"和"采香云径"两景，便发掘出了山势的自然之美。"峡雪琴音"位于东山景区，整组建筑是观赏山泉景观的极佳处所，与附近丛云室、招鹤庭等单体亭榭相呼应，给人以悠然物外之感。"采香云径"位于西山景区的东岳庙北，虽是一条登山步道，但是沿山势而上，鸟语花香，生机扑面。因此，乾隆帝至静明园游赏时，也难免滋生"偶来便尔忘归去，满目生机总静妍"的忘我之情了。

2. 濠濮之想

道家文化影响下的园林风格，以沉潜自然为主要形式，故而在清代皇家园林中大多属于"润物细无声"的存在，远不如儒家文化那样有诸多具体化、形象化的建筑或景致。但是，其中也有一个突出的例子，那就是以濠濮之乐为指向的道家文化景观建设，成为三山五园中不可或缺的一个要素。

濠濮之乐是属于道家文化范畴的著名意象，出自庄子。所谓"濠濮之乐"，其实综合了《庄子·秋水》里提到的两则故事。其一据说发生在濠水的桥梁之上，体现了对自然性灵境界的感悟：

庄子与惠子游于濠梁之上。庄子曰："鯈鱼出游从容，是鱼之乐也。"

惠子曰："子非鱼，安知鱼之乐？"

庄子曰："子非我，安知我不知鱼之乐？"

惠子曰："我非子，固不知子矣；子固非鱼也，子之不知鱼之乐，全矣。"

庄子曰："请循其本。子曰'汝安知鱼乐'云者，既已知吾知之而问我，我知之濠上也。"

其二则发生在濮水之滨，体现了对自由无为状态的崇尚：

庄子钓于濮水。楚王使大夫二人往先焉，曰："愿以境内累矣。"

庄子持竿不顾，曰："吾闻楚有神龟，死已三千岁矣，王巾笥而藏之庙堂之上。此龟者，宁其死为留骨而贵乎？宁其生而曳尾涂中乎？"

二大夫曰："宁生而曳尾涂中。"

庄子曰："往矣！吾将曳尾于涂中。"

这两则故事在东晋简文帝赏玩园林时被糅合为"濠濮间想"一语，是传统文化中关于山林之思、超然之想的经典表达，也是中国古典园林艺术中长久萦系的一种情怀。

入主中原后，清代皇帝深受中原文化的熏陶，对濠濮之想的意境亦十分欣赏。康熙帝在兴建避暑山庄时，便特地设计了"濠濮间想"这一景观。该处位于山庄澄湖北岸，是山庄三十六景之一。康熙帝在《濠濮间想》的诗序中抒发了对庄子情怀的深刻认同："清流素练，绿岫长林，好鸟枝头，游鱼波际，无非天适。会心处在南华秋水矣。"其诗曰："茂林临止水，间想托身安。飞跃禽鱼静，神情欲状难。"乾隆帝模仿其祖父，在大内西苑北海之中也建有"濠濮间"一景。该景位于画舫斋南面，是一座坐南向北的临池三楹水榭。厅内正中悬匾曰"壶中云石"，两侧悬联曰"山参常静云常动，跃有潜鱼飞有鸢"。濠濮间景观中最引人入胜的是一座七折曲桥，桥长约25米，宽将近3米，便于观赏桥下游鱼，颇能给人以濠梁观鱼之感。此处景观所有匾联皆为乾隆帝御笔，可见其喜爱程度。

三山五园中，具有濠濮之想的景观最早出现在圆明园。还在雍正帝作为皇子时期的圆明园中，在后湖西岸建有金鱼池一景。该池整体呈"卍"字形，用花岗岩围砌而成，池中置假山，假山中又有鱼窝，可供金鱼躲避寒暑之用。有些说法曾以金鱼池是表达雍正企慕吉祥富足之意，或是表达其修身养性的耕读生活，其实大谬不然。雍正帝所作《金鱼池》一诗称："甃地成卍字，注水蓄文鱼。藻映十分翠，栏围四面虚。泳游溪涨后，泼剌月明初。物性悠然适，临观意亦舒。"可见，雍正帝所表现出来的是更符合道家文化悠然自适的面相。另外,金鱼池东南角还有一座四方亭,应为雍正帝即位后所建,亭上所悬"知鱼"匾额为雍正帝御书。雍正帝于雍正四年(1726)题有《知鱼亭待月》,其辞曰:"传呼不用上林丞,傍水登临远郁蒸。解渴漫调金掌露,清心胜饮玉壶冰。知鱼亭畔观鱼跃,得月台前望月升。烟敛碧池星汉皎,玉栏高处尽堪凭。"诗中所言多为出世之想,可知雍正帝凭临此处,观鱼有感,更贴近濠濮之想而非田园风光。

圆明园中金鱼池及知鱼亭所体现的濠濮之意,在乾隆帝那里得到了更加明显的展现。乾隆帝在改建扩建圆明园时,对金鱼池进行了较大改造,使之成为一个更加完整的小型景区,包括了素心堂、半亩园、澹怀堂、双佳斋、光风霁月、知鱼亭、萃景斋和碧澜桥等诸多建筑。同时,又将原本过于平淡的"金鱼池"更名为"坦坦荡荡",作为圆明园四十景之一。乾隆帝对此处怀有的濠濮之想较雍正帝有过之无不及。从乾隆九年(1744)所作诗序中,就可看到乾隆帝对这份情怀的抒发:"凿池为鱼乐园,池周舍下,锦鳞数千头,喁唼拨剌于荇风藻雨间,回环泳游,悠然自得。诗云'众维鱼矣'。我知鱼乐,我蒿目乎斯民。"同时,这首《坦坦荡荡》也表达了相同的意思:"凿池观鱼乐,坦坦复荡荡。泳游同一适,奚必江湖想。却笑蒙庄痴,尔我辨是非。有问如何答,鱼乐鱼自知。"这种既体悟濠梁之乐又杂糅儒道的思想,在乾隆帝《题素心堂》一诗中亦可见:

"山不在高水亦澄，秀兼山水趣偏胜。静参倪管禽鱼适，悦可襟怀翰墨凭。征士爱他即景句，羲经得我素心朋。虽然未敢耽闲逸，肯构恒斯励继绳。"

清漪园里体现濠濮之想的景观，是位于惠山园（光绪年间改名为谐趣园）中的知鱼桥。该桥原本是仿无锡寄畅园中七星桥所建的石桥，桥形为小巧玲珑的七孔平桥，桥身贴近水面，便于游人于桥上观赏水中游鱼。乾隆帝特地以"知鱼"为其名，其意在突出庄子濠梁观鱼的意境。该桥为惠山园八景之一，乾隆帝对之甚为欣赏，从乾隆十九年到嘉庆元年（1754—1796），先后题写了匾额一面、楹联两副、诗词十六首。其所题写的第一首诗，就反映了这种意境。该诗序中就点出了庄子关于"秋水"及"濠梁"的主题："水乐亭之东，长桥卧波，与秋水濠梁同趣。"其诗表现的含义亦复相同，其辞曰："屡步石桥上，轻鲦出水游。濠梁真识乐，竿线不须投。予我嗤多辩，烟波匪外求。琳池春雨足，菁藻任潜浮。"

此外，乾隆帝对惠庄之辩也印象甚深，故而后来所作多首题诗皆以此事为话题，如"当日惠庄评论处，至今知者是嬃隅""知否付之鳞类，惠庄却费名言""庄惠是非嫌语絮，请看者固早知春""却嗤庄惠特多事，何必辨知与不知""惠庄自是出尘者，何事辨知与不知""久议惠庄多费辞，鱼乎子者究为谁？不如桥上观而乐，万物由其付自知"。虽然乾隆帝对惠庄之辩每每显得不以为意，但如此频繁地论及这一话题，从侧面表明庄子描摹的这一道家意象，让乾隆帝印象深刻。

香山静宜园内也有一处濠濮之想的景观，那就是被乾隆帝定为香山二十八景之一的知乐濠。香山永安寺门前建有一条买卖街，买卖街口入寺处有一座四柱三楹冲天式牌楼，过牌楼即为一座方形水池，即为知乐濠。知乐濠蓄积了自山涧流下的泉水和雨水，是一片面积较大的水景，足以养殖较多鱼类，所以原为寺庙用以放生的功德池。乾隆帝过桥观鱼，见鱼儿浮游自得，顿生濠濮之想，故而将该池命名为知乐濠。他解释说："山涧曲流湍急，停蓄处苔藻摇曳，轻鲦游泳，如行空中。生物以得所为乐，涧溪沼沚与江湖等耳。知其乐，随在可作濠梁观。"乾隆帝御制诗《知乐濠》也阐发了追慕庄子之思："潆潆鸣曲注，然否是濠梁。得趣知鱼乐，忘机狎鸟翔。唼喁云雾上，泼剌柏松傍。寄语拘墟者，来兹悟达庄。"知乐濠不过是香山静宜园中一处不大的景点，却足以说明，庄子与惠子的濠梁对话，业已内化为中国古典园林艺术中一个绵延千年的主题。

三、寺庙文化的汇聚

随着佛教、道教的兴起，很多佛寺或道观，经过魏晋南北朝时期的大发展，逐渐演化成园林胜景。清代以前，寺庙园林就已构成了中国古典园林艺术的一个重要类型。

作为集中国古典园林之大成的清代皇家园林，自然不乏寺庙园林的元素。况且，清代自建立政权后，大力尊崇佛教尤其是喇嘛教，同时，对其他类型宗教及信仰也较为包容，这就使寺庙园林毫无障碍地融入了三山五园。从三山五园建设之初，寺观庙宇就构成了其中极富特色的组成部分。就建筑数量和区域面积而言，寺庙文化在三山五园中的存在感绝不亚于儒家文化。不仅如此，三山五园中的寺庙园林景观，并非是对他处著名寺庙园林的简单模仿或是生搬硬套，而是在吸取精华的基础上又有创新。因此，与许多著名寺庙景观相比，三山五园中的不少寺庙景观都毫不逊色，堪称中国寺庙园林的代表类型之一。三山五园中的寺庙景观大致可分为两大部分，其一是以佛教文化为核心，其二是以其他类型的宗教及信仰为中心。以下即分而述之。

1. 三山五园中的佛教文化

虽然西山地区在清代以前就有佛寺，但是佛寺成为园林艺术景观，主要是随着清代三山五园的建设才实现的。以佛教文化为核心的寺庙园林，在三山五园中具有十分显著的地位，其成就远远超过前代。三山五园中每一座园林都建有不止一座佛寺，有的佛寺甚至构成了某些特定区域的主景。三山五园中的佛寺建筑代表了清代佛教文化建筑的最高水平。三山五园中的佛寺文化，虽然包括了汉式佛教和藏传佛教即喇嘛教两种类型，但藏传佛教文化的印记远远多于汉式佛教。这是因为藏传佛教对于清朝来说具有更重要的政治意义。清代统治者在入关前后始终奉行满蒙一体以钳制汉族的民族政策，而当时蒙古族又几乎全民信仰藏传佛教，所以清代为实现对蒙藏地区的有效治理，大力扶持藏传佛教，制定了"首崇黄教，以安蒙藏"的策略。北京城内皇家园林和三山五园中的藏传佛教文化，正是这种策略的反映。

畅春园中的佛寺建筑在五园中是最少的，也是仅有汉式佛教寺庙的御苑。雍正、乾隆时期先后在畅春园中兴建了恩佑寺和恩慕寺，以表达孝思。从建筑规制来看，这两座佛寺都属于典型的汉式佛教寺庙。两寺相邻，门前皆横一堵影壁，门内皆有跨石桥，主体建筑皆为三殿五楹，皆有南北配殿各三楹。恩佑寺山门悬额为"敬建恩佑寺"，二层山门悬额为"龙象庄严"，正殿悬额为"心源统贯"，皆为雍正帝手书；殿内奉三世佛，左奉药师佛，右奉无量寿佛。恩慕寺山门悬额为"敬建恩慕寺"，二层山门悬额为"慈云广荫"，大殿悬额为"福应天人"，殿内悬额曰"慧雨仁风"，皆为乾隆帝御书；正殿内奉药师佛一尊，左右奉药师佛一百零八尊，南配殿奉弥勒佛像，北配殿奉观音像；左立幢上刻全部《药师经》，右立幢上刻乾隆帝御制恩慕寺瞻礼诗。如今畅春园旧址内保留最完好的遗迹，就是恩佑寺和恩慕寺的山门了。

另外值得一提的是，畅春园内虽无藏传佛教庙宇，但距离其西花园南面不远处的圣化寺却是一座喇嘛教寺庙。圣化寺始建于康熙中期，由时任内务府郎中的曹寅主持修建。该寺位于巴沟村南，四面环水，坐北朝南，是一座典型的藏传佛教寺庙。庙门三楹，一进院正殿为三楹天王殿，正殿东西两侧各有穿堂和转角房五楹，庭院左右设钟鼓楼。二进院为寺庙主要殿堂所在，正中偏北高台上有一座五楹大殿，门额为康熙帝御书"香界连云"匾额，内额则为乾隆帝御书"能仁妙觉"匾额；香界连云殿东西两厢各有一座三楹殿堂，分别为关帝殿和达摩殿。该寺西路西角门内为三楹观音阁，东路东角门内为三楹龙王殿和三楹星君殿。与皇家园林中的其他许多佛寺有寺无僧的情况不同，圣化寺确有喇嘛在此生活。圣化寺也是圣化寺行宫的中心，由此亦可见康熙帝重视喇嘛教的用心之一斑。

圆明园的"圆明"二字出自佛典，意为圆满普照，明心开悟。唐代般刺密谛所译《楞严经》称："若能转物，则同如来，身心圆明，不动到场。"从印度取经归来的玄奘，在《大唐西域记》中述及佛祖在"劫比罗伐窣堵国"出世时有言："今产太子，当证三菩提，圆明一切智。"按照《坛经》的说法，"大圆镜智性清净"即为"圆明"。笃信佛教的康熙帝将赐给雍亲王胤禛的邸园命名为"圆明"，胤禛亦因此自号"圆明居士"。此外，雍正帝还编成《圆明居士语录》一书，在书序中引申《楞严经》经义称："夫本妙明心，大圆觉海……唯证乃知。"凡此种种，表明康熙帝、雍正帝等人非常明悉"圆明"一词的佛教意味。这样一来，也就无怪乎佛教文化在圆明园中的印记俯拾皆是了。

圆明园中的佛寺景观数量之多，在三山五园中首屈一指。这些景观中既有独立的佛寺建筑群，也有在寝居处所供日常朝拜的佛堂神龛，不一而足。因佛堂神龛为数众多且较为繁杂，故而从略。这里主要介绍规模较大的佛寺景观群。圆明园中第一组大型佛寺建筑群，是四十景之一的慈云普护。该景群位于九州景区后湖北部，南部建筑为欢喜佛场殿，北部建筑为慈云普护正殿，外檐所悬匾额为雍正帝御书"慈云普护"，楼上供奉观音大士，楼下祀关帝圣君。园中第二组大型佛寺建筑群，是同为四十景之一的月地云居。这是乾隆朝在圆明园内兴修的面积最大、规制最完整的一座寺庙。月地云居殿面阔五间，前接抱厦三楹，亦称三世佛殿。殿内明三间大佛台上供奉三世佛，东西梢间后庑分别供奉弥勒佛和长寿佛，东西内廊分列众罗汉。殿前东西两侧两座八方重檐亭为呲密坛和呀吗达嘎坛，分别供奉呲密佛和大威德金刚。殿后院落为莲花法藏楼即藏经楼，上下各7间，殿内供奉无量寿佛，东西次间用于藏储经卷。圆明园中还有一处较具规模的佛寺建筑群为舍卫城。舍卫城本为印度佛教圣地，相传为释迦牟尼常年居留说经处。圆明园中的舍卫城是一处城池式寺庙建筑，亦称佛城。城内整体呈三进院落形式：第一层殿为寿国寿民殿，供佛五尊；二层殿为仁慈殿，供佛七尊；三层殿为普福宫，供呀吗达嘎即大威德金刚。据档案载，雍正帝、乾隆帝和嘉庆帝园居期间，每月初一、十五皆至舍卫城拜佛。

长春园内的佛寺虽不如圆明园数量多，但亦颇为可观。园中最大的一座佛寺为法慧寺，坐落于西北部土山之上，乾隆十二年（1747）建成。该寺原型为浙江嵊州境内天竺山南麓的天竺寺，乾隆帝南巡时甚喜该寺景致，故而回京后有仿建之举。法慧寺的西部建有一座下方上圆三层七级五色琉璃塔，最具特色，乾隆帝称赞该塔"千佛瑞相，一一俱足"。第二座较大佛寺是宝相寺，位于法慧寺东侧。该寺共有两个院落，各有一座面阔五楹的大殿，殿内供奉三世佛、救度佛母、八大菩萨。寺内另有一尊观音大士像，系仿照天竺寺观音大士像雕刻而成。长春园含经堂建筑群中，其西配殿外侧有一座两层转角佛楼，上下各13间，名为梵香楼。该楼原为含经堂南北转角楼，乾隆二十五年（1760）起在该楼中大量添设佛龛、佛像和佛塔。后经乾隆帝允准，正觉寺喇嘛每月5次至梵香楼念经，从而使其成为一座名副其实的佛楼。

绮春园中的大型佛寺仅有一座，即正觉寺。然而，该寺在圆明三园佛寺体系中的等级大概是最高的。乾隆帝出于"兴黄教以安众蒙古"的需要，于乾隆三十八年（1773）特地修建正觉寺，还谕令香山宝谛寺拨派大喇嘛2名、小

263

喇嘛40名常驻此寺，并委派两名大喇嘛住持焚修念经。正觉寺山门坐北朝南，门檐所悬"正觉寺"匾为乾隆帝御书，汉、满、藏、蒙四体合璧。整座寺庙共有四进院落，一进院为天王殿及其两厢的钟鼓楼，二进院为三圣殿及其配殿，三进院为供奉文殊菩萨的文殊阁，四进院为藏经阁。正觉寺是一座典型的伽蓝七殿式藏传佛教格鲁派寺院，其规模、样式与承德避暑山庄外八庙中的殊像寺基本相同，体现了藏传佛教在清代宫廷的兴盛。令人感慨的是，正觉寺历经1860年和1900年两次战火而得以幸免，却在民国初年毁于国人之手。时任代国务总理的颜惠庆将之购为私人别墅后，大事装修，拆去佛像，遣散寺僧，正觉寺的寺庙园林风貌就此消散无闻。

清漪园里的佛教建筑数量虽然略少于圆明园，但就其规模和功能而言，还要超过圆明园。据统计，清漪园（包括后来改建为颐和园时期）中的佛教建筑共达11处，仅佛寺就有大报恩延寿寺、慈福楼等9座，另有与其他园林景观杂糅在一起的莲座盘云佛殿和多宝佛塔等。这些佛教建筑在清漪园中构成了一个规模宏大、特色鲜明的佛教文化体系。总体来看，清漪园大致以万寿山为中心可以分为两大部分，即前山景区和后山景区。前山景区的核心是以大报恩延寿寺为首的佛寺建筑群，后山景区则是以后大庙为中心的寺庙建筑群。

大报恩延寿寺，是乾隆帝为母祝寿而建，其规制是一座标准的佛寺。大报恩延寿寺建筑群位于万寿山阳面，依山势层层递进，形成一条中轴线，两侧建筑各自形成小横轴线，使得整组建筑群呈现"中"字形结构。在中轴线上，自下而上依次排列着天王殿、大雄宝殿、多宝殿、佛香阁和智慧海；在横轴线上，大雄宝殿东西两侧为慈福楼和罗汉堂，佛香阁东西两侧为转轮藏和宝云阁。大雄宝殿是中轴线南段的中心建筑，殿内供奉三世佛三尊，两侧供阿难、迦叶各一尊。佛香阁为中轴线北段的中心建筑，坐落在高达23米的石台之上，由先前的延寿塔改建而成，阁中供奉千手大悲菩萨。佛香阁后面为众香界，是一座琉璃牌楼；众香界之后是智慧海，又称万佛殿，墙身镶嵌了1000多尊琉璃小佛像，殿内供奉观音菩萨。有趣的是，大报恩延寿寺建筑群绝大部分都属于汉式佛教风格，唯有宝云阁表现出了藏传佛教的面貌。该阁与四配亭组成了五方阁，阁上悬匾为"大光明藏"，阁下台壁悬挂着"威德金刚护法变相"织毯，是藏传佛教中经典的坛城形象。

与前山景区偏重于汉式佛教的风格不同，后山景区的后大庙佛寺建筑群更突出的是汉藏佛教风格的结合。从整体布局来看，后大庙可分为前后两个部分，前半部分以须弥灵境为中心，后半部分以香岩宗印之阁为中心。须弥灵境的格局基本遵照汉式佛寺的七堂伽蓝样式，但因地形限制，省去了山门、钟鼓楼和天王殿，仅建有正殿和东西配殿。须弥灵境由3层台地构成：第一层台地为山麓临河的寺前广场，广场北、东、西三面各建牌楼一座；第二层台地高出第一层将近3米，面阔五间的东配殿法藏楼、西配殿宝华楼坐落于此；第三层台地又高出第二层4米有余，为须弥灵境正殿所在。正殿面阔九间，进深六间，总高20余米，殿内神台上安放木胎金背光莲花座，供奉三世佛三尊、菩萨两尊。这座正殿的开间尺寸和梁柱用材，仅次于紫禁城内的太和殿，属于当时北京地区名列前茅的大型建筑物。另外，以须弥灵境为中心的这部分建筑群，也随山势形成了一条明显的中轴线，自下而上依次为三孔桥、牌楼、须弥灵境和北俱芦洲。而到达最高处的北俱芦洲，也就进入以香岩宗印之阁为主体的后半部分建筑区域了。

香岩宗印之阁建筑群是以西藏桑耶寺为原型的藏传佛寺群，力图通过建筑手法来具体呈现佛教宇宙观。桑耶寺始建于8世纪的吐蕃王朝时期，是西藏第一家具备佛、法、僧的寺院，整体寺院格局依照密宗曼陀罗样式建造，在藏传佛教中具有崇高地位。按照佛经的说法，环绕着须弥山的是咸海，咸海之中分布四大部洲、八小部洲。根据设计，三层高的香岩宗印之阁象征着须弥山，四面分别为方形的北俱芦洲、三角形的南赡部洲、半月形的东胜神洲和圆形的西牛贺洲，对应着佛家"四大"的地、火、风、水。位于四大部洲前后或左右，有8座规模较小的双层碉房，是为八小部洲：东胜神洲南北侧的两个长方形碉房为"毗提诃洲"和"提诃洲"，南赡部洲东西侧的两个六角形碉房为"筏罗遮末罗洲"和"遮末罗洲",西牛贺洲南北侧两个六边形碉房为"嗢怛罗漫怛里拿洲"和"舍谛洲",北俱芦洲东西侧两个六边形碉房为"拉婆洲"和"矩拉婆洲"。此外,香岩宗印之阁的正东侧和正西侧分别建有日光殿和月光殿,东南、东北、西南、西北分建白、绿、黑、红4座梵塔,据说代表佛教4个宗派。显然,整组建筑体现了佛经所描绘的以须弥山为中心的一个"小世界",即组成大千世界的小分子。

  香山静宜园中的佛寺数量虽然不多,但是在北京地区佛教体系中的地位,恐怕还要高于圆明园和清漪园。香山区域内的佛教活动可以上溯到唐代。金代于此地建立的永安寺,在元明时期一再得到修缮改建,入清仍存。因此,香山一带的佛教活动历史悠久且从无间断,更兼香山之名含有佛祖出生地之意,所以民间有将香山称为"佛都"的说法。清代于香山兴建皇家园林,也非常注意保护和弘扬该处的佛教文化,除对原有佛寺进行诸多改建增建扩建外,也新建了宗镜大昭之庙这样地位非凡的寺庙。这样一来,不仅增添了静宜园的佛教色彩,也推动了香山地区佛教文化的进一步发展。

  静宜园中地位最重要的佛寺,当数宗镜大昭之庙。该庙简称昭庙,对应的藏语译文为"觉卧拉康",意为"尊者神殿"。其修建缘起,乃是乾隆帝为迎接六世班禅入京觐见之用。然而,六世班禅进京两个月后圆寂,昭庙也就成了纪念六世班禅的一座佛寺。昭庙位于静宜园中部山麓,东宫门以北、见心斋以南、芙蓉馆东侧,原为皇家鹿苑。整座建筑群坐西向东,由低到高,有一条明显的中轴线。中轴线上第一座重要建筑是五彩三门琉璃牌楼,这座牌楼立于昭庙前的石台上,装饰着黄绿两色琉璃瓦,前后两面匾额用汉、藏、满、蒙四体文字书写的"法源演庆"和"慧照辉腾"。过牌楼而上,经过藏式白台楼群、清净法智殿和"井"字形重檐御碑亭,即到达昭庙群核心建筑、象征曼陀罗坛城的大红台。台上于东南西北设有4座佛殿,分别为大园镜智殿、妙观察智殿、平等性智殿、成所作智殿。大红台正中为三楹重檐镏金顶都罡殿,殿内供奉大日如来,殿外向东悬挂乾隆帝御书"宗镜大昭之庙"匾额。昭庙最后面的七级八角琉璃万寿塔,位于昭庙建筑群的最高处,充分烘托了皇家建筑的雍容华贵,也是静宜园的标志性景观。整组建筑群总体呈典型藏传佛寺风格,但是琉璃瓦顶、方亭和牌楼等诸多细部又是汉式建筑传统手法,可谓汉藏文化交融的典范之作。

  静宜园中的香山永安寺,又名香山寺,是三山五园中最古老的佛寺。有种说法认为,此地兴建佛寺的源头,可溯至唐代吉安、香山二寺。不过,更确切的记载表明,金代大定年间在此修建的大永安寺,才是香山寺之始。元代整修后曾更名为甘露。明正统年间,司礼监太监范弘捐资重修,明英宗敕赐"永安禅寺"匾额。乾隆帝兴修静宜园之际，对该寺进行了较大规模的翻修增建，赐名"香山大永安禅寺"，简称香山寺，成为静宜园二十八景之一。香山寺位于园中南侧山麓，坐西向东，七层殿宇因山借势，视域开阔，景色宜人。第四层为正殿，即七楹单檐歇山顶"园灵应现"殿，是静宜园内体量最大的单体建筑。殿内供奉燃灯古佛等，殿前3个经幢上依次镌刻《心经》《金刚经》《观音井经》，南、北配殿分别供奉文殊菩萨和观音菩萨。香山寺北侧还有3组较小的佛殿群，分别是观音阁、妙高堂和无量殿。3组佛殿本是旧有建筑，乾隆帝修建静宜园时亦加整修，并巧妙地将其与香山寺融为一体。

静宜园中比较知名的佛寺还有洪光寺和玉华寺。洪光寺由香山寺西北端上山可达。该寺最初为明成化年间太监郑同所建，乾隆九年（1744）翻修后改为皇家寺院，成为乾隆帝经常参谒之地。洪光寺大体坐西朝东，略偏东北，经过寺前四柱三门冲天式牌楼，即至供奉弥勒佛的冥王殿。院中正殿为东向五楹香岩净域殿，神台上供奉无量寿佛，神龛悬乾隆帝御书"慈云常荫"匾额，殿外所悬"香岩净域"匾额亦为乾隆帝御书。寺院正中为上圆下方的垂檐琉璃毗卢殿，也称千佛亭，为郑同建寺遗迹。玉华寺坐落于香山半腰，是静宜园的中心位置。该寺也是明代遗留的古寺，乾隆年间重加修葺，并增建玉华岫等建筑，构成一组山间建筑群。玉华寺山门三楹，正殿三楹，殿檐悬匾

"香岩觉日"为乾隆帝御书。山门南侧为三楹玉华岫殿，与玉华寺有门相通。乾隆帝甚喜此地，并将整组建筑以玉华岫之名定为静宜园二十八景之一。

另外，静宜园周边还分布着大小10余座寺庙。这些寺庙虽然都在园外，但是也都由静宜园统一管理。其中最知名、如今保存也较好的是碧云寺。该寺始建于元代，初名为碧云庵，明正德间太监于经将之扩建为寺。乾隆十三年（1748）大加整修，又新建金刚宝座塔、五百罗汉堂、藏经阁和行宫院等建筑，碧云寺成为一座规模宏阔的皇家寺庙园林。全寺共分5层，第一层为山门殿，殿外悬汉、满、蒙、藏四体御书"碧云寺"匾额；第二层为天王殿，殿中供奉铜制弥勒佛一尊，左右排列四大天王；第三层为三楹大雄宝殿，供奉释迦牟尼，左右为四大夹侍坐像；第四层为五楹菩萨院，供奉五大菩萨即大势至菩萨、文殊菩萨、观音菩萨、普贤菩萨和地藏菩萨；第五层为塔院，院中建有金刚宝座塔，仿印度菩提伽耶城释迦牟尼悟道成佛纪念塔样式修建。乾隆帝称碧云寺为"净域"，其所作《碧云寺》诗中写道："不关礼佛不参僧，为爱秋来岚翠凝。坐我虚轩纵遥目，碧天如洗正空澄。"此外保存较为完整的还有香界寺、宝珠洞和卧佛寺，至于其他佛寺则基本湮没无存了。

静明园也具有浓厚的佛教文化氛围。玉泉山上的重要位置，几乎都被宗教建筑所占据，其中又以佛寺为最多。

玉泉山顶峰即南高峰上坐落着香岩寺，正殿供奉三世佛，东西配殿各3间。东跨院内建有鹤安斋和从如室，西跨院内建有普门观和寨云楼。后院为塔院，正中为一座七层八面密檐式宝塔，约高30米，名定光塔，更知名的称呼是玉峰塔。该塔仿照镇江金山妙高峰江天寺慈寿塔而建，每层佛龛都有乾隆帝御题楹联石刻。玉峰塔结合了优越的地势和精美的造型，是静明园的地标式建筑，也构成了静明园十六景之一的"玉峰塔影"。位于玉泉山北高峰上的则是妙高寺，同样仿照了镇江金山妙高峰佛寺规制。寺前是一座汉白玉牌坊，额题为乾隆帝御笔"灵鹫支峰法界"，正殿内额为乾隆帝所题"江天如是"，殿内供三世佛。殿后建有一座缅甸式金刚宝座佛塔，高20余米，因寺而得名妙高塔，系为纪念清朝征缅之役而建。该塔形式别致，中间为一白色主塔，四角各一小塔，呈圆锥形，故有俗名锥子塔。妙高塔与玉峰塔南北隔空相映，成为京西一道独特的风景线。

　　静明园中另外较为重要的两座佛寺即华藏海寺和圣缘寺，分别位于玉泉山南侧和西侧。坐落在西南侧岭主峰上的是华藏海寺。这是一座小型佛寺，仅3间佛堂，正殿内供三世佛三尊。寺后建有一座七层八面石塔，塔高12米，整塔不用砖木，全用青白石砌成，名为华藏塔。塔身南、西、北、东四面分别镌刻释迦牟尼、文殊菩萨、观音菩萨和普贤菩萨的佛像。在佛殿与华藏塔之间，是静明园十六景之一的绣壁诗态殿，其名源自杜甫"绝壁过云开锦绣"之句。坐落于玉泉山西侧的是圣缘寺，共四进院落。一进院为山门和天王殿，二进院正殿为五楹能仁殿，三进院高台上为七楹慈云殿，四进院为塔院。塔院正中建有一座七层八面五彩琉璃砖塔，塔高16米，塔座为汉白玉须弥座，全塔共有大佛像12尊，小佛像636尊。在造型、高度和色彩上，圣缘寺塔与清漪园万寿山北坡花承阁中的多宝琉璃塔基本相同，简直是复制品，令人称奇。

2. 三山五园中的其他信仰

虽然佛教文化在三山五园中极为突出，佛寺建筑也往往占据了各个园林中最醒目的位置，不过，在佛寺建筑之外，三山五园中还存在着数量非常可观的、其他多种类型的祠庙。这些祠庙中有一部分大体可以归属于道教范围，也有不少祠庙很难归类，只能笼统地将之视为民间信仰。这些信仰绝大部分都是汉文化的产物。清帝对于这些祠庙也相当重视，并非将之仅仅作为点缀。对于清代统治者而言，这种状况肯定是有意为之。纵观清史，清朝能够成为中国历史上最为稳固的统一多民族国家，与清廷始终采取了包容性很强的文化政策有很大关系。三山五园里多种信仰并存，恰好反映了清代文化治理上的这种包容性。另外，从园林艺术的角度出发，多种信仰类型的并存，也为皇家园林的宗教文化增添了更加丰富的色彩。

在三山五园中，畅春园是唯一一座其他信仰的祠庙多于佛寺的园林。如前所述，畅春园里仅有恩佑寺和恩慕寺两座佛寺，其他信仰类型的祠庙则有5座。龙王庙位于剑山下小溪东岸，坐西朝东，面阔三楹，右耳房二楹，庙额有康熙帝御书"甘霖应祈"。乾隆九年（1744）逢春夏干旱，住居畅春园的皇太后步行亲诣龙王庙祈雨，果然甘霖普降。乾隆帝闻知此事，连忙至皇太后处问安，并有《午日畅春园问安》一诗以记之。处于渊鉴斋和小东门之间的为府君庙，坐北朝南，四面环山，面阔三楹，左耳房二楹，庙内供奉星君神像，旁殿则供吕祖像。位于无逸斋北边、后湖西南角西岸的是关帝庙，背倚土山，坐西朝东，面阔四楹，庙额为康熙帝御笔"忠义"。在关帝庙以北，后湖中小岛上有一座娘娘庙，面阔三楹，东西耳房各一间，门前有一堵影壁，小岛有通道与西岸相连。另外，在西花园西南门内承露轩之东也有一座龙王庙，但记载不详。

畅春园南面四里许，有一座颇具规模和特色的泉宗庙。该庙位于万泉河的发源地，落成于乾隆三十二年（1767）。乾隆帝鉴于万泉庄一带泉源对于稻田水利的重要作用，为表达重农之意，决定在此奉祀泉神。他在《御制泉宗庙记》中称："故泉之所在，神斯在焉……所以崇胕蠲祈昭佑，永灌注之利，无旱暵之虞，重农兴穑，则吾之意实在斯乎！实在斯乎！"泉宗庙坐北朝南，庙前东西各有一座四柱牌坊，东坊额前后分题"禹甸原隰"和"既清且平",西坊额前后分题"豳风画图"和"乃疆乃理",庙额悬乾隆帝御笔"泉宗庙"匾。全庙共有三进院落:一进院里有两座碑亭,分别恭刻乾隆帝御制诗文;二进院正殿为三楹普润殿,殿内供龙神像,东西配殿各三楹;三进院为上下两层皆五楹的枢光阁,阁内供真武像,东西配殿各三楹。泉宗庙不是一座孤立的祠庙,乾隆帝还在周边修建了亭苑别墅和溪湖假山,使之成为一座小型皇家园林。因距畅春园很近,所以乾隆帝也常常奉母前来游赏,并留下了不少诗文。

圆明园里属于民间信仰的祠庙,类型之杂、数量之多,在三山五园中无出其右。由于圆明园的始建者雍正帝笃信道教,所以园中可以归入道教系统的祠庙占了很大一部分。总体而言,这些民间信仰祠庙一般规模不大,形制相对简单,祭祀对象混杂,远不如佛寺系统清晰和壮观。然而,这些祠庙也都位居清代官方祀典之列,故而并不能低估其政治含义和社会功能。据统计,圆明三园之中属于民间信仰的祠庙至少有33处。其中,龙王庙最多,有8处;其次为奉祀关圣场所,共有5处;最后为土地庙,有2处。这些祠庙还往往与佛寺建筑交织在一起,构成了圆明园里的一幅独特景观。

圆明园里最具规模的一组非佛寺宗教建筑,是位于西北部山坳之中、作为四十景之一的日天琳宇。尽管清代内务府档案中称其为佛楼,但它原本是雍正帝所建的一座道观。日天琳宇分为3个院落，西部为日天琳宇，东部为瑞应宫，中部为乾隆时期添建的八方楞严坛和后照楼。经过雍正、乾隆两个时期的建设，日天琳宇成为杂糅佛道但以道教为主的宗教建筑群：其中前楼奉祀关帝，西前楼供奉玉皇大帝，瑞应宫诸殿皆祀龙神，此外各楼宇上下皆供奉佛像。乾隆五十三年（1788），瑞应宫内添建雷神殿一座，亦称雷神庙，殿内设神牌4份，分别为"应时显佑风伯之神""顺时普荫云师之神""资生发育雷师之神""顺时佑畿时应雨师"。雍正帝、乾隆帝和嘉庆帝都在日天琳宇有从事法事活动的记录。尤其是从雍正时期为始，清帝至瑞应宫斗坛拜斗已成定制。拜斗是道教的一种特定仪式，通过竖点斗灯，设置坛场，为信众消灾解厄、祈福延寿，所有礼斗均以星君斗宿为对象。可见，道教在清代宫廷内也有一定的影响。

另外一座属于道教系统的较大宫观，是坐落在福海南岸山上的广育宫。宫堂坐南朝北，内供碧霞元君。正殿3间，外檐悬匾"凝祥殿"，宫内悬匾"恩光普照"，柱联为"茂育恩覃昭圣感，资生德溥配坤元"，皆为雍正帝手书。清帝园居时，每于初一、十五皆至广育宫拈香，并有太监充当道士上殿诵经。每年四月十八日为碧霞元君诞辰，乾隆、嘉庆和道光时期，帝后皆经常来此进香瞻拜。还有一座属于道教文化的重要祠庙，是位于杏花春馆西南的土地祠。这虽然只是一座小庙，却是专门供奉圆明园保护神即

"土地爷""土地奶奶"的场所。咸丰八年（1858），咸丰帝曾因病来此许愿，病愈后敕封两位土地神为"圆明园昭佑敷禧司土真君"和"圆明园昭佑敷禧司土夫人"，并重设楠木牌位，在庙北立碑，每年春秋两季由内务府大臣着蟒袍补褂致祭。

圆明园中别具特色的民间信仰祠庙，还有花神庙、刘猛将军庙和文昌阁。花神庙为俗称，本名为汇万总春之庙，位于濂溪乐处以南山坳中，建于乾隆三十四年（1769）。山门五间，正殿五楹，内奉花神，内檐悬"蕃育群芳"匾，东西配殿各3间。乾隆三十五年（1770）奏准，花神庙于花朝节开光献供。其后嘉庆帝和道光帝都曾偕皇后至花神庙拈香。刘猛将军庙位于鸿慈永祜西南，建于雍正初年，庙宇三间，乾隆末年曾经翻修。刘猛将军原型为元末江淮指挥使刘承忠，因成功治理蝗灾而被民间建庙祭祀。雍正二年（1724），雍正帝谕令全国各地普建刘猛将军庙。文昌阁位于静知春事佳殿与苏堤春晓附近，亦为雍正时期初建，供奉文昌帝君。道光帝和咸丰帝皆曾至此拈香。咸丰年间遭英法联军火焚后，同治年间还进行了重修，是园内难得的完整建筑。

与清漪园中气势恢宏的佛寺建筑群相比，属于民间信仰系统的祠庙只有非常微弱的存在感。不仅总数仅为6处，而且规制都不大。稍有规模的一座祠庙，是南湖岛西南部的广润祠。该祠原为明代所建龙王庙，兴修清漪园时重建。殿堂坐北朝南，面阔三间，黄色琉璃瓦。乾隆帝曾多次来广润祠祈雨，乾隆六十年（1795）因祈雨灵验，又赐名为"广润灵雨祠"。东城关上有座两层阁楼式的文昌阁，内供文昌帝君，四角各有一座角亭，楼亭皆为黄色琉璃瓦绿剪边屋面。西城关上有一座宿云檐，额曰"宿云"，檐曰"贝阙"，奉祀关圣，御书额曰"浩然正气"。宿云檐西南小西泠岛最南端有一座五圣祠，三面临水，坐北朝南，正殿面阔三楹，东西配殿各面阔两楹，后罩殿面阔五楹，供奉五圣即火神、山神、地神、谷神和花神。在耕织图景区中有一座蚕神庙，拱形院门，殿堂面阔三间带前抱厦，该庙与北海先蚕坛遥相呼应，是中国蚕桑文化的独特体现。后山的后溪河畔还有一座花神庙，坐西朝东，总面积仅10多平方米，供奉花神，也是整座园林中最小的祠庙。不过，鉴于五圣祠里也有花神，清漪园里供奉两处花神，在三山五园中也算是独一份了。

静宜园内的民间信仰祠庙共有7处，其中仅龙王庙就占了5处。最大的一座龙王庙位于驯鹿坡以西、欢喜园和松坞山庄之间的山坡平地上，该庙是为供奉双井泉的龙神而建，面阔三楹，庙檐悬挂"天泽神行"匾额。另一处龙王庙在碧云寺水泉院西边半山腰上，是一座不足10平方米的单间小庙，供奉卓锡泉的龙神。第三处龙王庙在外垣重翠崦寿康泉畔，堂内神台上供奉龙王，殿壁绘有龙王行云布雨图。第四处龙王庙在朝阳洞，因洞内有山泉，乾隆帝曾称："洞中供龙神，祈雨辄应。"最后一处龙王庙在买卖街，规模甚小。另外还有2座祠庙，分别为关帝庙和玉皇阁。关帝庙在妙高堂西边山间，与无量殿、观音殿相连，面阔三楹。玉皇阁原建于明代，在碧云寺北木兰陀山麓，道光末年添建吕祖殿，光绪末年又加改建，总称静福寺，然院内仍保留玉皇阁、吕祖殿和关帝殿等。

　　静明园内有一组堪与佛寺建筑群气势相匹敌的大型祠庙群落，那就是位于玉泉山西坡正中的东岳庙。这是一组大型道观，又称天齐庙，俗称西大庙，正对西宫门，坐东面西，建成于乾隆二十一年（1756）。乾隆帝撰有《玉泉山东岳庙碑文》，声称玉泉山与泰山的"出云雨功用广大正同"，所以"东岳之祀于兹山也固宜"。东岳庙庙前广场上有3座牌楼，每座牌楼各有两面匾额。经过庙门，进入第一进院，院内两侧建有钟鼓楼。二门名为岳宗门，经此进入第二进院，院内正殿为仁育宫，也是东岳庙的主殿，悬额为"苍灵赐喜"，供奉东岳天齐大生仁圣帝像，即东岳大帝像。左右顺山殿分别为佑宸殿、翊无殿，南北配殿分别为昭圣殿、孚仁殿。第三进院内正殿为玉宸宝殿，是一座砖石结构的无梁殿，大殿坐落在白石基座上，由黄绿两色琉璃砖瓦建成，殿内供奉昊天至尊玉皇大天尊玄穹高上帝像，即玉皇大帝像。第四进院内正殿为两层九楹的泰钧楼，左、右配殿分别为景灵殿和卫真殿。以占地面积而论，东岳庙是静明园中最大的一组宗教建筑群，这在三山五园中是极为罕见的。

　　静明园中属于道教系统的祠庙，还有龙王庙、真武庙和吕祖洞。龙王庙在山畔玉泉之上，建于乾隆十七年（1752），面阔三楹，庙门悬乾隆帝御题"永泽皇畿"匾额。真武庙在观音洞南侧，坐西朝东，上覆黑瓦，额题"辰居资佑"。殿前石牌坊一座，两面额题分别为"水德司权"和"元极神霄"；殿内供奉真武大帝，赤足披发，身着金甲，手执七星剑；左、右两座配殿内皆供奉关帝像，故称双关帝庙。真武庙左侧稍后为吕祖洞，又名吕公洞。洞口摩崖石刻乾隆帝御题"鸾鹤悠然"，洞内石龛塑纯阳真人像，石壁间嵌有三方石匾，一方石匾上刻"吕祖洞"，另外两方石匾刻乾隆帝御制诗两首，原诗分别题于乾隆十九年（1754）、二十年（1755）。另外，在水月洞西上坡有一个伏魔洞，实则为一座小型关帝庙。伏魔洞口仅接抱厦一间，洞内供奉着一座一尺多高的关公石雕。因元明两代曾封关公为伏魔大帝，故该洞以伏魔为名。

结语　三山五园与中华文明特性的传承

三山五园在被焚毁后的一个多世纪中，日益成为国人越来越深刻的共同记忆。在有些外国人看来，这似乎很难理解。例如，针对中国人关于火烧圆明园的强烈反应，有位英国人士表示非常不解，他声称："中国人视圆明园为他们国家资产的一部分，但他们忘记了此园的存在只是供在位皇帝一个人享乐。就像子孙们被剥夺了绚烂夺目的遗产，中国人愤恨艺术瑰宝和建筑奇观的丧失，将控诉指向英国人。"在他眼中，圆明园等皇家园林皆为皇室私产，对普通人来说属于禁地，那么它们的毁坏与普通人又有什么关系呢？中国人总是将火烧圆明园视为中华文明近代蒙尘的重要标志，是否有些小题大做呢？这种说法显然是在混淆视听。雨果早就说过，圆明园"是一个令人叹为观止的、无与伦比的艺术杰作"，它"就宛如是在欧洲文明的地平线上影影绰绰地呈现出来的亚洲文明的一个剪影"。就像法国卢浮宫和英国白金汉宫一样，三山五园是早已得到世界承认的东方文明的代表，它的悲剧不仅是中国的悲剧，更是文明的悲剧。

三山五园虽然是清代皇家园林，虽然是统治者专享的御苑禁地，但是三山五园的建设，同样也是清代统治者深度认同中国传统文化、大力继承和发扬中华文明的结果。三山五园彰显了中国古典苑囿的长期发展脉络，它所包含的很多核心文化元素都有悠久的传统。三山五园与中华文明共生共栖，它从产生到衰颓再到新生的过程，与近400多年来中国社会变迁和中华民族命运的走势同频共振。因此，研究三山五园的历史和文化，不仅有助于人们认识中华文明的突出特性，也有助于理解中华文明从传统走向现代的曲折历程。

2023年6月2日，习近平总书记在出席文化传承发展座谈会时强调，中华文明博大精深，只有全面深入了解中华文明的历史，才能有效地推动中华优秀传统文化创造性转化、创新性发展。他着重指出，中华优秀传统文化有很多重要元素，共同塑造出中华文明的突出特性，即连续性、创新性、统一性、包容性、和平性。深入认识和大力弘扬这些突出特性，是建设中华民族现代文明的基础，也是发展中国式现代化的深厚历史底蕴，更是打造全民族文化自信的重要体现。探究三山五园的历史和文化价值，恰恰可以为人们理解中华文明突出特性提供具体案例。

三山五园有助于我们理解中华文明的连续性特征。习近平总书记指出："中华文明具有突出的连续性，从根本上决定了中华民族必然走自己的路。如果不从源远流长的历史连续性来认识中国，就不可能理解古代中国，也不可能理解现代中国，更不可能理解未来中国。"中华文明历经5000多年发展，始终未曾中断。与之并称的其他早期古代文明，如古埃及、古巴比伦、古印度等，都已湮没在历史长河之中。清代的三山五园便鲜明展示了体现中华文明连续性特征的核心文化要素。

首要的核心文化要素，是以"一池三山"为代表的宫苑景观。在中华文明的起源时期，大致相当于传说中的五帝时代，中国就已形成了本土特有的神话体系。这一体系最初以西北地区的昆仑山为中心，一般被称为昆仑神话，山水相环的仙境成为一种文化意象。在接受和改造昆仑神话的基础上，先秦时期以东海岸为中心又兴起了蓬莱神话系统，海上仙山的传说广泛流传。秦汉时期大一统国家的形成，尤其是秦始皇海中求仙、汉武帝在宫苑中打造"一池三山"景观，都进一步促进了蓬莱神话系统的发展，大大提升了其社会文化影响。秦汉以降，"一池三山"成为中国宫苑文化体系的核心要素。无论是大一统还是大分裂时期，以正统自居的诸多王朝在建造宫苑时，都会体现蓬莱意象。就此而言，清朝在西苑三海和三山五园中打造"一池三山"景观，既是正统王朝的一贯做法，也是对中国上古神话体系的一脉相承。这种历经数千年流变依然鲜活的文化意象，当然是对中华文明连续性的突出反映。

其次，三山五园中以儒家理念为中心而建造的各类建筑群，也是体现中华文明连续性特征的核心文化要素。中华文明发展到西周，形成了礼乐文化。当西周解体、礼崩乐坏之后，孔子以恢复三代礼乐为宗旨，创立了儒家学派，成为世界文明轴心时代的一个重要代表。西汉时期，儒家思想经过董仲舒的改造，不仅成为治国理政的指导思想，也是民间社会最重要的伦理道德规范。汉代以降，儒家文化在中国社会中的独尊地位从未动摇，历代入主中原的少数民族，也都对儒学表示尊崇。努尔哈赤自建立政权之初，即对儒学采取了尊奉态度。清军入关后，迅速以推崇儒学为核心来重建社会秩序，稳固国家政权。顺治帝以降的清代诸帝，无不具有深厚的儒家文化素养。围绕着勤政、农本和孝道等儒家理念建造的建筑群，遍布三山五园的每一座园林之中，成为清代传承儒家文化传统的一个突出表现。

三山五园体现了中华文明的统一性特征。习近平总书记特别强调："中华文明具有突出的统一性，从根本上决定了中华民族各民族文化融为一体、即使遭遇重大挫折也牢固凝聚，决定了国土不可分、国家不可乱、民族不可欺、文明不可断的共同信念，决定了国家统一永远是中国核心利益的核心，决定了一个坚强统一的国家是各族人民的命运所系。"

作为皇家生活重要空间的三山五园，明确体现了"大一统"国家观。尤其是圆明园的建设，更是清代帝王心目中大一统意象的突出反映。圆明园的整体设计再现了中国的山水地貌，正所谓"园内山起于西北，高卑大小，曲折婉转，俱趣东南巽地；水自西南丁字流入……亦是西北为首，东南为尾，九州四海俱包罗于其内矣"。"九洲清晏"是圆明园内最大的一组建筑群，寓含总揽天下之意，乾隆帝在御制诗中说："邹衍谓'裨海周环，为州者九，大瀛海环其外'，兹境信若造物施设耶。"后湖九岛西部的"万方安和"景观，意味着"不求自安而期万方之宁谧，不图自逸而冀百族之恬熙"，有御制诗云："肯构见于墙，安和愿万方。"因此，这一景观同样是对"大一统"理念的鲜明表达。

"移天缩地在君怀"是"大一统"理念在三山五园中的另一种表达。在三山五园的建设中，清帝以园林方式再现中国各地的代表性景致，达到天下一家的效果。乾隆帝曾言："然帝王家天下，薄海之内，均予户庭也。"三山五园中诸多不同文化特征的园林景致，确实体现了"中华一统""华夷一家"的思想。例如，绮春园里的正觉寺、清漪园里的四大部洲、静宜园里的宗镜大昭之庙和静明园里的妙高寺，都是对藏式佛寺风格的移植，体现了乾隆帝所说"因教仿西卫，并以示中华"的理念。对于江南风景园林，从康熙帝到雍正帝再到乾隆帝，祖孙三代皆极为倾心，故而三山五园中大量引入江南园林特色，造就了北方皇家园林中浓厚的江南风光，也展现了海内归一的气度。

同时，清朝统治者遵循满洲家法，在三山五园周边，特地设置了以圆明园护卫营、健锐营和火器营为代表的八旗驻防区，构成了清代皇家园林的特色组成部分。藏式佛寺、江南风光和八旗驻防营区等截然不同的文化景观，在三山五园中奇妙地结合在一起，堪称对清代"大一统"格局的反映。

三山五园体现了中华文明的包容性特征。习近平总书记明确指出："中华民族具有突出的包容性，从根本上决定了中华民族交往交流交融的历史取向，决定了中国各宗教信仰多元并存的和谐格局，决定了中华文化对世界文明兼收并蓄的开放胸怀。"开放包容、海纳百川是中华文明具有强大和长久生命力的重要特质。

三山五园中的寺观园林包容了许多不同种类的宗教及信仰，从而显示了清朝在宗教治理问题上的多样化。由于藏传佛教即喇嘛教在蒙古和西藏地区占据统治地位，清朝在统一蒙藏地区的过程中，十分注意对藏传佛教的尊奉。三山五园中最具规模和气势的寺庙多为藏式风格，正是清朝尊奉喇嘛教政策的体现。同时，汉地佛教在三山五园中亦不少见，且常有兼备藏汉两种风格的佛寺景观。另外，三山五园中还有许多属于道教以及民间信仰类别的祠庙，以关帝庙、龙王庙和土地庙为最多，这些祠庙基本上都是汉文化圈的产物。清朝统治者希望深入融合汉文化的态度，由此可见一斑。最后值得一提的是，圆明园中还有伊斯兰教建筑，这也表明清朝统治者在宗教问题上的包容。总之，三山五园中包罗万象的寺观园林，与清代多元化宗教政策是完全吻合的。

清代中国曾被视为封闭排外的社会，但是这种说法并不完全符合事实。众所周知，以利玛窦于明末来华为始，中西文化交流进入了一个新的高潮。纵然经历了明清易代的剧烈社会变化，这种交流依然未曾中断。包括基督教文化和科学技术在内的诸多西方知识，在明末清初的中国社会中得到了相当广泛的流传。顺治帝、康熙帝、雍正帝、乾隆帝对西方传教士和西方知识都表现出了很大的包容性。乾隆帝任用郎世宁等传教士，在圆明园中大规模建造西洋式园林景观，正是这种包容性的显著证明，也是中西文化良好互动的产物。而这一中西结合的园林典范，又通过传教士传播到海外，引发了欧洲社会的极大兴趣，成为欧洲18世纪"中国热"的重要内容。

如今的三山五园虽是历史遗迹，却也能让人领略其全盛时期的风采。更重要的是，三山五园的出现是中华文明发展到一定阶段的产物，三山五园的劫难则是中华文明在近代遭受顿挫的重要标志。因此，如果不大力保护这些幸存至今的历史遗迹，我们就会失去一批能够体现中华优秀传统文化的珍贵文物；如果不着力探究三山五园的历史和文化内涵，我们就会失去一个认识中华文明发展演变过程的历史实证。

主要参考资料

一、图书

［1］蒋一葵：《长安客话》，北京出版社，1960年。

［2］刘侗、于奕正：《帝京景物略》，北京出版社，1963年。

［3］北京市颐和园管理处、中国人民大学清史研究所：《颐和园》，1978年。

［4］王威：《圆明园》，北京出版社，1980年。

［5］潘荣陛、富察敦崇：《帝京岁时纪胜·燕京岁时记》，北京古籍出版社，1981年。

［6］于敏中等：《日下旧闻考》，北京古籍出版社，1981年。

［7］孙承泽：《天府广记》，北京古籍出版社，1982年。

［8］吴长元：《宸垣识略》，北京古籍出版社，1982年。

［9］梅邨：《北京西山风景区》，北京旅游出版社，1983年。

［10］北京日报出版社编：《圆明园焚劫犯的自述》，北京日报出版社，1984年。

［11］刘策等编著：《中国古典名园》，上海文化出版社，1984年。

［12］舒牧、申伟、贺乃贤编：《圆明园资料集》，书目文献出版社，

1984年。

[13] 林克光、王道成、孔祥吉主编:《近代京华史迹》,中国人民大学出版社,1985年。

[14] 王道成:《圆明园》,书目文献出版社,1986年。

[15] 徐凤桐编著:《颐和园趣闻》,中国旅游出版社,1986年。

[16] 许石丹编著:《园林揽胜》,上海科学技术出版社,1986年。

[17] 冈大路:《中国宫苑园林史考》,常瀛生译,农业出版社,1988年。

[18] 杜顺宝编著:《中国的园林》,人民出版社,1990年。

[19] 林宏:《北京的园林》,中国城市经济社会出版社,1990年。

[20] 王毅:《园林与中国文化》,上海人民出版社,1990年。

[21] 王永昌、王冰编著:《北京的山水》,中国城市经济社会出版社,1990年。

[22]《圆明沧桑》编委会编:《圆明沧桑》,文化艺术出版社,1991年。

[23] 陈宗蕃编著:《燕都丛考》,北京古籍出版社,1991年。

[24] 中国第一历史档案馆编:《圆明园史料》,上海古籍出版社,1991年。

[25]《北京市海淀区地名志》编辑委员会编:《北京市海淀区地名志》,北京出版社,1992年。

[26] 戴逸:《乾隆帝及其时代》,中国人民大学出版社,1992年。

[27] 孙承泽:《春明梦余录》,北京古籍出版社,1992年。

[28] 郭俊纶编著:《清代园林图录》,上海人民美术出版社,1993年。

[29] 田奇编著:《北京的佛教寺庙》,书目文献出版社,1993年。

[30] 张宝章、严宽:《京西名墓》,北京燕山出版社,1994年。

[31] 赵兴华编著:《北京园林史话》,中国林业出版社,1994年。

[32] 陈从周:《中国园林》,广东旅游出版社,1996年。

[33] 单霁翔主编:《京都古迹大观——北京市全国重点文物保护单位》,北京燕山出版社,1996年。

[34] 韩光辉:《北京历史人口地理》,北京大学出版社,1996年。

[35] 胡玉远主编:《京都胜迹》,北京燕山出版社,1996年。

[36] 胡玉远主编:《燕都说故》,北京燕山出版社,1996年。

[37] 焦雄编:《北京西郊宅园记》,北京燕山出版社,1996年。

[38] 刘秀晨主编:《京华园林丛考》,北京科学技术出版社,1996年。

[39] 孙孝恩、丁琪:《光绪传》,人民出版社,1997年。

[40] 吴廷燮等:《北京市志稿》,北京燕山出版社,1997年。

[41] 尹钧科、于德源、吴文涛:《北京历史自然灾害研究》,中国环境科学出版社,1997年。

[42] 北京大学历史系《北京史》编写组:《北京史(增订版)》,北京出版社,1998年。

[43] 周维权:《中国古典园林史》,清华大学出版社,1999年。

[44] 侯仁之主编:《北京城市历史地理》,北京燕山出版社,2000年。

[45] 刘祚臣:《北京的坛庙文化》,北京出版社,2000年。

[46] 张恩荫、杨来远编著:《西方人眼中的圆明园》,对外经济贸易大学出版社,2000年。

[47] 袁长平主编：《香山公园志》，中国林业出版社，2001年。

[48] 北京市园林古建设计研究院编：《五十年回顾：北京市园林古建设计研究院》，中国建筑工业出版社，2003年。

[49] 郭风平、方建斌主编：《中外园林史》，中国建材工业出版社，2005年。

[50] 汪荣祖：《追寻失落的圆明园》，钟志恒译，江苏教育出版社，2005年。

[51] 贾珺编著：《北京私家园林志》，清华大学出版社，2009年。

[52] 盛翀编著：《江南园林意境》，上海交通大学出版社，2009年。

[53] 杨鸿勋：《江南园林论》，中国建筑工业出版社，2011年。

[54] 《乾隆御制诗文全集》，中国人民大学出版社，2013年。

[55] 曹宇明主编：《圆明重光：圆明园研究文集》，中西书局，2013年。

[56] 张宝章：《三山五园新探》，中国人民大学出版社，2014年。

[57] 曹林娣：《江南园林史论》，上海古籍出版社，2015年。

[58] 阚红柳主编：《畅春园研究》，首都师范大学出版社，2015年。

[59] 李临淮编著：《北京古典园林史》，中国林业出版社，2016年。

[60] 彭历：《江南私家园林之山水意境营造》，中国建筑工业出版社，2016年。

[61] 张连城、陈名杰主编：《三山五园历史文化遗产价值与功能研究》，九州出版社，2017年。

[62] 谭烈飞：《北京的古典园林》，北京出版社，2018年。

[63] 袁长平编著：《香山静宜园》，北京出版社，2018年。

［64］翟小菊编著：《颐和园》，北京出版社，2018年。

［65］张宝章：《畅春园》，北京出版社，2018年。

［66］张连城、陈名杰主编：《三山五园历史文化元素及专题研究》，九州出版社，2018年。

［67］董焱主编：《北京园林史》，人民出版社，2019年。

［68］胡喜红编著：《中国古典园林史·中国古典园林造园艺术》，中国建筑工业出版社，2019年。

［69］叶盛东编著：《三山五园》（上、下），北京出版社，2019年。

［70］张连城、陈名杰主编：《三山五园区域文化认知与传播研究》，九州出版社，2019年。

［71］杨菁：《北京西山园林研究》，天津大学出版社，2021年。

［72］北京市公园管理中心、中国园林博物馆编：《北京皇家园林样式雷图档选编》，学苑出版社，2022年。

［73］王道成：《颐和园史事人物丛考》，北京联合出版公司，2023年。

二、论文

［1］张威：《同治光绪朝西苑与颐和园工程设计研究》，博士学位论文，天津大学，2005年。

［2］张龙：《济运疏名泉，延寿创刹宇——乾隆时期清漪园山水格局分析及建筑布局初探》，硕士学位论文，天津大学，2006年。

［3］李峥：《平地起蓬瀛，城市而林壑——北京西苑历史变迁研究》，硕士学位论文，天津大学，2006年。

[4] 殷亮:《宜静原同明静理,此山近接彼山青——清代皇家园林静宜园、静明园研究》,硕士学位论文,天津大学,2006年。

[5] 秦宛宛:《北宋东京皇家园林艺术研究》,硕士学位论文,河南大学,2007年。

[6] 夏永学:《道光帝崇俭抑奢之探究》,硕士学位论文,内蒙古大学,2007年。

[7] 潘怿晗:《皇家园林文化空间与文化遗产保护——以北京市海淀区为例》,博士学位论文,中央民族大学,2010年。

[8] 李怡洋:《〈日下旧闻考〉及〈日下旧闻〉的园林研究》,硕士学位论文,天津大学,2011年。

[9] 张叶琳:《清漪园匾联与园林意境营造》,硕士学位论文,北京林业大学,2013年。

[10] 马兴剑:《清世宗与圆明园》,硕士学位论文,辽宁大学,2014年。

[11] 王婷婷:《儒家德政思想与清代皇家园林景观布局研究》,硕士学位论文,东北林业大学,2014年。

[12] 韩钰:《蓬莱仙话景观模式对中国古典园林的影响》,硕士学位论文,河北工业大学,2015年。

[13] 张冬冬:《清漪园布局及选景析要》,博士学位论文,北京林业大学,2016年。

[14] 尹家欢:《北海漪澜堂研究》,硕士学位论文,天津大学,2019年。

[15] 陈岩:《北宋皇家园林空间环境与功能多样性研究——以金明池为例》,硕士学位论文,大连理工大学,2019年。

[16] 蔡星辰:《北京颐和园苏州街景观综合研究》,硕士学位论文,天津大学,2019年。

[17] 冷佳津:《满汉文化交融下的畅春园研究》,硕士学位论文,天津大学,2020年。

[18] 刘洋:《北海静心斋(镜清斋)研究》,硕士学位论文,天津大学,2020年。

[19] 孙佳丰:《从皇家御苑到城市公园:论北海公园文化空间的传承与变迁》,硕士学位论文,中央民族大学,2020年。

[20] 唐思嘉:《清代三山五园中田园景观的考证复原与理景研究》,博士学位论文,北京林业大学,2021年。

[21] 刘一铭:《澹然方寸内,唯拟学虚舟——西苑北海画舫斋研究》,硕士学位论文,天津大学,2021年。

[22] 赵宇翔:《香山静宜园营造研究》,硕士学位论文,西安建筑科技大学,2021年。

[23] 梁兴悦:《艮岳山水格局及造景理法探源》,硕士学位论文,山东农业大学,2022年。

[24] 魏文倩:《清代皇家园林勤政场所研究——以静明园为例》,硕士学位论文,天津城建大学,2022年。

[25] 姜佳莉:《清乾隆时期香山静宜园中宫建筑群复原研究》,硕士学位论文,北京建筑大学,2022年。